मानक इतिहास शिक्षण
TEACHING OF STANDARD HISTORY

मानक इतिहास शिक्षण

TEACHING OF STANDARD HISTORY

लेखक

डॉ० सुरेन्द्र कुमार शर्मा

डी. आई. ई. टी. (डाइट)

एस. सी. ई. आर. टी.

नई दिल्ली

डिस्कवरी पब्लिशिंग हाउस

नई दिल्ली–110 002

प्रथम संस्करण: 2007

ISBN: 978-93-5056-647-3

प्रकाशक

डिस्कवरी पब्लिशिंग हाउस

4831/24, अन्सारी रोड, दरियागंज

नई दिल्ली—110 002

दूरभाष—23279245

फैक्स—23253475

e-mail: dphbooks@rediffmail.com

dphtemp@indiatimes.com

प्रिण्टर्स

सचिन प्रिंटर्स दिल्ली

प्रस्तावना

शिक्षा को समाज की आधारशिला माना जाता है। समाज में जिस तरह की शिक्षा होगी, उसी तरह के समाज का सृजन होगा। अतएव इस बात का हमेशा प्रयत्न किया गया है कि शिक्षा के उद्देश्य समाज की माँगों, आवश्यकताओं और आकांक्षाओं के अनुरूप हों। इसी तथ्य के मद्देनजर विभिन्न देशों में विभिन्न कालों में शिक्षा के विभिन्न उद्देश्यों को निश्चित किया गया। लेकिन आधुनिक शिक्षा बाल केन्द्रीत है, इसमें बालक को अत्यधिक महत्त्व दिया किया जाने लगा है। इस कारण शैक्षिक उद्देश्यों के निर्धारण में उनकी आवश्यकताओं, रुचियों, क्षमताओं आदि का भी ध्यान रखा जाने लगा है।

'क्या प्राप्त किया जाना चाहिए?' इसका निर्धारण समाज करता है। 'क्या प्राप्त किया जा सकता है?' इसका निर्धारण शिक्षक करता है। इन दोनों से प्राप्त परिणाम ही शैक्षिक उद्देश्य होता है। अतएव हम कह सकते हैं कि शिक्षा के उद्देश्यों के निर्धारक–समाज, शिक्षक, छात्र तथा प्रचलित जीवन-दर्शन है। यद्यपि शैक्षिक उद्देश्यों के निर्धारण में व्यवस्थापिका, राजनीतिज्ञ, अर्थशास्त्री आदि भी भाग लेते हैं। लेकिन वे मात्र शिक्षा का निर्धारण करते हैं। प्रत्येक विषय के उद्देश्य सामान्य शिक्षा के उद्देश्यों के आधार पर तय किए जाते हैं और शिक्षा के उद्देश्य ऊपर वर्णित निर्धारकों के अनुरूप तय किए जाते हैं।

शिक्षा के प्रमुख उद्देश्य हैं—लोकतान्त्रिक नागरिकता का विकास; नेतृत्व का विकास; व्यक्तित्व का विकास; व्यावसायिक कुशलता का विकास; चरित्र-निर्माण आदि। इन समस्त उद्देश्यों की प्राप्ति किसी एक विषय के अध्ययन द्वारा नहीं हो सकती। लेकिन इतिहास-शिक्षण इन उद्देश्यों की प्राप्ति में बहुत सहायक है। यह सत्य है कि इतिहास प्रत्यक्ष रूप से रोटी तथा मक्खन देने वाला विषय नहीं है, लेकिन इसके द्वारा छात्रों के चरित्र-निर्माण, नेतृत्व, नागरिकता के गुणों आदि के विकास में अत्यन्त महत्वपूर्ण सहयोग प्रदान किया जाता है।

प्रस्तुत पुस्तक में इतिहास शिक्षण के विविध पहलुओं का सूक्ष्म विश्लेषण किया गया है। पाठ्य वस्तु का तार्किक विश्लेषण और सरल व सुबोध भाषा शैली पुस्तक की उपादेयता को और अधिक बढ़ा देती है। आशा है प्रयास पाठकों के लिए उपयोगी होगा।

—लेखक

अनुक्रम

1.	इतिहास शिक्षण : परिचय	1
2.	इतिहास पाठ्यक्रम	25
3.	इतिहास शिक्षण में प्रयुक्त दृश्य-श्रव्य उपकरण	34
4.	इतिहास शिक्षण में श्यामपट प्रयोग	48
5.	इतिहास पाठ्य-पुस्तकें : शिक्षण सहायक सामग्री	53
6.	इतिहास संसाधन कक्ष	62
7.	इतिहास शिक्षण में प्रयुक्त अनुदेशन आव्यूह एवं शिक्षण-प्रतिमान	69
8.	इतिहास शिक्षण में प्रयुक्त शिक्षण कौशल	97
9.	इतिहास शिक्षण में पर्यवेक्षण	122
10.	इतिहास शिक्षण का निरीक्षण	136
11.	इतिहास शिक्षण में मूल्यांकन	142
12.	आदर्श इतिहास शिक्षक	152
13.	इतिहास शिक्षण में कम्प्यूटर अनुप्रयोग	162
14.	इतिहास शिक्षण और शैक्षिक दूरदर्शन	171
15.	इतिहास शिक्षण में पाठ योजना	184

1

इतिहास शिक्षण : परिचय

इतिहास का सामान्य अर्थ है प्राचीन काल की घटनाओं का क्रमबद्ध विवरण। सम्प्रति प्रायः पौधों का इतिहास, प्राणियों का इतिहास, गणित का इतिहास आदि के रूप में इतिहास का परिचय दिया जाता है। लेकिन जब सामान्य रूप से इतिहास शब्द का प्रयोग किया है 'मानव का इतिहास' को व्यक्त करने के लिए किया जाता है। इसके तहत उन शेष चिन्हों का अध्ययन किया जाता है जिन्हें मानव ने विश्व में अपने अस्तित्व द्वारा अपने विचारों, भावनाओं तथा कार्यों के रूप में छोड़ा है। यह तो इतिहास के विषय में संक्षिप्त विवरण है लेकिन इतिहास की विवेचना व्यापक अर्थ में किया जाये तो इसका आशय प्रत्येक वस्तु या घटना से है जो कभी घटित हुई। कहने का आशय यह है कि यह स्वयं अतीत है चाहे वह किसी रूप में क्यों न हो। लेकिन अतीत को प्रत्यक्ष रूप से नहीं देखा जा सकता है। इसके विषय में जो कुछ जाना जा सकता है वह उन शेष चिन्हों से ज्ञात हो सकता है जो उस समय की परिस्थितियों, मनुष्यों आदि ने किसी न किसी रूप में छोड़े हैं। इस तरह इतिहास के अध्ययन में पुरातात्त्विक साक्ष्य का बहुत अधिक महत्व होता है। यहाँ हम हड़प्पा संस्कृति का उदाहरण भी प्रस्तुत कर सकते हैं जिसका ज्ञान हमें केवल पुरातात्त्विक साक्ष्य से ही प्राप्त हुआ है।

यों तो हेराडोटस को इतिहास का जनक कहा जाता है। मानव के कार्यों और विचारों को हेराडोट्स ने 500 ई. पू. में क्रमबद्ध रूप दिया। उसने, जो घटनाएँ विश्व

में घटी, उनके विषय में अन्वेषण किया और अन्वेषणों के आधार पर उन घटनाओं का विवरण प्रस्तुत किया। इन वर्णनात्मक घटनाओं को उसने 'इतिहास' का नाम दिया। वह सबसे पहला व्यक्ति था जिसने घटनाओं को लिखित रूप दिया। लेकिन जहाँ तक इतिहास के उद्‌भव का प्रश्न है तो इसका प्रारम्भ उसी समय से होता है जब से मानव पृथ्वी पर अवतरित हुआ है। पुस्तकों में भी प्रागैतिहासिक काल का विवरण है। प्रागैतिहासिक काल उस काल को कहा जाता है जिस समय का मानव लिखना पढ़ना नहीं जानता था।

हेरोडोटस के जैसा ही 411 ई. पू. में थ्यूसीडाइड्स ने प्रबोधक इतिहास को जन्म दिया। उसने तथ्यों की उपयोगिता को अपना पथ-प्रदर्शक बनाया तथा इन तथ्यों का संकलन करके उस समय की राजनीतिक स्थिति से उनका सम्बन्ध स्थापित किया। इस सम्बन्ध में **हेनरी जॉनसन** ने लिखा हैं—"उसका उद्देश्य स्पष्टतः उपदेशात्मक था। उसको आशा थी कि उसका कार्य राजनीतिक पाठ प्रदान करने में समर्थ होगा। ऐसा इस कारण नहीं हो सकेगा क्योंकि उसके कार्य द्वारा स्थितियों को राजनैतिक ढंग से प्रस्तुत किया गया है, वरन् इसलिए होगा कि वह राजनीतिक दशाओं तथा घटनाओं का 'वास्तविक चित्र' प्रस्तुत करता है जो स्वयं राजनीतिक पाठ प्रदान करेगा। उसने जो कुछ भी लिखा है, वह उपेदशात्मक या प्रबोधक इतिहास है और वह इस क्षेत्र में शिक्षक तथा आदर्श के रूप में कार्य करेगा।"

वैज्ञानिक इतिहास के उद्‌भव का श्रेय जर्मन जाति को जाता है। सर्वप्रथम 19वीं शताब्दी में रेंक ने इतिहास का निर्माण वैज्ञानिक ढंग से किया। सन् 1824 ई॰ में उसकी एक पुस्तक प्रकाशित हुई जिसमें उसने घटना की यथार्थता पर जोर दिया और निष्पक्ष रूप से घटनाओं का वर्णन किया। बाद में निबूर ने इस क्षेत्र में बहुत कार्य किया, जिसका व्यापक प्रभाव यूरोप के विभिन्न देशों पर पड़ा।

19वीं शताब्दी से पूर्व इतिहास मात्र साहित्य तथा वीर गाथाओं से सम्बन्धित था। इन वीर गाथाओं में अवास्तविक तथा काल्पनिक अतिशयोक्तियों को भर दिया जाता था। इस कारण सत्य का स्वरूप विकृत हो जाता था। इसके फलस्वरूप इतिहास के विषय में बहुत सी धारणाएँ प्रचालित हो गयी। कुछ व्यक्ति इतिहास को कपोल-कल्पित कहानियों एवं असत्य तथ्यों का संकलन मात्र समझने लगे। वैज्ञानिक विचारधारा के प्रसार से पूर्व इतिहास को उपन्यास माना जाता था।

19वीं शताब्दी में वैज्ञानिक प्रवृत्ति का प्रादुर्भाव हुआ, जिसने शिक्षा के क्षेत्र में क्रान्ति उत्पन्न की। इसके फलस्वरूप अब इतिहास को मानव-जीवन के क्रमिक उद्‌विकास की अविरल कहानी माना जाता है। इस क्रान्ति के पूर्व तथा बाद में

इतिहास के सम्बन्ध में कुछ ऐसी धारणाएँ प्रचलित हुई; जिनके द्वारा इतिहास के सत्य स्वरूप की विवेचना करने का प्रयास किया गया।

इतिहास का आशय

इतिहास शब्द का जन्म लैटिन तथा ग्रीक शब्द 'Historia' से हुआ है जिसका अर्थ है–जानना। भारतीय परम्परा के अनुसार 'इतिहास' शब्द का अर्थ है–'ऐसा ही हुआ'। इस शाब्दिक अर्थ द्वारा अतीत की घटनाओं की ओर संकेत दिया जाता है। 'इतिहास' शब्द के अलावा हमारे देश में **'तबारीख'** शब्द और प्रचालित है। लेकिन यह शब्द इतिहास के वास्तविक अर्थ का बोध कराने में असफल है, क्योंकि 'तबारीख' शब्द तारीख का बहुवचन है। इतिहास मात्र तिथियों अथवा तारीखों का ही संग्रह मात्र नहीं है बल्कि इनसे अधिक है।

इतिहास के अर्थ को और अधिक स्पष्ट करने के लिए इसकी विभिन्न परिभाषाएँ व उनकी व्याख्याओं पर विचार करना जरूरी है। इसलिए यहाँ कुछ प्रमुख परिभाषाएँ प्रस्तुत की जा रही है–

रेपसन महोदय के विचार में –"इतिहास घटनाओं या विचारों की उन्नति का एक सुसम्बद्ध विवरण है।"। इसमें इतिहास की वैज्ञानिकता को भी स्पष्ट किया गया है। विज्ञान सुसंगठित तथा क्रमबद्ध ज्ञान होता है। इस परिभाषा में घटनायें एक-दूसरे से सम्बन्धित हैं जो इतिहास का निर्माण करती हैं। घटनाओं की क्रमबद्धता को आधार बनाकर उनका वर्णन करने से इतिहास की रचना होती है।

प्रो. घाटे के विचार में–"इतिहास हमारे सम्पूर्ण भूतकाल का वैज्ञानिक अध्ययन तथा लेखा-जोखा है।" उन्होंने आगे यह भी लिखा है कि इतिहास को काल और देश की सीमाओं में नहीं बाँधा जा सकता है क्योंकि इतिहास उस काल से मानव का अध्ययन करता है, जब से वह पृथ्वी पर पैदा हुआ है। इस तरह "पृथ्वी पर मानव जीवन के विकास का अध्ययन ही इतिहास है।"

जॉन ह्यूजिंगा के मतानुसार–"इतिहास वह बौद्धिक स्वरूप है जिसमें सभ्यता अपने अतीत को चित्रित करती है।"

हेनरी जॉनसन के मातानुसार–"इतिहास विस्तृत रूप में प्रत्येक घटना है जो कि कभी घटित हुई।" इस तरह वह स्वयं अतीत काल से सम्बन्धित है; अर्थात् भूतकालीन घटनाओं का उल्लेख ही इतिहास है। इसका आशय यह है कि उसमें प्राचीनकाल से लेकर एक क्षण पहले समाप्त हुए समय तक की घटनाओं का वर्णन आ जाना चाहिए। लेकिन इसका आशय यह नहीं है कि इसमें अतीत काल में सब

जीवों या विश्व में हुई सभी उथल-पुथल का विचार होना भी जरूरी हो। इतिहास में मात्र मानव-जीवन की घटनाओं का ही उल्लेख होता है।

डॉ. राधाकृष्णन् के विचार में इतिहास राष्ट्र की स्मरणशक्ति है। जिस तरह वैयक्तिक ऐक्य में स्मरण-शक्ति का बहुत महत्त्व है उसी तरह राष्ट्र की जातियों के लिए यह जरूरी है और जातियों की स्मरण-शक्ति ही इतिहास है। उनके इस कथन में पर्याप्त यर्थाथता है।

मेटलेण्ड के मतानुसार–"मानव ने कुछ किया और कहा है, यहाँ तक कि जो कुछ उसने सोचा है, वह इतिहास है।"

हेनरी जॉनसन के विचार में–"इतिहास स्वयं विकास का रूप है और इसीलिए यह पूर्णतया नवीन कभी नहीं रहा। इतिहास, अन्वेषण के रूप में प्रारम्भ हुआ और अब भी अन्वेषण है। इतिहास, अन्वेषण के रूप में प्रारम्भ हुआ और अब भी अन्वेषण है। इतिहास ने लेखा-जोखा का रूप धारण कर लिया था, और अब भी वह एक लेखा है। इतिहास वह था जो वास्तविक रूप में घटित हुआ और अब भी उसका वही रूप हैं। इतिहास वहीं रहा है जो मानव ने अतीत के प्रति सोचा और अब भी वहीं है जो हम सब अतीत के विषय में सोचते हैं। इस प्रकार इतिहास सदैव से अतीत की कृति रहा है।"

कुछ विद्वानों का विचार है कि इतिहास मात्र युद्धों का ही विवेचन करता है, लेकिन उन्होंने इतिहास के दूसरे पक्ष को नहीं देखा जबकि इतिहास मानव समाज के प्रत्येक पहलू का वर्णन करता है।

उपरोक्त परिभाषाओं के आलोक में यह कहा जा सकता है कि इतिहास मानव-जीवन के विकास की कहानी है। इसमें अतीत के मानव-जीवन का ऐसे ढंग से विवेचन किया जाता है जिससे वर्तमान के मानव-जीवन को सरलता से समझा जा सके। इतिहास मानव द्वारा निर्मित संस्थाओं के उद्‌गम, उनके विकास तथा उनके अतीतकालीन भेद एवं उनके वर्तमान स्वरूप आदि पर प्रकाश निक्षेप कर मानव को मानव से परिचित कराता है। अतएव इस विश्व में हुई मानव की सभी गतिविधियों का वर्णन इतिहास में किया जाता है। इस तरह सम्पूर्ण विश्व मानव का निवास-स्थान है और इतिहास उसके विचारों, कार्यों, आन्दोलनों आदि का वर्णन करता है।

इतिहास की आधुनिक धारणा

आधुनिक युग विज्ञान का युग है। जब 19 वीं शताब्दी के अन्तिम चरण तथा 20 वीं शताब्दी के आरंभ में विज्ञान का बोलवाला हो गया, तब इतिहास को समाज

के सच्चे विज्ञान के रूप में विश्लेषण किया जाने लगा था। मात्र इतिहासकारों ने ही, नहीं, बल्कि राजनीतिशास्त्रियों एवं दार्शनिकों ने भी इस 'विज्ञानो' का अध्ययन करना शुरू कर दिया था। फिर भी इतिहास की प्रकृति के विषय में विवाद बना रहा। कुछ विद्वानों ने इतिहास को 'कारण' एवं 'कार्य-कारण भाव' का सूचक माना इसके विपरीत दूसरे विद्वानों ने इतिहास को समाज के सच्चे विधान अथवा विज्ञानों के विज्ञान के रूप में देखा। आज कोई भी इस बात से सहमत नहीं होता कि इतिहास अलौकिक शक्तियों के हस्तक्षेप से प्रभावित होता है। अब सामान्यरूप से यह विश्वास किया जाने लगा है कि इतिहास को उन्हीं विधियों का अनुसरण करके समझा जा सकता है जिनका अनुसरण भौतिक एवं सामाजिक वैज्ञानिक करते हैं। इसी कारण आज इतिहास को उस अध्ययन-क्षेत्र के रूप में देखा जाता है जो वास्तविकता की विवेचना करते हैं।

सम्प्रति इतिहासकार इतिहास का निर्माण करने के लिए सबसे पहले तथ्यों का संग्रह करता है। इसके बाद वह उन तथ्यों की सत्यता की जाँच करता है। तथ्यों का सत्यापन उसके समक्ष एक गम्भीर समस्या पैदा कर देता है। समस्या यह है कि पुरातात्त्विक साक्ष्य उसके समक्ष परिवर्तित एवं विकृत रूप में आते है। लेकिन आधुनिक युग ने ऐसे साधन उपलब्ध करा दिये हैं कि इनके परिवर्तित एवं विकृत रूप में होते हुए भी इतिहासकार वास्तविकता को खोजने में सफल हो जाते हैं। जैसे कार्बन-14 पद्धति से मानव अवशेषों के काल का अनुमान सरलता से लगाया जा सता है। परन्तु जब वह अतीत के लिखित अभिलेखों, प्रतिवेदनों आदि के द्वारा इतिहास का निर्माण करता है तब उसे तथ्यों के सत्यापन में अधिक कठिनाई की अनुभूति करनी पड़ती है। उन अभिलेखों, प्रतिवेदनों आदि की विषय-वस्तु अविश्सनीय हो सकती है। उस समय इतिहासकार को दूसरी लिखित सामग्री तथा अन्य प्रमाणों का प्रयोग करना पड़ता है। तभी वह वास्तविकता को प्रस्तुत करने के समर्थ हो सकता है। लेकिन ऐसा करना सभी क्षेत्रों में सम्भव नहीं है क्योंकि उनसे सम्बन्धित दूसरी अन्य सामग्री तथा प्रमाण प्राप्त नहीं होते हैं।

इतिहासकार जब तथ्यों की सत्यता की जाँच कर लेता है तब उसके बाद वह तथ्यों को उनके महत्व के अनुसार वर्गीकृत करता है। इसके उपरान्त वह वर्गीकरण की शुद्धता का सत्यापन करता है। ऐसा करने में वह कल्पना एवं पूर्वधारणाओं का प्रयोग करता है। इनका प्रयोग करना उसके लिए अनिवार्य है। यहाँ इतिहासकार का काल्पनिक होने का आशय यह नहीं है कि वह तथ्यों का आविष्कार करे। लेकिन उसकी कल्पना उसके स्रोतों द्वारा प्रदान की जाने वाली सूचनाओं से बँधी रहती है।

अतएव वह घटनाओं का अविष्कार नहीं कर सकता। कल्पना एवं पूर्वधारणाओं के प्रयोग के कारण ही गेटे ने कहा था कि इतिहास की समय-समय पर पुनः रचना की जानी चाहिए; क्योंकि हर सन्तति नवीन रूचियों एवं वस्तुओं को नवीन ढंग से देखने तथा उनके प्रति नवीन दृष्टिाकोण लेकर आगे बढ़ती हैं। ये नवीन दृष्टिकोण एवं रुचियों को ही पूर्वधारणा की संज्ञा दी जाती है। अतएव इन पूर्वधारणाओं से प्रभावित इतिहास को वास्तविक रूप देने के लिए समय-समय पर उसकी पुनः रचना जरूरी है। अन्त में, इतिहासकार वर्गीकृत तथ्यों का विश्लेषण करके एक सामान्य सिद्धान्त का निर्धारण करता है।

अतएव उपरोक्त विवेचन से यह स्पष्ट हो जाता है कि आधुनिक धारणा के अनुरूप इतिहास समाज का एक सच्चा विज्ञान है जो मानव समाज की विवेचना वैज्ञानिक विधि से करता है।

इतिहास का स्वरूप

कुछ लोग इतिहास को विज्ञान मानते हैं कुछ कला मानते हैं। इतिहास से सम्बन्धित इन समस्याओं पर लम्बे समय से विवाद चला आ रहा है। कुछ विद्वान इतिहास को मात्र विज्ञान बताते हैं तो कुछ इसे कला बतलाते हैं। इसके वास्ताविक स्वरूप को देखना ही यहाँ हमारा उद्देश्य है, इसके स्वरूप के सम्बन्ध में प्रचलित धारणाओं को देखने से पूर्व विज्ञान क्या है ? यह देखना जरूरी है। विज्ञान नियमित ज्ञान है जो कि प्रयोगात्मक एवं निरीक्षणात्मक ढंग से प्राप्त किया जाता है। कहने का आशय यह है कि, "प्रकृति के किसी विभाग के कार्य-कारण सम्बन्ध में ज्ञान के क्रमबद्ध संग्रह को विज्ञान कहते है।" इस तरह विज्ञान ज्ञान का यह भण्डार है जिसमें निरिक्षण, परीक्षण एवं प्रयोगों द्वारा प्रकृति की समानता तथा असमानता का अध्ययन किया जाता है। लेकिन इसके लिए जानकारी प्राप्त करना ही जरूरी नहीं है, बल्कि उसे क्रमबद्ध भी होना बहुत जरूरी है। इसलिए एम. पाइनकेयर ने कहा है कि "विज्ञान तथ्यों से इस तरह बना है जिस तरह पत्थरों से एक मकान बना होता है लेकिन मात्र तथ्यों के संग्रह को उसी भाँति विज्ञान नहीं कहा जा सकता जिस प्रकार पत्थरों के ढेर को मकान नहीं कहा जा सकता।" स्पष्ट है कि यही ज्ञान विज्ञान की श्रेणी में रखा जा सकता हैं जो क्रमबद्ध तथा तर्कपूर्ण एवं प्रकाशमान हो। जिस प्रकार मकान के लिए चूना अथवा गारे की आवश्यकता होती है, उसी प्रकार ज्ञान को विज्ञान बनाने के लिए तर्क एवं प्रमाणों की जरूरत होती है। इसलिए हक्सले ने कहा है—"मैं उस ज्ञान को विज्ञान मानता हूँ जो तर्क एवं प्रमाणों पर आधारित

है।" इस तरह हम कह सकते हैं कि विज्ञान वैज्ञानिक विधियों से सत्यासत्य की खोज करता है।

इतिहास की वैज्ञानिकता के सम्बन्ध में बहुत-से विद्वानों को सन्देह है। ये विद्वान अपने विचारों को पुष्ट करने के लिए निम्नलिखित तर्क दिए हैं—

(1) इतिहास तक ऐसा विषय है जो मनुष्य की इच्छा एवं उसके कार्यो का विवेचन करता है। क्योंकि मनुष्य की इच्छाओं पर किसी तरह का अंकुश नहीं लगाया जा सकता है एवं वह अपने विचारों के लिए पूर्ण स्वतन्त्र है, अतएव ऐसी स्थिति में उसके द्वारा किसी निश्चित नियम का निर्धारण नहीं हो सकता।

(2) इतिहास किसी निश्चित सिद्धान्त या आदर्शो पर आधारित नहीं है। इसके द्वारा हम किसी निष्कर्ष पर नहीं पहुँच सकते। जब इसके द्वारा किसी निश्चित सिद्धान्त की स्थापना नहीं हो पाती तो उसे विज्ञान की संज्ञा कि प्रकार प्रदान की जा सकती है। इसके तथ्यों में सदा विषमता होती है। उनमें एक रूपता की कमी है। इसमें भौतिक विज्ञान एवं गणित की भाँति निष्कर्ष नहीं मिलते, यथा—गणित में दो और दो 'चार' होते हैं जो प्रत्येक काल तथा परिस्थिति में अपरिवर्तनीय होते है।

कुछ विद्वान इतिहास को एक विज्ञान मानते हैं वे अपने विचार को पुष्ट करने के लिए कहते हैं कि इतिहास की वैज्ञानिकता के विरूद्ध जो विचारधाराओं हमें प्राप्त हैं, उन्हें हम व्यर्थ या निराधार नहीं कह सकते। हमें इन विचाराओं की वास्तविकता स्वीकार करनी पड़ेगी। यह पूर्णयता सत्य है कि इतिहास भौतिक-विज्ञान की भाँति एक शुद्ध विज्ञान नहीं है और न इसमें प्रयोग किए जा सकते हैं। लेकिन इतिहास कई घटनाओं का विवरण है, जो किस प्रकार, कब, क्यों एवं कहाँ घटित हुई, उन सबका वैज्ञानिक दृष्टिकोण से निष्पक्ष विवेचन करता है। इसलिये हम उसे विज्ञान कह सकते है। क्योंकि जिस ज्ञान का आधार तथ्यों पर आश्रित है, वह एक तरह से विज्ञान है। स्पेन्सर ने, जो शिक्षा में वैज्ञानिक प्रवृति का प्रर्वत्तक तथा प्रबल समर्थक था, विज्ञान का वर्गीकरण इस प्रकार किया था—

1. **सूक्ष्म-विज्ञान**—इसमें तर्कशास्त्र और गणित को रखा।

2. **सूक्ष्म-स्थूल- विज्ञान**—इसमें भौतिक तथा रासायनिक विज्ञान को माना।

3. **स्थूल-विज्ञान**—इसमें जीव-विज्ञान, नक्षत्र- विज्ञान मनोविज्ञान तथा समाजशास्त्र को रखा। उसने इतिहास को समाज शास्त्र के अन्तर्गत माना।

पीयर्सन ने विज्ञान के दो वर्गों में विभक्त किया है—(1) भौतिक विज्ञान एवं (2) जीव-विज्ञान। उसने इतिहास को जीव-विज्ञान के वर्ग में रखा। उसने भी

जीव-विज्ञान के समूह को स्थूल-विज्ञान के समूह को स्थूल-विज्ञान माना है। इस प्रकार विज्ञान के वर्गीकरण पर नजर डालने से यह ज्ञात होता है कि इतिहास एक ऐसा विज्ञान है जो भौतिक वैज्ञान की भाँति निश्चित सिद्धान्तों का सृज़न नहीं करता है इस कारण इसे अन्य सामाजिक विज्ञानों के तहत रखा जाता है।

प्रो. घाटे इतिहास की वैज्ञानिकता के विषय में लिखा है कि इतिहास एक आलोचनात्मक विज्ञान है जिसके द्वारा हम किसी तथ्य, किसी घटना या किसी वस्तु की छानबीन करते हुए किसी वास्तविकता अथवा सत्य निर्णय पर पहुँचते हैं और उसका उसी के अनुरूप अर्थ निकालते हैं। ऐतिहासिक विधि जो कि निरीक्षण, तुलना एवं नियमीकरण से बनती है, विज्ञान की सजातीय हैं। इतिहास भी इन्हीं नियमों के अनुसार अन्वेषण करता है, अर्थात् वैज्ञानिक ढंग को सत्य की खोज के लिए ग्रहण करता है। इतिहास में किये जाने वाले अन्वेषण को निम्नलिखित बिन्दुओं के तहत स्पष्ट किया जा सकता है–

(1) इतिहास में तथ्यों का संकलन होता है, चाहे वे किसी भी स्थान पर प्राप्त क्यों न हों। कहने का आशय यह है कि इतिहास उन समस्त तथ्यों का संकलन करता है जो उसे इतिहास के निर्माण के लिए कहीं से भी प्राप्त होते हों।

(2) संग्रहीत तथ्यों को बड़ी सतर्कता और निष्पक्षता के साथ विश्लेषण किया जाता है। इस विश्लेषण का उद्देश्य यह पता करना होता है कि तथ्य सत्य है अथवा सम्भावित या असत्य।

(3) अन्त में वह विश्लेषण एवं तुलनात्मक निरीक्षण के द्वारा सत्य की खोज करता है और सामान्य सिद्धान्तों का निर्माण करता है। लेकिन ये सामान्य सिद्धान्त भौतिक-विज्ञान के सिद्धान्तों के समान प्रयोग-सिद्ध नहीं होते। इतिहास के नियम सभी दशाओं एवं समय में सत्य नहीं उतरते हैं। लेकिन उसका दृष्टिकोण वैज्ञानिक होता है तथा उनकी अन्वेषण की विधियों भी वैज्ञानिक होती है।

वास्तव में इतिहास वह विषय है जो मानव तथा मानव-जीवन से सम्बन्ध रखने वाली बातों तथा उसके कार्यों से सम्बन्ध रखता है। उसकी प्रयोगशाला भौतिक एवं रासायनिक प्रयोगशालाओं की भाँति नहीं है। उसकी प्रयोगशाला सम्पूर्ण जगत है। भौतिक विज्ञान की प्रयोगशालाओं में सम्पूर्ण वस्तुएँ मानव के अधिकार में रहती है, लेकिन इतिहास की सामग्री मित्र है वह तो अस्थि-चर्म-रुधिर-पिण्डमय मानव के बहुविधिक कार्यों से उपलब्ध होती है। यह संकीर्ण अर्थ में विज्ञान की कसौटी पर खरा नहीं उतरता, बल्कि उदार अर्थ में यह भी सम्पूर्ण सामाजिक विज्ञानों की भाँति एक विज्ञान है।

इन विवरणों से हम इस निष्कर्ष पर पहुँचते हैं कि इतिहास विज्ञान के उदार सिद्धान्तों के अनुरूप वैज्ञानिकता की कसौटी पर खड़ा उतरता है। इतिहास एक वैज्ञानिक विषय है, इसमें किसी तरह के सन्देह के लिए स्थान नहीं है।

अब यहाँ हम उन विद्वानों की ओर ध्यान देते हैं जो इतिहास को एक कला मानते हैं। जब इतिहास एक विज्ञान है तो कला नहीं हो सकता। अगर कला है तो विज्ञान हो सकता है। इस तरह वह दो नावों पर कैसे सवारी कर सकता है। इन विद्वानों का विचार है कि विज्ञान तो सत्य तथ्यों का अस्थिपंजर ही प्रदान करता है। लेकिन कवि की कल्पना इस अस्थि-खण्डों को रक्त-माँस देकर जीवन प्रदान करती है। कवि की भावुकता से ये सत्य तथ्य सजीव हो उठते हैं। कहने का आशय यह है कि अनुसंधान के पश्चात् उसको सुन्दर तथा सरल भाषा में व्यक्त करना कला का कार्य है। रूपक, उपमा अलंकार एवं सुन्दर काव्य-रचना सम्पन्न भाषा शैली की आवश्यकता इतिहास लिखने में होता है। सरल अभिव्यंजन-प्रधान तथा आकर्षक भाषा में अगर ऐतिहासित तथ्यों का विवरण दिया जाय तो वह पाठकों की समझ में सरलता से आ सकता है। इस दृष्टि से इतिहास एक कला है। घटना सम्बन्धी बातों का संकलन 'विज्ञान' है और उनकी रचना तथा वर्णन कला है। ये दोनों इतिहास के अंग हैं।

साहित्यकारों एवं कलाकारों का यह विचार है कि इतिहास सहित्यक का एक अंग था, इसकी कोई पृथक सत्ता नहीं। इसमें कोई सन्देह नहीं है कि 'इतिहास' और 'कला' दोनों एक-दूसरे पर अश्रित हैं, क्योंकि इतिहास के पास ऐसी बहुत-सी सामग्री है जिसको कला की मदद के बिना प्रस्तुत नहीं किया जा सकता, इस कारण वह कला है। कला का शाब्दिक अर्थ है कि वैज्ञानिक अनुसन्धानों का प्रयोग मानव की समस्या को हल करने में किया जाए। इसीलिए इतिहास का महत्व है। इस कारण इतिहास को कलात्मक रूप देना जरूरी है। इसलिए इतिहास से कवि की कल्पना-शक्ति प्रयोग करने के लिए कहा गया। इतिहासकार कवि की कल्पना-शक्ति से उन सत्यों को पाठक के योग्य बनाये जिससे वे सरल व सुबोध बन जायें। लेकिन इतिहासकार उस युग के साथ, जिसका वह इतिहास लिख रहा है, सहानुभूतिपूर्वक विचार करेगा, तभी इतिहास का वास्तविक निर्माण-कार्य होगा। अतएव यह जरूरी है कि इतिहास को कला का रूप प्रदान किया जाय, जिसके द्वारा यह स्पष्ट हो सके कि वास्तव में यह सजीव मानव तथा सजीव का लेखा है।

उपरोक्त विवेचन द्वारा हम इस निर्णय पर पहुँचते हैं कि इतिहास विज्ञान तथा कला-दोनों का समन्वय है। जब यह सत्य की खोज करता है तब वह 'विज्ञान' है

और जब वह उन सत्यों के प्रतिपादन एवं वर्णन का विषय है तब वह 'कला' है। इस तरह इतिहास वह माध्यम है जिससे ज्ञान एवं क्रिया अविभाजित ऐक्य प्राप्त करते है। गीता में एक स्थान पर कहा गया है कि "विद्वान ज्ञान एवं क्रिया को एक मानकर खोजते हैं।" इस तरह इतिहास गीता के इस कथन की सत्यता को सत्य सिद्ध करता है, अर्थात् इतिहास में विद्वान ज्ञान एवं क्रिया की प्राप्ति कर सकता है। इसमें ज्ञान सत्य की खोज है और क्रिया सत्य का वर्णन है। इस सम्बन्ध में लॉर्ड एक्टन का निष्कर्ष बहुत ही महत्वपूर्ण है। उसका विचार है कि इतिहास का अध्ययन पक्षपातरहित, आलोचनात्मक एवं नवीन है। इस तरह उन्होंने इतिहास को वैज्ञानिक एवं कलात्मक-दोनों ही रूप प्रदान किए हैं।

इतिहास-शिक्षण के उद्देश्य

सामान्य शिक्षा के उद्देश्यों के आधार पर ही प्रत्येक विषय के उद्देश्य निर्धारित किए जाते हैं तथा शिक्षा के उद्देश्य उक्त वर्णित निर्धारकों के अनुरूप निश्चित किए जाते हैं। हमारे देश में 'माध्यमिक शिक्षा आयोग' ने माध्यमिक शिक्षा के निम्नलिखित उद्देश्य निश्चित किये हैं–

1. नेतृत्व का विकास।
2. व्यक्तित्त्व का विकास।
3. लोकतात्रिक नागरिकता का विकास।
4. व्यावसायिक कुशलता का विकास।
5. चरित्र-निर्माण आदि।

उपरोक्त सभी उद्देश्यों की प्राप्ति किसी एक विषय के अध्ययन द्वारा नहीं हो सकता। लेकिन इतिहास-शिक्षण इन उद्देश्यों की प्राप्ति में बहुत मददगार है। यह सत्य है कि इतिहास प्रत्यक्ष रूप से रोटी एवं मक्खन देने वाला विषय नहीं है, लेकिन इसके द्वारा छात्रों के चरित्र-निर्माण, नेतृत्व, नागरिकता के गुणों आदि के विकास में बहुत ही महत्त्वपूर्ण सहयोग प्रदान किया जाता है।

शिक्षा के उद्देश्यों के मद्देनजर विभिन्न कालों में इतिहास-शिक्षण के विभिन्न उद्देश्यों का निर्धारण किया गया है। उदाहरण के तौर पर लीवी एवं थ्यूसीडाइड्स के काल में इतिहास-शिक्षण का उद्देश्य स्मरणीय वस्तुओं को सुरक्षित रखना और महत्त्वपूर्ण घटनाओं का ज्ञान पुरानी सन्तति के द्वारा नवीन सन्तति को सौंपना था। प्राचीनकाल में इतिहास-शिक्षण के उद्देश्य निर्देश देना अथवा आश्रयदाताओं को प्रसन्न रखना एवं दोनों; अर्थात् निर्देश देना तथा आश्रयदाताओं को प्रसन्न रखना

था। मध्यकालीन में इसका उद्देश्य अपने देश के अतीत के लिए आदत तथा प्रेम पैदा करना हो गया। आधुनिक काल में इसका प्रमुख उद्देश्य अतीत की मदद से वर्तमान को स्पष्ट करना माना गया। इसके अलावा सत्य, देश-प्रेम, अन्तर्राष्ट्रीय सद्भावना का विकास आदि भी इसके उद्देश्य माने गये।

इतिहास-शिक्षण के सामान्य उद्देश्य

इतिहास शिक्षण के उद्देश्य को निम्नलिखित बिन्दुओं के तहत स्पष्ट किया जा सकता है–

(1) वैज्ञानिक दृष्टिकोण का विकास–इतिहास-शिक्षण का एक मुख्य उद्देश्य छात्रों में वैज्ञानिक दृष्टिकोण का निर्माण करना होना चाहिए। उनका विचार है कि इसके लिए इतिहास का अध्यापन इस तरह किया जाए जिससे वे अवैज्ञानिक वस्तुओं को त्यागने में समर्थ हो सकें। वैज्ञानिक दृष्टिकोण के विकास के लिए उनकी निरीक्षण शक्ति, तर्क शक्ति एवं सत्य निर्णय करने की शक्तियों का विकास करना जरूरी है। इसके अलावा छात्रों को निष्पक्षता तथा योग्यता के अनुरूप तथ्यों को संकलित, परीक्षित, वर्गीकृत एवं तुलना करने के योग्य बनाया जाए।

(2) राष्ट्रीय भावना का विकास–इतिहास शिक्षण के द्वारा राष्ट्रीय भावना का विकास किया जा सकता है। बहुत-से विद्वान देश-प्रेम की भावना के विकास को इतिहास-शिक्षण का एक मूल्य मानते हैं। वस्तुतः विभिन्न देशों तथा विभिन्न कालों में देश-प्रेम की भावना का विकास इतिहास-शिक्षण का प्रमुख उद्देश्य रहा है। जर्मनी ने अपने विद्यालयों के पाठ्यक्रम में इतिहास को महत्त्वपूर्ण स्थान इसीलिए ही प्रदान किया था कि इसके द्वारा छात्रों में देश-भाक्ति की भावना का विकास सहजता से किया जा सकता है। इतिहास छात्रों को उनके पूर्वजों की देनों का ज्ञान देकर उनमें देश-भक्ति की भावना पैदा करता है।

(3) अन्तर्राष्ट्रीय सद्भावना का विकास–इतिहास-शिक्षण का एक दूसरा उद्देश्य छात्रों में अन्तर्राष्ट्रीय सद्भावना का विकास करना है। इस उद्देश्य की प्राप्ति के लिए छात्रों को निष्पक्षता और सच्चाई के साथ हर देश की सभ्यता तथा संस्कृति का ज्ञान कराया जाना जरूरी है। इस सम्बन्ध में सी. पी. हिल का विचार है कि इतिहास-शिक्षक इस विषय का अध्यापन इस तरह करे जिससे छात्र 'सत्य' की खोज के लिए तत्पर हो सकें एवं वे विभिन्न राष्ट्रों के पारस्परिक सम्बन्धों तथा प्रभावों और उनकी सामाजिक, अर्थिक एवं सांस्कृतिक परिस्थितियों को समझने में समर्थ हो सकें। इस तरह के ज्ञान से उनमें अन्र्राष्ट्रीय सद्भावना विकास किया जा सकता है।

(4) इतिहास के प्रति रुचि पैदा करना—इतिहास-शिक्षण का उद्देश्य छात्रों में इतिहास के प्रति रुचि पैदा करना है। इसके समर्थन में **जॉन डीवी** का विचार है—"हमारी इतिहास में इसलिए रुचि नहीं है कि वह अतीत के गौरव को बताता है बल्कि इसमें इतिहास रुचि है क्योंकि इसके द्वारा वर्तमान समाजिक जीवन के विभिन्न स्वरूपों तथा शक्तियों का स्पष्टीकरण किया जाता है। साथ ही यह हमें भविष्य के विषय में सोचने के लिए तैयार करता है।" इस कारण इतिहास के शिक्षक का यह परम कर्त्तव्य हो जाता है कि वह छात्रों में इतिहास के प्रति रुचि पैदा करे। सही मायने में यह वर्तमान ही है जो हमें अपनी ओर आकर्षित करता है। हम अतीत की खोज इस कारण नहीं करते हैं कि हमें ऐसा करना रोचक मालूम पड़ता है बल्कि इसलिए करते हैं कि आज के मानव के विचारों तथा कार्यों की जड़ अतीत में निहित है। अतएव इतिहास के शिक्षक को छात्रों के समक्ष अतीत के समक्ष अतीत के इतिहास द्वारा वर्तमान को स्पष्ट करके उनमें इतिहास के लिए रुचि पैदा करनी चाहिए।

(5) अतित की व्याख्या कर वर्तमान को स्पष्ट करना—इतिहास-शिक्षण का एक उद्देश्य अतित की व्याख्या कर वर्तमान को स्पष्ट करना है। इस सम्बन्ध में **कार्ल ऑगस्त** मुलर का विचार है कि "इतिहास द्वारा हम अपने काल की क्रियाओं का अर्थ लगा सकते हैं। अगर इतिहास नहीं होगा तो विद्यालय अध्ययन एवं अध्यापन निरर्थक है, क्योंकि इतिहास हमारे वर्तमान को स्पष्ट करता है।" इतिहास के बीना में सामाजिक वातावरण को कोई अर्थ नहीं है। अतएव बालक को समाज में व्यवस्थित होने के लिए अपने सामाजिक वातावरण अथवा अपनी प्रचालित परिस्थितियों का ज्ञान होना जरूरी है। इसलिए अतीत द्वारा इस सामाजिक वातावरण को अर्थपूर्ण बनाया जाता है। इसी कारण इतिहास-शिक्षण का उद्देश्य वर्तमान को स्पष्ट करना माना गया है।

(6) मानसिक शक्तियों का विकास—इतिहास शिक्षण छात्रों को एक विशेष प्रकार की मानसिक शिक्षा देता है जो किसी अन्य विषय द्वारा प्रदान नहीं की जा सकती है। इसके अध्ययन से छात्रों की स्मरण, कल्पना, तर्क, निर्णय आदि मानसिक शक्तियों का बहुत अधिक विकास होता है। छात्र इसके द्वारा विभिन्न विवादास्पद प्रश्नों तथा समस्याओं के विषय में अपना स्वतन्त्र निर्णय बनाने में समर्थ हो जाता है। अतएव इतिहास-शिक्षण का उद्देश्य छात्रों की मानसिक शक्तियों का विकास करना भी है।

इतिहास शिक्षण के विशिष्ट उद्देश्य

इतिहास शिक्षण के विशिष्ट उद्देश्यों को निम्नलिखित बिन्दुओं के तहत स्पष्ट किया जा सकता है–

(1) मानव-उन्नति का काल-क्रम के अनुरूप अध्ययन करना।

(2) छात्रों को उन समस्याओं एवं कठिनाइयों से अवगत कराना जो मानव के समक्ष उसके सामाजिक विकास में आयी थीं।

(3) ऐसिहासिक विधि का ज्ञान कराना।

(4) समय-ज्ञान की भावना को विकसित करते हुए स्थान एवं समय में सम्बन्ध स्थापित करना।

(5) छात्रों को इतिहास का ज्ञान इस तरह प्रदान करना जिससे उनमें निम्न प्रकार के भाव पैदा हो सकें–

(क) प्रमाणों को किस प्रकार जाँचा जाय?

(ख) तार्किक निष्कर्ष किस प्रकार निकाले जायें ?

(ग) सूचनाएँ कहाँ तथा किस प्रकार प्राप्त की जायें?

(घ) तथ्यों को किस प्रकार संगठित, विश्लेषित एवं उनका तुलनात्मक अध्ययन किया जाय।

भारत में इतिहास-शिक्षण के उद्देश्य

आजादी के उपरांत भारत ने राष्ट्रीय विकास के लिए धर्म-निरपेक्षता, लोकतन्त्र समाजवाद एवं शान्ति के निर्देशक सिद्धान्तों को ध्यान में रखा जाना बहुत जरूरी है। लेकिन वास्तविकता कुछ और है। सम्प्रति इतिहास के अध्यापन और उसकी पाठ्य-पुस्तकों के निमार्ण में इन स्वीकृत सिद्धान्तों का किसी भी प्रकार से प्रयोग नहीं किया जा रहा है। इस समय इतिहास के अध्यापन में राजनीतिक इतिहास, युद्धों, संधियों और ऐतिहासिक चरित्रों के वर्णन पर अधिक जोर दिया जाता है, जबकि जरूरत इस बात की है कि इसके अध्यापन द्वारा सामाजिक विकास की समझदारी पर जोर दिया जाए, क्योंकि इसके द्वारा छात्रों में इतिहास के लिए रुचि पैदा की जा सकती है। साथ ही उनके दृष्टिकोण को व्यापाक तथा उदार बनाया जा सकता है। आज साम्प्रदायिकता, क्षेत्रीयता एवं धार्मिक कट्टरता एवं धर्मांधता ने इतिहास के अध्यायपन को प्रभावित करे राष्ट्रीय इतिहास के वास्तविक चित्र को घूमिल बना दिया है। साथ ही इन्होंने संकीर्ण भावनाओं को विकसित करने में सहयोग दिया है।

भारतीय समाज सांस्कृतिक रूप से बहुआयामी है, इसलिए शिक्षा द्वारा उन सार्वजनीक और शाश्वत मूल्यों का विकास होना चाहिए जो लोगों को राष्ट्रीय एकता की ओर ले जा सकें। इसके लिए शिक्षा-क्रम अथवा पाठ्यक्रम में भारतीय स्वतंत्रता आन्दोलन का इतिहास, संवैधानिक जिम्मेदारियाँ और राष्ट्रीय अस्मिता से सम्बन्धित अनिवार्य तत्त्व सम्मिलित किये जायें।

भारत ने विश्व शान्ति और आपसी भाईचारे के लिए निरंतर प्रयत्न किया है। दूसरे शब्दों में हम यह कह सकते हैं कि भारत ने 'वसुधैव कुटुम्बकम्' के आदशों को संजोया है। इस परम्परा के अनुरूप शिक्षा-व्यवस्था का प्रयत्न यह होना चाहिए कि नई पीढ़ी में विश्वव्यापी दृष्टिकोण सुदृढ़ हो एवं अन्तर्राष्ट्रीय सहयोग तथा शन्तिपूर्ण सह-अस्तित्व की भावना बढ़े।

उपरोक्त परिस्थितियों को ध्यान में रखकर इतिहास-शिक्षण के निम्नलिखित प्राप्त उद्देश्यों पर जोर दिया जा सकता है—

(1) विद्यार्थियों को आधुनिक समाज, जिसमें वे रह रहे हैं, का ज्ञान प्रदान किया जाए।

(2) विद्यार्थियों को देश की राजनैतिक, सामाजिक तथा आर्थिक निर्बलताओं से अवगत कराया जाय। साथ ही उन्हें दूर करने के लिए प्रोत्साहित किया जाए।

(3) विद्यार्थियों में सत्य देश-प्रेमे की भावना का विकास किया जाय। इसके लिए उन्हें राष्ट्रीय विरासत की समझदारी प्रदान की जानी चाहिए।

(4) विद्यार्थियों को राष्ट्रीय विकास के साथ-साथ मानवीय विरासत का भी ज्ञान दिया जाय जिससे उनमें अन्तर्राष्ट्रीय सद्भावना का विकास किया जा सके।

(5) विद्यार्थियों को भारतीय संस्कृति की विविधता और एकता से अवगत कराया जाय।

(6) विद्यार्थियों में आलोचनात्मक चिन्तन का विकास किया जाए।

(7) विद्यार्थियों को यह अनुभूति करायी जाय कि इतिहास सामाजिक परिवर्तन एवं विकास की प्रक्रिया का अध्ययन है।

शिक्षा के विभिन्न स्तरों पर इतिहास शिक्षण के उद्देश्य

(1) प्राथमिक स्तर पर इतिहास शिक्षण के उद्देश्य—प्राथमिक स्तर पर इतिहास-शिक्षक को निम्नलिखित उद्देश्यों को ध्यान में रखकर विषय का प्रतिपादन करना चाहिए—

(क) विद्यार्थियों में समय-ज्ञान को धीरे-धीरे विकसित करना। इसके लिए

इतिहास-शिक्षक स्थूल वस्तुओं का उपयोग करें। उदाहरण के तौर पर—समय रेखा, समय-चार्ट आदि।

(ख) विद्यार्थियों को इस बात का भान कराना कि हमारे प्रतिदिन के जीवन पर अतीत का प्रभाव होता है।

(ग) विद्यार्थियों में देश-प्रेम एवं विश्व-बन्धुत्व की भावना का विकास करना। इस स्तर पर विश्व-इतिहास से भी कहानियाँ ली जायें। उनके शिक्षण से उनमें विश्व-बिन्धुत्व के अंकुर पैदा किये जा सकते हैं।

(घ) इतिहास के प्रति विद्यार्थियों की रुचि पैदा करना। रुचि को पैदा करने के लिए न ही अधिक सूचनाएँ प्रदान की जायें और न उनके मस्तिष्क पर परीक्षा का निरर्थक भार डाला जाए।

(ङ) ऐतिहासिक कल्पना जगाना। इसके लिए इतिहास-शिक्षक को कहानियों के माध्यम से शिक्षण प्रदान करना, क्योंकि इस स्तर पर बाल कहानीप्रिय होता है।

2. जूनियर स्तर पर इतिहास शिक्षण के उद्देश्य—जूनियर स्तर पर इतिहास-शिक्षण के निम्नलिखित उद्देश्य हो सकते हैं—

(क) विद्यार्थियों को अतीत के प्रकाश में अधिक से अधिक वर्तमान को समझने के योग्य बनाना। इसके अलावा उन्हें भविष्य के विषय में भी सोचने के लिए प्रोत्साहित किया जाए।

(ख) विद्यार्थियों में समय-ज्ञान को विकसित करने के लिए अमूर्त साधनों का भी उपयोग करना चाहिए।

(ग) विद्यार्थियों में सत्य देश-प्रेम और विश्व-बन्धुत्व की भावना को विकासित किया जाए।

(घ) मानचित्र पर घटनाओं सम्बन्धी स्थलों एवं राज्य-सीमा का ज्ञान कराकर भौगोलिक स्थिति से परिचित करना। इसके लिए इतिहास-शिक्षक को इतिहास का भूगोल से सम्बन्ध स्थापित करके शिक्षण प्रदान करना चाहिए।

(ङ) विद्यार्थियों में इतिहास के लिए वास्तविक प्रेम पैदा करना चाहिए। इसके लिए राजनीतिक इतिहास के स्थान पर सामाजिक इतिहास के अध्ययन पर जोर दिया जाए।

(च) छात्रों को शुद्ध रूप से विचार करने के लिए तत्पर बनाना चाहिए। इसके अलावा उनकी अन्य मानसिक शक्तियों को विकासित करना चाहिए।

(छ) उनकों ऐतिहासिक तथ्यो और कार्यो को आलोचना करने के लिए प्रोत्साहित किया जाए।

3. हायर सेकेण्डरी स्तर पर उद्देश्य–इस स्तर पर इतिहास-शिक्षण के निम्नलिखित उद्देश्य होते हैं–

(क) अतीत के आलोक में वर्तमान को समझने की क्षमता पैदा करना एवं उसके भविष्य के आकलन के लिए सामर्थ्य पैदा करना।

(ख) विकास के सिद्धान्त से अवगत करना।

(ग) समय-ज्ञान के विकास को मजबूत बनाना।

(घ) छात्रों में वैज्ञानिक दृष्टिकोण विकसित करना।

(ङ) राष्ट्र की सामाजिक, राजनीतिक एवं धार्मिक समस्याओं से अवगत काराकर उनको स्वयं समस्या हल करने के योग्य बनाना।

(च) मानव सभ्यता के विकास की विशेषतओं से अवगत कराना।

(छ) विद्यार्थियों में इतिहास के लिए वास्तविक रुचि को दृढ़ बनाना।

(ज) विद्यार्थियों को मानसिक प्रशिक्षण प्रदान करना, अर्थात् उनकी मानसिक शक्तियों को एक मुख्य प्रकार से प्रशिक्षित करना, जिससे उनकी तर्क और निर्णय-शक्तियों का पर्याप्त विकास हो सके।

(स) राष्ट्रीय और अन्तर्राष्ट्रीय संस्कृतियों का ज्ञान प्रदान करना जिससे वे अपने देश की विश्व-संस्कृति के लिए प्रदान की गई देनों को समझ सकें।

इतिहास-शिक्षण के प्राप्त उद्देश्य

प्राप्त उद्देश्य को जानने से पहले उद्देश्य तथा प्राप्त-उद्देश्यों का अर्थ और इनके मध्य अन्तर को जानना आवश्यक प्रतित होता है। ज्यादातर उद्देश्य और प्राप्त-उद्देश्य दोनों का एक ही अर्थ लगाया जाता है, लेकिन वास्तव में ऐसा नहीं है। उद्देश्य के अर्थ के सम्बन्ध में कार्टर वी. गुड ने लिखा है–'उद्देश्य पूर्व-निर्धारित साध्य होता है जो किसी कार्य अथवा क्रिया का मार्ग-दर्शन करता है। उद्देश्य में दूरदर्शिता होती है, साथ ही उसमें आदर्शवादिता होती है।' प्राप्त उद्देश्य के अर्थ के सम्बन्ध में कहा जा सकता है कि जब हम किसी उद्देश्य की प्राप्ति के लिए कार्य करते हैं, तो उसके लिए हमें जिन छोटी-छोटी बातों को ध्यान में रखना पड़ता है, उन्हें उस उद्देश्य के प्राप्त उद्देश्य कहते हैं। प्राप्त उद्देश्य के सम्बन्ध में काटरे वी. गुड ने लिखा है–"प्राप्त उद्देश्य वह मानदण्ड या लक्ष्य है जिसको छात्र द्वारा विद्यालय क्रिया जाता है।" इसके अर्थ को और अधिक स्पष्ट करते हुए गुड ने आगे लिखा है, "प्राप्त उद्देश्य छात्र के व्यवहार में इस इच्छित बदलाव है जो विद्यालय द्वारा पथ-प्रदर्शित अनुभव का परिणाम होता है।" इस तरह प्राप्त उद्देश्य में व्यावहारिकता अधिक होती है। दूसरे, इसको प्राप्त कराने का दायित्व शिक्षक के कन्धों पर होता है।

उद्देश्य और प्राप्त उद्देश्य के मध्य के अन्तर को निम्नलिखित बिन्दुओं के तहत स्पष्ट किया जा सकता है–

1. उद्देश्य अनिर्दिष्ट होता है, जबकि प्राप्त उद्देश्य विशिष्ट होता है।
2. उद्देश्य कक्षा-कक्ष की शिक्षण-रणनीति को निर्धारण करने में सहायक नहीं है, लेकिन प्राप्त उद्देश्य कक्षा-कक्ष की शिक्षण रणनीति को निर्णित करने में सहायता प्रदान करता है।
3. यह सीखने वालों को स्पष्ट शिक्षा तथा निश्चित निर्देश प्रदान नहीं करता है, लेकिन यह सीखने वालों या छात्रों को स्पष्ट शिक्षा एवं निश्चित निर्देश प्रदान करता है।
4. उद्देश्य का क्षेत्र व्यापक होता है, जबकि प्राप्य उद्देश्य का क्षेत्र सीमित होता है।
5. उद्देश्य एक सामान्य कथन है, जबकि प्राप्य उद्देश्य एक निश्चित कथन है।
6. उद्देश्य की प्राप्ति के लिए सम्पूर्ण छोटे-छोटे विद्यालय कार्यक्रम तथा समाज उत्तरदायी होता है, जबकि प्राप्य उद्देश्य लक्ष्य या उद्देश्य की शाखाएँ होती है। इसलिए इनकी प्राप्ति का दायित्व शिक्षक तथा पाठ विशेष की विषय-वस्तु पर होता है।
7. उद्देश्य में आदर्शवादिता होती है, अतः उसे पूर्ण रूप में प्राप्त करना सम्भव नहीं है। इसकी प्राप्ति भी हो सकती है और नहीं भी हो सकती है जबकि प्राप्त उद्देश्यों की प्राप्ति सम्भव है क्योंकि इनमें व्यवहरिकता होती है। दूसरे शब्दों में प्राप्त उद्देश्य प्राप्यनीय है।

शैक्षिक प्राप्त उद्देश्यों का ब्लूम वर्गीकरण

ब्लूम ने शिक्षण पद्धति में अपने मूल्यांकन उपागम के द्वारा क्रान्ति पैदा कर दी थी। उसने शिक्षण एवं मूल्यांकन को उद्देश्याधारित बनाने का सफल प्रयत्न किया। उन्होंने बताया कि शिक्षा एक त्रिमुखी प्रक्रिया है जिसमें शैक्षिक प्राप्त उद्देश्य अधिगमानुभव और व्यवहार परिवर्तन सम्मिलित हैं। उन्होंने शैक्षिक प्राप्त उद्देश्यों का वर्गीकरण किया। उसका वर्णीकरण मानसिक जीवन के तीन मूलभूत पक्षों पर आधारित हैं। ये पक्ष अग्रलिखित हैं–

(अ) संज्ञानात्मक पक्ष–इसमें बौद्धिक पक्ष आता है जिसका महत्व अधिक है। इस क्षेत्र में समाहित क्रियाओं को छः वर्गों में विभाजित किया गया है। इनका विवरण निम्न है–

(i) **ज्ञान**—यह स्मरण नामक मनोवैज्ञानिक प्रक्रिया पर आधारित है। संज्ञानात्मक क्षेत्र में अधिगम के निम्न स्तर का प्रतिनिधित्व करता है। इसके अन्तर्गत सूचनाओं, तथ्यों आदि का प्रत्यास्मरण शामिल है। इसमें निम्नलिखित क्रियओं को सम्मिलित किया गया है—

1. प्रवृत्तियों तथा क्रमों का ज्ञान
2. वर्गीकरण तथा श्रेणियों का ज्ञान
3. मादण्डों का ज्ञान
4. कार्य-पद्धाति का ज्ञान
5. नियमों और सामान्यीकरण का ज्ञान
6. सिद्धान्तों तथा संरचनाओं का ज्ञान
7. विशिष्टताओं का ज्ञान
8. पारिभाषक शब्दावली का ज्ञान
9. विशिष्ट तथ्यों का ज्ञान
10. विशिष्टों से व्यवहार करने के साधनों तथा तरीकों का ज्ञान
11. परम्पराओं या अभिसमयों का ज्ञान।

(ii) **अवषोधन**—यह विषय-वस्तु के भाव को ग्रहण करने की योग्यता है। अवबोधन का निम्नस्तर है। इसके तहत निम्न प्रक्रियाओं को रखा गया है—

1. नुवाद
2. व्याख्या
3. बाह्यवेशन।

(iii) **ज्ञानोपयोग या प्रयोग**—यह सीखी हुई विषय-वस्तु को नवीन तथा स्थूल परिस्थितियों में प्रयुक्त करने की योग्यता है।

(iv) **विश्लेषण**—यह किसी सूचना या विषय-वस्तु को विभिन्न अंगों में विभक्त कर उनमें निहित संगठनात्मक संरचना को समझने की योग्यता है। इसके तहत निम्न प्रक्रियाओं को समाहित किया गया है—

1. तत्वों का विश्लेषण
2. सम्बन्धों का विश्लेषण
3. संगठनात्मक सिद्धान्तों का विश्लेषण।

(v) **संश्लेषण**—यह विभिन्न अंगों को एक साथ मिलाकर एक नवीन समग्र बनाने की योग्यता है। इसमें निम्नांकित को सम्मिलित किया गया है—

1. अनुपम अथवा विशिष्ट सम्प्रेषण की उत्पत्ति

2. योजना की उत्पत्ति
3. अमूर्त सम्बन्धों की व्युत्पत्ति।

(vi) **मूल्यांकन**—यह विषय-वस्तु के महत्व का आकलन करने की योग्यता है। इनमें निम्नलिखित क्रियाओं को शामिल किया गया है—
1. आन्तरिक प्रमाण का आकलन
2. बाह्य मानदण्ड का आकलन।

(ब) भावात्मक पक्ष—ब्लूम द्वारा प्रस्तुत वर्गीकरण में भावात्मक पक्ष में सम्मिलित उद्देश्यों को निम्नलिखित पाँच वर्गों में बांटा गया है—

(i) **स्वीकार करना या प्राप्ति, ध्यान देना**—यह भावात्मक क्षेत्र का प्रारम्भिक या निम्नतर स्तर है। इसमें सीखने वाला उद्दीपक के प्रति संवेदनशीलता प्रदर्शित करता है। इसके तहत निम्नांकित को स्थान दिया गया है—
1. चेतना या अभिज्ञता
2. स्वीकार करने की इच्छा
3. नियन्त्रित अथवा चयनित अवधान या ध्यान।

(ii) **संवेदनशीलता या अनुक्रिया**—इसमें अधिक उत्प्रेरणा तथा अवधान में अधिक नियमितता की अपेक्षा की जाती है। व्यावहारिक दृष्टि से इसे अभिरुचि कहा जाता सकता है। इसमें निम्नलिखित क्रियाएँ सम्मिलित हैं-
1. संवेदनशील होने की इच्छा या अनुक्रिया की सहमति
2. संवेदनशीलता से सन्तुष्टि।

(iii) **मूल्य-निर्धारण**—इसमें व्यवहार की उत्प्रेरणा आती है जो व्यक्ति की किसी मूल्य के प्रति प्रतिबद्धता पर आधारित होती है। इसे 'अभिवृत्ति' कहा जा सकता है। इसमें निम्नांकित क्रियाओं को स्थान प्राप्त है—
1. मूल्य को स्वीकारना
2. मूल्य को वरीयता क्रम देना
3. प्रतिबद्धता।

(iv) **संगठन या व्यवस्था**—व्यक्ति का व्यवहार सामान्यतया किसी एकाकी अभिवृत्ति से उत्प्रेरित न होकर अभिवृत्ति-समूह से होता है। ऐसे समूह के संगठित रूप को व्यवस्था कहते हैं। इसमें निम्नलिखित क्रियाओं को स्थान प्राप्त है—
1. मूल्य का सम्बोधीकरण या प्रत्ययीकरण
2. मूल्य प्रणाली की व्यवस्था करना।

(v) **मूल्य का लक्षण-वर्णन**—मूल्यों को निरन्तर आत्मसात् करने से कार्य प्रभावित होते हैं, जब व्यक्ति इस प्रक्रिया से एक ऐसे स्तर पर पहुँच जाता है जिसे जीवन-दर्शन कहने लगते हैं, तो वह लक्षण-वर्णन की स्थिति कहलाती है। इसमें निम्नलिखित क्रियाओं को स्थान प्राप्त है—

1. सामान्य समुच्चय
2. लक्षण-वर्णन।

(स) मनःचालित या मनोपशीय पक्षा—इसमें नाड़ियों एवं माँस-पेशियों का समन्वय सम्मिलित है। ब्लूम के वर्गीकरण में इस पक्ष को पाँच वर्गों में बाँटा गया है, जो निम्न प्रकार हैं—

(i) अनुकरण
(क) आवेग, (ख) प्रकट पुनरावृत्ति।

(ii) हस्तादि प्रयोग या परिचालन
(क) निर्देशपालन, (ख) चयन और (ग) स्थिरता।

(iii) सुतथ्यता या शुद्धता
(क) पुनरुत्पादन, (ख) नियन्त्रण।

(iv) सन्धिबद्ध करना
(क) अनुक्रम, (ख) सांमजस्य।

(v) स्वाभाविकरण या नैसर्गीकरण
(क) स्वचालन, (ख) आभ्यन्तरीकरण।

उपरोक्त वर्गीकरण में इन पक्षों को पृथक्-पृथक् नहीं किया जा सकता है। ये तीनों पक्ष आंशिक रूप से एक दूसरे से सम्बद्ध हैं।

इतिहास-शिक्षण के प्राप्त उद्देश्य—यहाँ इतिहास-शिक्षण के कुछ प्राप्त-उद्देश्यों का विवरण प्रस्तुत किया जा रहा है। लेकिन यह पूरी सूची नहीं है, इसे केवल सुझाव मात्र माना जा सकता है—

1. ज्ञानत्मक प्राप्य उद्देश्य—इसमें छात्र, ऐतिहासिक, तथ्यों, घटनाओं, धारणाओं, सिद्धान्तों, विचारों समस्याओं, प्रवृत्तियों आन्दोलनों आदि का—

(i) विभेद कर सकेगा।
(ii) वर्गीकृत कर सकेगा।
(iii) तुलना कर सकेगा।
(iv) विषमताओं को समझ सकेगा।
(v) महत्वपूर्ण एवं महत्वहीन, प्रमुख एवं गौण कारणों, प्रभावों, घाटनाओं आदि में अन्तर स्पष्ट कर सकेगा।

(vi) साध्य एवं साधनों, कारण एवं प्रभाव आदि के सम्बन्ध को पहचान सकेगा।
(vii) ऐतिहासिक घटनाओं, प्रवृत्तियों आदि को स्पष्ट करने के लिए कारण प्रस्तुत कर सकेगा।
(viii) अतीत से उदाहरण दे सकेगा।

2. कौशल प्राप्त-उद्देश्य–छात्र ऐतिहासिक मानचित्रों, रेखाचित्रों, चित्रों, तालिकाओं, चार्टों आदि में आवश्यक विवरण को–

(i) अशुद्धियों को जान सकेगा,
(ii) पहचान सकेगा,
(iii) तैयारी कर सकेगा।

3. अनिरूचि प्राप्त-उद्देश्य–इसके तहत छात्र में ऐतिहासिक घटनाओं, संस्थाओं, व्यक्तियों आदि के बारे में जानने तथा अध्ययन करने की रुचि पैदा होगी।

4. अभिवृत्ति प्राप्त-उद्देश्य–इसके तहत छात्र में निम्नलिखित अभिवृतियाँ विकसित होंगी–

(i) अतीत के आधार पर समस्यओं के अध्ययन की अभिवृत्ति विकसित होगी।
(ii) ऐतिहासिक साग्रमी के आधार पर ऐतिहासिक घटनाओं के सम्बन्ध में निष्कर्ष निकालने की अभिवृत्ति होगी।
(iii) व्यक्तियों, धर्मो, संस्कृतियों आदि के प्रति विधेयात्मक अभिवृत्ति विकसित होगी।

5. प्रयोग प्राप्य-उद्देश्य–इसमें छात्र ऐतिहासिक तथ्यों, धारणाओं, घटनाओं, गतिविधियों आदि से सम्बन्धित–

(i) निष्कर्ष निका सकेगा।
(ii) प्रमाणों, तथ्यों तथा सम्मतियों के बीच अन्तर कर सकेगा।
(iii) प्रमाणों तथा तथ्यों का चयन करके उनका परीक्षण कर सकेगा।
(iv) समस्यओं को जान सकेगा, तथा उनसे सम्बन्धित सामग्री का संग्रह कर सकेगा।
(v) उपलब्ध ऐतिहासिक सामग्री का विश्लेषण कर सकेगा।
(vi) सामान्य नियम बना सकेगा।

इतिहास शिक्षण के मूल्य

इतिहास-शिक्षण के प्रमुख मूल्यों का विवेचन इस तरह से स्पष्ट किया जा सकता है–

1. सूचनात्मक मूल्य—निश्चित रूप से इतिहास सूचनाओं का भण्डार है, जिसके द्वारा छात्र अपनी ज्ञान-पिपासा को तृप्त कर सकता है। इतिहास में बालक अपनी शक्ति एवं अनुभव के आधार पर खोज कर सकता है। राजनीतिक जीवन, दार्शनिक एवं आर्थिक विकास से सम्बन्धित सभी समस्याओं का हल प्रदान करता है। इतिहास मानव के भविष्य के लिए मार्ग प्रसस्थ करता है।

2. राष्ट्रीय मूल्य—इतिहास अध्ययन से लोगों में देश-भक्ति पैदा होती है। इसी तत्त्व के कारण जर्म निवासियों ने इतिहास को बहुत महत्त्वूर्ण स्थान दिया था। देश-प्रेम एवं देश-भक्ति का उद्देश्य निर्धारित कर उन्होंने अपने शिक्षालयों में इतिहास-शिक्षण शुरू किया तथा इसके द्वारा एक पवित्र आर्य-जाति का सृजन किया। हिटलर ने इसी उद्देश्य से संसार में इस जाति को सबसे पहले स्थान दिया और इसी की सत्ता सम्पूर्ण जगत में स्थापित करने का प्रयास किया। उसने जर्मन निवासियों के सम्मुख यह सिद्धान्त रखा कि 'मेरा देश, सत्य अथवा असत्य' इसी की उन्नति हमारा उद्देश्य है। लेकिन इस तरह का इतिहास-शिक्षण इतिहास के वैज्ञानिक आधार की जड़ों को खोखला बनाता है। वैज्ञानिक इतिहास सतर्कता के साथ तथ्यों का एकत्रीकरण, आलोचनात्मक एवं असंवेगात्मक तर्कपूर्ण विवेचन चाहता है। अगर 'मेरा देश' सत्य अथवा असत्य' लेकिन एकमात्र देश, इस उद्देश्य से इतिहास का शिक्षण किया जाता है तो वह अन्तर्राष्ट्रीय भावना को भारी ठेस पहुँचायेगा। इतिहास का उद्देश्य-युक्तिसंगत देश-प्रेम पैदा करना तथा विश्व-बन्धुत्व की भावना को विकसित करना है।

3. नागरिक मूल्य—नागरिकशास्त्र-शिक्षण का प्रमुख उद्देश्य अच्छे नागरिक पैदा करना है। जब नागरिकशास्त्र इतिहास का एक अंग था, तब योग्य नागरिक उत्पन्न करना इतिहास-शिक्षण का उद्देश्य माना जा सकता था। लेकिन जब वैज्ञानिक एवं लोकतान्त्रिक प्रवृत्तियों ने नागरिकशास्त्र को एक पृथक् विषय का स्थान प्रदान कर दिया तब इतिहास-शिक्षण का उद्देश्य योग्य नागरिक पैदा करना नहीं माना जा सकता। इसका शिक्षण योग्य नागरिक पैदा करने में सहयोग प्रदान कर सकता है, क्योंकि इसके द्वारा छात्रों के समक्ष, अतीत में नागरिकों ने अपने कर्त्तव्यों एवं दायित्वों का किस तरह निर्वाह किया? नागरिकों को राज्य के द्वारा क्या सुविधायें प्रदान की गयीं आदि बातों का विवरण प्रस्तुत करके योग्य नागरिक बनने में मदद प्रदान की जा सकती है। इतिहास सामाजिक जीवन के धार्मिक, नैतिक, आर्थिक और राजनीतिक अंगों का विवेचन करके जीवन की वास्तविक समस्याओं का ज्ञान कराता है और यह ज्ञान दैनिक नागरिकता के क्षेत्र में बहुत फायदेमंद होता है। इस तरह

हम कह सकते हैं कि योग्य नागरिक पैदा करना इतिहास-शिक्षण का उद्देश्य नहीं है, बलिक मूल्य है।

4. नैतिक मूल्य—इतिहास नैतिकता की शिक्षा प्रदान करता है। इसलिए पाठ्यक्रम में इसे अधिक महत्व प्रदान किया गया है। इसके अध्ययन से बालक संतों, महात्माओं, सुधारकों, नेताओं एवं प्रसिद्ध व्यक्तियों के बहुमूल्य विचारों के सम्पर्क में आता है। उनका जीवन छात्रों को उनकी भाँति उत्साही और सत्यनिष्ठ बनने के लिए प्रोत्साहन देता है। इसके आलावा बालक यह जान जाता है कि अन्त में सत्य की विजय होती है चाहे सत्य-प्रेमी को जीवन में कितने की कष्ट क्यों न उठाने पड़ें। असत्यता के द्वारा पतन ही होता है, इससे भी बालक परिचित हो जाते हैं। इतिहास द्वारा नैतिकता की शिक्षा को प्रदान करने के विरूद्ध निम्नलिखित तर्क दिये गये हैं—

(अ) सत्यता जैसे अच्छे गुणों की विजय सदैव नहीं होती है और बुराई तथा असत्यता का सदैव पतन नहीं होता है। कई मौकों पर यह देखा गया है कि ईमानदार तथा सत्य-प्रेमी मनुष्य जीवन-भर कष्ट उठाते हैं और अयोग्य तथा मिथ्याभाषी सफलता प्राप्त करते हैं।

(ब) अनुभव और निरीक्षण के आधार पर यह देखा गया है कि छात्र सन्तों और पवित्र मनुष्यों के कार्यो में कोई रुचि नहीं लेते हैं। वे शूरवीरों के कार्यो में अधिक रुचि रखते हैं और उनकी पूजा करने लगते हैं। वे इस बात पर कोई ध्यान नहीं देते कि हमारे नायकों में क्या गुण हैं, क्या अवगुण हैं? उनके नायक चाहे कितने ही अवगुण रखते हैं, इसका बिना ध्यान किये वे उसके अनुयायी बन जाते हैं।

(स) इसके विरुद्ध एक यह तर्क प्रस्तुत किया जाता है कि महानुभावों के चरित्र विभिन्न जटिलताओं से परिपूर्ण होते हैं। उनके चरित्रों में गुण एवं अवगुण-दोनों विद्यमान होत हैं। अगर मात्र उनके गुणों का ही वर्णन किया जाय तो वह अवैज्ञानिक होगा। अगर दोनों का विवरण दिया जाए तो छात्रों में भी अवगुण पैदा लेना सम्भव है।

उपरोक्त तर्क पर्याप्त हैं। इनको हम निराधार नहीं कह सकते हैं। इस तरह इतिहास-शिक्षण द्वारा दी गई इस नैतिकाता की शिक्षा को अनुपयुक्त कहकर हमकों इतिहास के अध्यापक के हृदय को दुःखी नहीं करना चाहिए, बल्कि उसको यह सुझाव दिया जाए कि वह इतिहास के शिक्षण में इसका प्रत्यक्ष रूप से प्रतिपादन न करके परोक्ष रूप से बालकों को शिक्षा दे सकता है। इस सन्दर्भ में डॉ. कीर्टिन

ने कहा है–"अगर हमें इतिहास के शिक्षण के नैतिक महत्त्व प्राप्त करने हैं तो उसके प्रकरणों का शिक्षण समस्यात्मक विधि द्वारा किया जाए।"

5. सांस्कृतिक एवं सामाजिक मूल्य–अपनी वर्तमान संस्कृति को समझने में इतिहास का बहुत अधिक योदान होता है। वह वर्तमान काल की संस्थाओं एवं दशाओं के उद्भव एवं विकास की विवेचना प्रस्तुत करता है। यह हमें अतीत काल के वर्णन द्वारा वर्तमान काल की संस्कृति को आत्मसात् करने की विशेषता के कारण आज की संस्कृति इस रूप में हमें प्राप्त हुई है। इस तरह हम देखते हैं कि इतिहास हमारे वर्तमान समाज और संस्कृति का स्पष्टीकरण करता है। अतएव यह हमें सामाजिक समस्याओं के समझने तथा सुलझाने में बहुत सहायता प्रदान करता है। आज जब भारत में व्यक्ति नैतिक मूल्यों की ओर आकृष्ट हो रहे हैं तो यह आवश्यक हो जाता है कि वे अपनी संस्कृति में आस्था रखें और अपने सांस्कृतिक और सानाजिक मूल्यों को जानें। साथ ही अपनी सांस्कृतिक विरासत के प्रति ममत्त्व भी भावना विकसित करें।

6. मानसिक शिक्षा–मानसिक शिक्षा के लिए इतिहास बहुत ही लाभदायक है। इसके द्वारा संस्मरण, तर्क तथा कल्पना-शक्ति का विकास होता है। यह कहा जा सकता है कि इतिहास द्वारा जितना मस्तिष्क को शिक्षित किया जा सकता है, उतना शिक्षालय के किसी अन्य विषय से नहीं किया जा सकता। लेकिन यह तभी सम्भव है, जब बालक स्वयं इतिहास के अध्ययन में तुलना और विवेचना करें। इसके अलावा वह स्वयं इतिहास के अध्ययन में तुलना और विवेचना करें। इसके अलावा वह स्वयं तथ्यों के विवेचन के उपरांत सत्यता का पता लगाये तथा अपनी निर्णय-शक्ति का प्रयोग करें और सिद्धान्तों का निर्धारण करें।

उपरोक्त विवेचन को देखने से यह स्पष्ट होता है कि इतिहास के अध्ययन से बहुत से मूल्य प्राप्त होते हैं। हम यह जानते हैं कि किसी भी विज्ञान का महत्त्व सत्य के प्रतिपादन में है और इसलिए हम इतिहास में भी और कुछ नहीं चाहते, मात्र सत्य की अभिव्यक्ति चाहते है। यह सत्य के प्रतिपादन में पर्याप्त मददगार है।

2

इतिहास पाठ्यक्रम

पिछले कुछ ही दशकों पूर्व तक शिक्षा का मुख्य उद्देश्य सूचनाएं एकत्रित करना ही था। अतएव पाठ्यक्रम को निर्देशन के विषयों के पर्यायवाची के तौर पर ही जाना जाता था, परन्तु वर्तमान युग में शिक्षा को गत्यात्मक प्रक्रिया के रूप में स्वीकार किया गया है। इसलिए लक्ष्यों तथा उद्देश्यों में भी बदलाव हुआ है। आज पाठ्यक्रम मात्र अध्ययन के विषयों से सम्बद्ध नहीं, अपितु उन सभी बहुआयामों, क्रियाकलापों के अनुभवों का योग है जिन्हें बालक विद्यालय में रहते हुए कक्षा में प्रयोगशाला में, कार्यशाला में, खेल के मैदान में तथा अध्यापक के साथ बहुत से अनौपचारिक सम्पर्कों के परिणाम स्वरूप प्राप्त करते हैं।

अर्थात् विद्यालय का सम्पूर्ण जीवन पाठ्यक्रम है। इतिहास पाठ्यक्रम सम्पूर्ण पाठ्यक्रम का एक हिस्सा है जो बालक के व्यक्तित्व के संतुलित विकास में प्रमुख भूमिका निभाता है। अतएव इतिहास पाठ्यक्रम में सूचनाओं के अधिग्रहण के अलावा विद्यार्थी सर्वांगीण विकास के लिए वैज्ञानिक अभिवृत्तियों, रुचियों तथा कौशलों आदि को सम्मिलित किया जाना चाहिए। उक्त लक्ष्य के लिए इतिहास पाठ्यक्रम का एक तरह से पूरी तरह पुनर्रावलोकन करना आवश्यक है।

भारत में अँग्रेजी शिक्षा-पद्धति के अन्तर्गत इतिहास-शिक्षण का शिक्षालय-विषय के रूप में सूत्रपात किया गया इस पद्धति में इतिहास को ब्रिटिश स्कूलों का अनुकरण

करके भारतीय विद्यालयों में परीक्षा विषय के रूप में सन्निहित किया गया। उस समय इसका परीक्षा के दृष्टिकोण के अतिरिक्त और कोई महत्व नहीं था और न इसके उद्देश्यों एवं प्रयोजनों की ओर कोई ध्यान दिया गया। इसके परिणामस्वरूप भारतीय विद्यालयों में इतिहास सबसे अनुपयुक्त विषय माना जाता था, जिसका व्यावहारिक जीवन में कोई महत्त्व नहीं था।

इस प्रकार की स्थिति के बहुत-से कारण थे। परन्तु सबसे प्रमुख कारण यह था कि भारतीय विद्यालयों में इतिहास का अर्थ भारतीय इतिहास के साथ प्रत्येक स्तर पर इंग्लैण्ड के इतिहास से लगाया जाता था। इसके अतिरिक्त भारतीय इतिहास को केवल राजाओं के बीच हुए युद्धों तथा साम्राज्यों के उत्थान एवं पतन तक ही सीमित करके पढ़ाया जाता है। इतिहास को भारतीय समाज के विकास की कहानी के रूप में कभी ग्रहण नहीं किया गया। आधुनिक परिस्थितियों में इतिहास के अध्ययन को एक मुख्य परीक्षा विषय के रूप में ग्रहण नहीं किया जा सकता, क्योंकि आज की सामाजिक प्रवृत्ति ने इतिहास के महत्त्व को बहुत बढ़ा दिया है।

आधुनिक पाठ्यक्रम की कमियाँ

इतिहास के वर्तमान पाठ्यक्रम का अगर सूक्ष्मता से विश्लेषण किया जाए तो यह कहना असत्य न होगा कि वर्तमान इतिहास पाठ्यक्रम इतिहास की विविध शाखाओं के कथ्यों का अमनोवैज्ञानिक तरीके से व्यवस्थाहीन संग्रह है जिसकी आलोचना भी की गई है लेकिन कुछ कारणों से इसे त्यागा नहीं जा सका, क्योंकि अनुभव-केन्द्रित पाठ्यक्रम की तुलना में विषय-केन्द्रित पाठ्यक्रम सरल होता है तथा जिसका मूल्यांकन भी आसानी से किया जा सकता है। वर्तमान पाठ्यक्रम के पुनरावलोकन से निम्न दोष स्पष्ट होते हैं–

1. इतिहास-शिक्षण के व्यापक उद्देश्यों व लक्ष्यों की प्राप्ति इस पाठ्यक्रम से नहीं हो पाती है।
2. प्रसंगों की बहुतायत से विषयवस्तु की गहनता नष्ट हो गई है और ज्ञान उथला अथवा सतही रह गया है।
3. पाठ्यक्रम परीक्षा के बोझ से दबा हुआ है जिसके फलस्वरूप शिक्षक तथा छात्र दोनों ही कुछ चुने बिन्दुओं और प्रसंगों को ही परीक्षा हेतु तैयार कर लेते हैं। परीक्षा में छात्र उस रटी हुई विषयवस्तु को कितना लिख पाता है उससे ही उसका मूल्यांकन हो जाता है। इस तरह सम्पूर्ण शिक्षा प्रक्रिया परीक्षक तथा परीक्षार्थी के बीच आँख-मिचौनी का खेल बनकर रह जाता है।

4. सामान्य इतिहास का सम्बोधन अभी भी पाठ्यक्रम में विदेशी के समान है। सामान्य इतिहास के बहुत से विशिष्टता के क्षेत्र हैं जिसकी ओर ध्यान देने की जरूरत है। सामान्य इतिहास शिक्षण से हमारा उद्देश्य वैज्ञानिकों का निर्माण करना नहीं है, बल्कि बालकों में सूझबूझ तथा वैज्ञानिक प्रक्रियाओं के प्रति प्रसंसात्मक अभिवृत्ति का विकास करना है जिससे उन्हें पूर्ण जीवन के लिए तैयार किया जा सके।
5. वर्तमान पाठ्यक्रम में लचीलेपन का अभाव है तथा यह वास्तविक जीवन से अछूता है। समाज की तथा बालक की आवश्यकताओं को भी पूर्ण नहीं करता है।
6. इसमें इतिहास के विभिन्न क्रियाकलापों, जैसे—इतिहास क्लब, इतिहास अभिरुचियाँ आदि के लिए कोई स्थान नहीं है। इतिहास के द्वारा व्यक्ति काफी मनोरंजन कर सकता है, परन्तु पाठ्यक्रम में इसका अभाव है।
7. ये विषय-केन्द्रित तथा प्रसंगगत है। सैद्धान्तिक पक्ष पर ज्यादा बल देता है। सामान्य इतिहास में इतिहास शाखाओं, जैसे—भौतिकी, रसायन, जीवइतिहास आदि के प्रसंगों को एक साथ जोड़ दिया गया है जिसके कारण अध्यापक किसी एक पुस्तक पर आधारित होकर व्याख्यान देकर पाठ्यक्रम को पूर्ण कर देता है जिसमें छात्र की रुचियों व क्रियाकलापों की ओर ध्यान नहीं दिया जाता। अतएव किताबी व घिसे-पिटे तरीके से दिये गये ज्ञान की व्यावहारिक उपयोगिता खत्म हो जाती है।

उपर्युक्त पाठ्यक्रम के दोषों को अनदेखा नहीं किया जा सकता है। इस बात की खुशी है कि भारतीय वैज्ञानिकों एवं शिक्षाविदों ने इस बात को समझा तथा इसके दोषों को दूर करने हेतु माध्यमिक शिक्षा आयोग एवं भारतीय शिक्षा आयोगों की स्थापना एवं उनका संगठन इस उद्देश्य हेतु किया। वर्तमान पाठ्यक्रम के दोषों को माध्यमिक शिक्षा आयोग तथा भारतीय शिक्षा आयोग के प्रतिवेदनों में भी स्वीकार किया गया है।

माध्यमिक शिक्षा आयोग के मुताबिक प्रमुख दोष

वर्तमान पाठ्यक्रम में माध्यमिक शिक्षा आयोग ने अध्ययन के आधार पर निम्नांकित दोषों को पाया है। जिनसे बालकों का काफी नुकसान हो सकता है। इसलिए इन दोषों का पूर्ण अध्ययन कर उन्हें दूर करने की भी सिफारिश माध्यमिक शिक्षा आयोग द्वारा की जाती है। इसके कतिपय दोष एवं कमियाँ निम्न हैं—

1. विषयवस्तु बोझिल अर्थात् बहुत ज्यादा है जो समृद्ध तथा सार्थक नहीं।
2. बालक के सर्वांगीण विकास में प्रभावहीन है।
3. संकुचित है।
4. किताबी व सैद्धान्तिक है।
5. परीक्षा के बोझ से दबा हुआ है।
6. जीवन से दूर है।
7. तकनीकी तथा व्यावसायिक विषयों से दूर है।

भारतीय शिक्षा आयोग के मुताबिक प्रमुख दोष

माध्यमिक शिक्षा आयोग के प्रतिवेदन को आधार मानकर भारतीय शिक्षा आयोग ने भी अपने स्तर पर इसका अध्ययन किया एवं इस बात को खुले रूप में स्वीकार किया कि माध्यमिक विद्यालय के पाठ्यक्रम में मूलभूत कमियाँ एवं दोष है। भारतीय शिक्षा आयोग की रिपोर्ट के अनुरूप सम्पूर्ण विश्व में पाठ्यक्रम में बदलावों की लहर आई हुई है, क्योंकि कई कारणों से वर्तमान पाठ्यक्रम में असन्तोष व्याप्त है। वर्तमान पाठ्यक्रम के दोषों पर प्रकाश डालते हुए उन्होंने अपने प्रतिवेदन में लिखा कि–

1. स्कूलों में दी जाने वाली सामान्य शिक्षा की प्रकृति व अवधि पर पुनः विचार हुआ है। विशेषज्ञों की राय के अनुरूप ये अवधि बढ़ा देनी चाहिए तथा किसी विषय-विशेष के विशिष्ट अध्ययन को सेकेण्डरी विद्यालय के दूसरे भाग में रखना चाहिए जिसमें प्रमुख सम्बोधों तथा कथ्यों को रखा जाना चाहिए।
2. विद्यालयी पाठ्यक्रम में जरूरत की दृष्टि से सार्थक विषय-सामग्री पहले ही बढ़ाया जा चुका है, अतएव ऐसा अनुभव किया गया कि विद्यालयी पाठ्यक्रम में से ऐसी निरर्थक सामग्री को, जिसे आसानी से निकाला जा सकता है, घटा देना चाहिए।
3. ज्ञान के प्रसार तथा इतिहास के विविध विषयों–भौतिकी, रसायन व जीव इतिहास के मूल नियमों के पुनर्निर्माण ने विद्यालय के कार्यक्रमों को अपर्याप्त बना दिया है। प्रमुख शैक्षिक विषयों की दृष्टि से विद्यालयों तथा विश्वविद्यालयों के बीच जो खाई पहले से ही थी वह इतिहास की उन्नति से और बढ़ती जा रही है।

माध्यमिक शिक्षा आयोग एवं भारतीय शिक्षा आयोग के प्रतिवेदन के आधार पर यह निर्धारित हो गया है कि भारतीय विद्यालयों में वर्तमान में चल रहे पाठ्यक्रमों में काफी दोष है जिसके कारण से बालकों का काफी नुकसान होता है। अतएव

इसके लिए जरूरी है कि पाठ्यक्रम में तत्काल जरूरी सुधार किए जाए। यह वर्तमान समय की मांग एवं जरूरत है।

समय की माँग

उपरोक्त दोषों के कारण वर्तमान पाठ्यक्रम में शीघ्र ही पुनर्निर्माण की जरूरत है जिसके लिए निम्न सुझाव दिए गए हैं–

1. पाठ्यक्रम विविध आयु वर्ग तथा दैनिक जीवन की रुचियों से सम्बन्धित व समाज की जरूरतों से जुड़ा हुआ हो।
2. विषय-सामग्री पर अधिकतर को ही परिणति न मानकर शिक्षण में चिन्तन को बढ़ावा दिया जाए।
3. जो विषय-वस्तु छात्रों को अध्ययन के लिए दी जाए वह रुचिकर, ज्ञानवर्द्धक तथा गहन होनी चाहिए।
4. ज्ञान, कौशल तथा अभिवृत्तियों के विकास हेतु प्रत्यक्ष अनुभव प्रदान कराये जाएँ।
5. पाठ्यक्रम लचीला हो जिसको बालक तथा समाज की बदलती जरूरतों के अनुकूल बदला जा सके।
6. इसके तहत विविध प्रकार की शारीरिक तथा मानसिक क्रियाकलाप शामिल हो जो ज्ञान, कौशल, रुचियों और अभिवृत्तियों को विकसित कर बालक के भौतिक तथा सामाजिक वातावरण के साथ समायोजन में मदद प्रदान कर सके।
7. पाठ्यक्रम में ऐसी विषय-वस्तु को भी शामिल किया जाना चाहिए जो महान वैज्ञानिकों के त्याग तथा सराहनीय कार्यों के प्रति प्रशंसा भाव पैदा कर सके।
8. पाठ्यक्रम में कठिनाई स्तर, समय, उपकरण तथा शिक्षकों की उपलब्धता और विद्यार्थियों के संतोष का भी ध्यान रखा जाए।
9. पाठ्यक्रम इकाइयों में बँटा हुआ होना चाहिए एवं प्रत्येक इकाई प्रतिदिन की प्रमुख समस्या से जुड़ी होनी चाहिए।
10. वैज्ञानिक दृष्टि से उपयोगी व प्रमुख स्थानों के भ्रमण हेतु भी स्थान होना चाहिए।

पाठ्यक्रम बनाने के नियम

माध्यमिक विद्यालयों हेतु पाठ्यक्रम निर्माण के सिद्धान्त लचीले एवं सैद्धान्तिक होने चाहिए जिससे छात्रों का पूर्ण विकास हो सके। इसके निर्माण के निम्नांकित

सिद्धान्त हैं जो सामान्य रूप से पाठ्यक्रम निर्माण हेतु उपयोग में लाए जाते हैं–

1. लचीलापन तथा विविधता–पाठ्यक्रम समाज की बदलती हुई जरूरतों तथा परिस्थितियों के अनुरूप परिवर्तनीय तथा वृहद् होना चाहिए।

2. दूरदर्शिता–इस सिद्धान्त के अनुरूप छात्र स्वयं के समायोजित करने तथा प्रभावशाली वयस्क जीवन की तैयारी करने में सक्षम हो सकता है।

3. बाल-केन्द्रित–पाठ्यक्रम बालक की जरूरतों तथा आयु-स्तर के अनुकूल होना चाहिए।

4. क्रिया-केन्द्रित–पाठ्यक्रम में करके सीखने के सिद्धान्त पर जोर दिया जाना चाहिए। अधिकाधिक प्रयोगशाला काम तथा बाह्य क्षेत्रीय अनुभवों को प्राप्त करने के मौके प्रदान किए जाने चाहिए।

5. क्रियात्मकता का सिद्धान्त–क्रियात्मकता विकसित करने के अवसर मौके कराए जाएं जिनमें बालक एक खोजकर्ता के रूप में काम कर सके।

6. संरक्षण का सिद्धान्त–इतिहास पाठ्यक्रम ऐसा होना चाहिए जो संस्कृति एवं सभ्यता को सुरक्षित रखने एवं उसे अगली पीढ़ी के सौंपने में मददगार हो।

7. सद्भावना का सिद्धान्त–छात्रों की क्रियाओं को उसके वातावरण से सम्बन्धित करने तथा प्रजातांत्रिक मूल्यों को विकसित करने में सक्षम हो।

8. अनुभवों की सम्पूर्णता–अनुभवों की समग्रता विद्यालय के भीतर तथा बाहर दोनों स्थानों से ही पैदा होती है, अतएव बालकों को अधिकाधिक अनुभव प्राप्त करने के मौके मिलने चाहिए।

9. समाज-केन्द्रित–समाज हित तथा समाज की आवश्यकताओं का पाठ्यक्रम में ध्यान रखना जरूरी है, क्योंकि शिक्षा बालक को समाज के लिए तैयार करती है।

अतएव एक सुनियोजित, संतुलित, व्यक्ति तथा समाज की अनुरूप तथा वृहद् पाठ्यक्रम उपरोक्त नियमों के आधार पर विकसित किया जा सकता है। जो बदलते हुए समय एवं समाज के साथ ही देश के विकास में सहायक हो सकें।

विद्यालय पाठ्यक्रम में इतिहास का महत्व

विद्यालय के पाठ्यक्रम में इतिहास के महत्त्व को विभिन्न विचारकों एवं लेखकों ने अपने-अपने ढ़ंग से स्पष्ट किया है। उनमें से कुछ प्रमुख के मत निम्नलिखित हैं–

भ्राण्ट रॉबर्टसन का विचार–भ्राण्ट रॉबर्टसन ने विद्यालय पाठ्यक्रम में इतिहास के महत्व को स्पष्ट करते हुए अपना विचार व्यक्त किया है कि “इतिहास

के द्वारा छात्रो को ज्ञान का भण्डार प्रदान किया जाता है अर्थात् इतिहास स्वयं ज्ञान का भण्डार है, जिसमें बालक स्वेच्छानुसार अन्वेषण कर सकते हैं।" इसके द्वारा छात्रों का मार्ग प्रसस्त किया जाता है। इससे छात्रों की जिज्ञासा शान्त होती है। इतिहास उनकों विभित्र राष्ट्रों, व्यक्तियों, उनके विचारों, परम्पराओं, प्रथाओं एवं समस्याओं का ज्ञान प्रदान करता है। इससे वे अपनी ज्ञान-पिपासा को शान्त कर सकते हैं।

के. डी. घोष का विचार—विद्यालय पाठ्यक्रम के सम्बन्ध में के. डी. घोष का विचार कुछ इस तरह है—"इतिहास के द्वारा बालको को एक विशेष प्रकार की मानसिक शिक्षा प्रदान की जाती है जो कि विद्यालय के किसी अन्य विषय द्वारा प्रदान नहीं की जा सकती है।" निश्चित रूप से इतिहास में बालकों को अपने मस्तिष्क का सबसे अधिक उपयोग करना पड़ता है। बालक को जो कुछ वह इतिहास में पढ़ता है, उनको स्मरण रखने के लिए स्मरण-शक्ति का उपयोग करना पड़ता है। जब बालक इतिहास में विभिन्न सभ्यताओं तथा संस्कृतियों, संस्थाओं आदि के विषय में ज्ञान प्राप्त करता है, तब उसकी कल्पना-शक्ति को विकासित होने के बहुत-से मौका प्राप्त होते है। इन सबसे प्रमुख लाभ इतिहास के अध्ययन से यह होता हैं कि बालक निष्पक्षता एवं अपनी योग्यता के अनुरूप तथ्यों को संकलित, परीक्षित तथा समन्वित करना सीख जाता है। इन तथ्यों को वह तार्किक रूप से नियोजित करना जान जाता है। इसके अलावा जब वह ऐतिहासिक चरित्रों के विषय में अध्ययन करता हैं तब उसकी निर्णय शक्ति का विकास पर्याप्त रूप से होता है। घोष महोदय ने अपने कथन की पुष्टि हैपोल्ड के इन शब्दों से की है—"बालक इतिहास के अध्ययन से बहुत-से धार्मिक, राजनीतिक अथवा सामाजिक विवादास्पद सवालों और समस्याओं के विषय में अपना मस्तिष्क स्थिर करना सीख जाता है, अर्थात् उनको सुलझाने की उसमें क्षमता विकासित हो जाती है।" इस तरह इतिहास द्वारा बालकों को एक विशेष तरह का मानसिक प्रशिक्षण प्रदान किया जाता है, जिसके माध्यम से बालक अपने जीवन की प्रतिदिन की समस्याओं का हल करने में सफल होता है। इस दृष्टिकोण से उसमें तथ्यों के संकलन, उनके परीक्षण और उनके आधार पर अपना निष्पक्ष निर्णय देने की योग्यता आ जाती है। इस तरह वह सत्य की खोज में मग्न हो जाता है।

इतिहास बालक की सोच को विस्तृत करता है, जिससे वह समस्त वसुधा को कुटुम्ब समझता है। वह सम्पूर्ण जगत को ऐक्य के दृष्टिकोण से देखता है। इस तरह इससे उसमें सत्य, देश-प्रेम के साथ-साथ विश्व-बन्धुत्व की भावना भी विकासित होती है।

इतिहास का प्रमुख कार्य यह स्पष्ट करना है कि मानव और समाज का विकास किस तरह हुआ। उसका यह कार्य नहीं कि वह राजाओं, रानियों, युद्धों, सन्धियों एवं तिथियों के विषयों में ही विवरण प्रस्तुत करें। वह अतीत के वर्णन द्वारा वर्तमान का स्पष्टीकरण करता है। वर्तमान के विस्तृत रीति से सहृदयतापूर्वक व्याख्या करना ही इतिहास का महान उत्तदायित्वपवूर्ण कार्य है। हम तभी अपना सुखमय जीवन व्यतीत कर सकते हैं जबकि हम अपने जीवन की सम-सामयिक समस्याओं को पूर्ण रूप से है। इतिहास-शिक्षा की हम इसलिए ही व्यवस्था करते हैं। इसके अलावा उसका कार्य एक कदम और आगे है वह यह है कि उसके द्वारा बालकों में भविष्य के सम्बन्ध में सोचने की प्रवृत्ति जाग्रत की जाती है।

के.पी.चौधरी का विचार—के. पी. चौधरी ने इतिहास को सार्वभौमिक रूप से विद्यालय पाठ्यक्रम का एक महत्त्वपूर्ण विषय माना है। यह समाज में मनुष्य के विकास का अध्ययन है। यद्यपि इतिहास ज्यादातर अतीत से सम्बन्धित है, लेकिन यह वर्तमान पर भी जोर देता है, जिससे आज के समाज का अतीत के प्रकाश में अध्ययन किया जा सके। इस तरह इतिहास उस सामाजिक वातावरण पर प्रकाश निक्षेप करता है, जिसमें बालक रहता तथा जीवन-व्यापन करता है। इतिहास के अध्ययन के अभाव में न तो हम अपने वर्तमान को समझा है और न भविष्य का आकलन कर सकता है। इसी कारण पाठ्यक्रम में इतिहास को स्थान प्रदान किया जाता है।

(1) अतीत के प्रति प्रेम पैदा करने के लिए जरूरी—ज्यादातर नवयुवक अपने अतीत को तुच्छ समझते हैं और उसको घृणा की दृष्टि से देखते हैं। इस कारण वे उसे समझने के योग्य नहीं मानते। उनमें ऐसी प्रवृत्ति के पनपने का मुख्य कारण पाश्चात्य प्रणाली के अनुसार उनका शिक्षित होना है। लेकिन भारतीय इतिहास के अध्ययन से उन्हें उनके अतीत से अवगत कराया जाना चाहिए और उन्हें इस योग्य बताया जाना चाहिए जिससे वे अपने अतीत का वर्तमान की दृष्टि से विश्लेषण एवं मूल्यांकन कर सकें। इससे उनके हृदय में अपने अतीत के लिए प्रेम और गौरव-भावना पैदा हो सके। इसलिए देश के प्रति प्रेम जाग्रत करने के लिए इतिहास को पाठ्यक्रम में स्थान देना जरूरी है।

(2) भारतीय जीवन के ढंग से अवगत कराने के लिए जरूरी—इतिहास का अध्ययन भारतीय विद्यालयों में बहुत जरूरी है, क्योंकि इसके अध्ययन से छात्र 'भारतीय जीवन के ढ़ंग' के विकास को समझने में सक्षम हो सकेंगे। जीवन के ढंग को समझकर सामाजिक एकता को स्थापित किया जा सकता है। इसके ज्ञान से

जाति, धर्म, भाषा आदि के बन्धनों को समाप्त कर भावात्मक एकता का विकास किया जा सकता है।

(३) सामाजिक विषमताओं को दूर करने के लिए—इतिहास का वैज्ञानिक अध्ययन समाज की विभिन्न समस्याओं के समाधान में बहुत मददगार होता है। इस तरह के अध्ययन से भाषा और साम्प्रदायिक सम्बन्धों को दृढ़ एवं मधुर बनाया जा सकता है। इस दृष्टि से भी इतिहास को पाठ्यक्रम में स्थान प्रदान किया जाना चाहिए।

राष्ट्रीय दृष्टिकोण से इतिहास का महत्त्व

राष्ट्रीय एकता और अखंडता आधुनिक भारत की एक महत्त्वपूर्ण आवश्यकता है, जिसे किसी के द्वारा अस्वीकृत नहीं किया जा सकता। सम्प्रति भारत में जिसकी सर्वाधिक जरूरत है—वह भावात्मक एकता ही है, जिसके परिणामस्वरूप आन्तरिक कलह और संघर्ष देश की प्रगति पर घातक प्रभाव न डाल सके। भावात्मक एकता के लिए इतिहास का अध्ययन बहुत जरूरी है। इसके अध्ययन से बालकों में विभिन्न अवधारणाएँ विकसित की जा सकती है, जो भावात्मक और राष्ट्रीय एकता के लिए आधारशिला का कार्य करेगी। ये अवधारणाएँ निम्नलिखित हैं—

1. विद्यार्थियों को अपने अतीत का ज्ञान प्राप्त करने में मदद प्रदान करना तथा इस बात को परखने के लिए तत्पर बनाना कि वे एकीकृत संस्कृति के अधिकारी हैं।
2. राष्ट्रीय संस्कृति में जिन लोगों ने योगदान दिया उनको आदर प्रदान करना।
3. विद्यार्थियों में विविध वातावरणों की अन्योन्याश्रितता को समझने की चेतना विकसित करना।
4. विभिन्न समुदायों और अल्पसंख्यकों के योगदान का सम्मान करना।
5. अपनी संस्कृति में निहित एकता को परखना।
6. बालकों को इस सम्बन्ध में ज्ञान प्राप्त कराना कि देश में जो भी उन्नति हुई, वह विभिन्न जातियों और समुदायों के लोगों के परस्पर मैत्री पूर्ण सम्बन्धों का ही परिणाम है।

3

इतिहास शिक्षण में प्रयुक्त दृश्य-श्रव्य उपकरण

ये ऐसे साधन हैं जिनके प्रयोग से छात्रों की ज्ञानेन्द्रियाँ सक्रिय हो जाती हैं और वे पाठ के सूक्ष्म से सूक्ष्म भावों को समझ जाते हैं। शिक्षण प्रक्रिया में जब शिक्षण विधियाँ (Methods) और प्रविधियाँ (Techniques) प्रभावशाली दिखाई नहीं देतीं तो इस प्रकार की सामग्री का प्रयोग किया जाता है। थोड़े में ई. सी. डेन्ट के अनुसार—"श्रव्य दृश्य सामग्री का अर्थ उस समस्त सामग्री से है जो कक्षा में अथवा अन्य शिक्षण परिस्थितियों में लिखित अथवा बोली हुई पाठ्य-सामग्री को समझाने में मदद देती है।"

दृश्य श्रव्य सामग्री की आवश्यकता तथा महत्त्व

1. समय व शक्ति की बचत—इन साधनों के प्रयोग से समय तथा शक्ति की बचत हो सकती है क्योंकि बहुत सी सूक्ष्म तथा कठिन धारणाएँ आसानी से समझ में आ जाती हैं।

2. नए अधिगम को पक्का करने में सहायक—इन दृश्य श्रव्य साधनों के प्रयोग से अधिगम के रूप में जो कुछ सीखा जाता है वह छात्रों के मस्तिष्क में पक्का हो जाता है और लम्बे समय तक याद रहता है।

3. व्यक्तिगत भिन्नताओं की आवश्यकताओं की पूर्ति—विद्यार्थियों में बड़े स्तर पर भिन्नताएँ पाई जाती हैं। इन साधनों का प्रयोग भिन्न-भिन्न प्रकार के छात्रों की आवश्यकताओं को पूरा करने में सहायक होती है।

4. स्वस्थ कक्षीय अन्तर्सम्बन्ध को बढ़ावा देना—शिक्षण-अधिगम कार्य की सफलता उपयुक्त कक्षा भवन अन्तर्क्रिया पर आधारित है। विभिन्न प्रकार के उद्दीपन, सक्रिय भाग लेने के अवसर तथा विस्तृत अनुभव प्रदान करने के कारण दृश्य-श्रव्य साधन शिक्षण अधिगम उद्देश्यों की सफल प्राप्ति के लिए स्वस्थ कक्षीय अन्तक्रिया को बढ़ावा देने में सहायक होते हैं।

5. अनुशासनहीनता की समस्या का समाधान—"खाली मस्तिष्क शैतान का घर होता है।" ऐसी स्थिति में बहुत से छात्र कक्षा में अनुशासन की समस्या पैदा करेंगे। इन साधनों के आविर्भाव से कक्षा में निष्क्रिय, सुस्त और अरुचिकर वातावरण के पैदा होने की सम्भावना कम हो जाती है। इसके अतिरिक्त विद्यार्थियों को अपनी असीम शक्ति के प्रयोग के लिए विभिन्न रचनात्मक माध्यम प्राप्त होते हैं।

6. शिक्षण सूत्रों पर आधरित—इन दृश्य श्रव्य साधनों के प्रयोग से अध्यापक को शिक्षण सूत्रों के प्रयोग में मदद मिलती है, जैसे–ज्ञात से अज्ञात की ओर, सरल से कठिन की ओर आदि सूत्र हैं।

7. ज्ञनेन्द्रियों का अधिक प्रयोग—ज्ञानेन्द्रियों को ज्ञान का द्वार (Gateway of Knowledge) माना जाता है। इन साधनों द्वारा इन इन्द्रियों का प्रयोग सही रूप में किया जा सकता है और छात्रों को सीखने में आसानी हो जाती है।

8. ध्यान प्रक्रिया में मदद—शिक्षण-अधिगम प्रक्रिया में ध्यान केन्द्रीय बिन्दु है। दृश्य-श्रव्य साधन अध्यापक को कक्षा-क्रियाओं में छात्रों की रुचि तथा ध्यान को बनाए रखने की उचित व्यवस्था तथा वातावरण उत्पन्न करने में मदद करते हैं।

9. एक उत्तम प्रेरणा स्रोत शक्ति—दृश्य-श्रव्य साधन छात्रों की आन्तरिक प्रेरणाओं (आवेश शक्तियों), मूल प्रवृत्तियों, बुनियादी उत्साह तथा प्रयोजनों से मेल खाते हैं और इस प्रकार विद्यार्थियों को प्रभावशाली ढंग से सीखने के लिए सशक्त प्रेरणास्रोत शक्ति सिद्ध होते हैं।

10. मौखिकता कम करना—मौखिकता शिक्षण-अधिगम प्रक्रिया में अधिक प्रभावशाली सिद्ध नहीं होती। इस पक्ष पर टिप्पणी करते हुए रेमांड व्यायमन लिखता है–

"हम छात्रों को बताते हैं और अधिकतर उन्हें लिखित सामग्री प्रदान करते हैं। शब्द आश्चर्यजनक होते हैं। उन्हें आसानी से एक बार अथवा पुनः प्रस्तुत किया जा सकता है, सुरक्षित रखा जा सकता है तथा अन्य स्थान पर भेजा जा सकता है, परन्तु उनका ज्यादा प्रयोग गहरी समस्या बन सकती है—मुख्यतः मौखिक प्रयोग (बिना अर्थ जाने शब्द अथवा शब्दावली का प्रयोग) करना अथवा अपनाना तथा भूलने की समस्या।"

"We (teachers) tell students, and we provide them with written material so much of the time. Words are wonderul. They are easily produced, reproduced, stored and transported. But the overuse or excessive use of words can result in serious problem, chiefly, the problem of verbalism (using or adopting words or phrases without considering what they mean) and forgetting."

ये साधन प्रभावाशाली संचार प्रक्रिया साधन बनकर मौखिकता की समस्याओं के समाधान में सहायक हो सकते हैं।

11. पर्याप्त प्रभाव प्रदान करना—प्रभावशाली रूप में सीखना अनुभवों द्वारा बनाए गए प्रभावों पर निर्भर करता है। ये साधन प्रभाव के रूप में अपना चिह्न छोड़ देते हैं और स्थाई रूप से सीखने में सहायक होते हैं।

12. विषय वस्तु की स्पष्टता—ये साधन पृथक्-पृथक् विषयों से सम्बन्धित कठिन धारणाओं तथा क्रियाओं को स्पष्ट करने में मदद करते हैं। अतः मौखिक अनुभवों की अधिक आवश्यकता नहीं पड़ती।

13. प्रत्यक्ष अनुभव के लिए एक उत्तम स्थानापन्न—जहाँ ऐसा अध्यापन सम्भव नहीं होता कि छात्रों को प्रत्यक्ष अनुभव प्रदान किया जा सके वहाँ दृश्य साधन वास्तविक वस्तुओं के लिए बहुमूल्य स्थानापन्न (Substitute) सिद्ध होते हैं जिनसे अधिगम अधिक सार्थक बन सकती हैं।

14. स्रोतों अथवा साधनों की कमी अथवा अपर्याप्तियों (न्यूनताओं) को पूरा करने में मदद—दृश्य-श्रव्य साधनों का प्रयोग निम्नलिखित समस्याओं को सुलझाने में मदद करता है—

(i) स्कूल जाने वाली जनसंख्या में वृद्धि।

(ii) कक्षा-कक्ष और स्थान की कमी।

(iii) अध्यापक और अधिगम के लिए प्राप्त सुविधाओं की अपर्याप्तता।

(iv) समय की प्रगति के साथ-साथ अत्यधिक ज्ञान प्राप्ति की बढ़ती हुई माँग।

15. वैज्ञानिक मनोवृत्ति के विकास में मदद—इन साधनों को प्रयोग छात्रों में वैज्ञानिक मनोवृत्ति विकसित करने में सहायक होता है। सुने हुए तथ्यों के साथ सहमत होने की अपेक्षा वे दृश्य-श्रव्य साधनों की मदद से उनका निरीक्षण कर सकते हैं।

16. सीखने वालों को पुनर्बलन देना—इन साधनों के प्रयोग से छात्रों को पुनर्बलन मिलता है और सीखना आसान हो जाता है।

इस प्रकार हम देखते हैं कि अगर दृश्य श्रव्य साधनों का ठीक प्रकार प्रयोग किया जाए तो वे अच्छे सेवक सिद्ध हो सकते हैं और अगर शिक्षण की प्रक्रिया में हर समय मशीनों का ही प्रयोग करते रहें और उनके अधीन हो जाएँ तो वे बुरे स्वामी भी सिद्ध हो सकते हैं।

चयन के सिद्धान्त

दृश्य-श्रव्य सामग्री के चयन के लिए अध्यापक को कुछ मार्गदर्शक सिद्धान्तों का अनुकरण करना चाहिए। ये सिद्धान्त अग्रलिखित हैं :–

1. चुनाव का सिद्धान्त—चुनी हुई दृश्य श्रव्य सामग्री शैक्षिक तथा विषय के उद्देश्यों के अनुसार होनी चाहिए। ये छात्रों की योग्यताओं के अनुसार होनी चाहिए। इनके लिए निम्न बातों का ध्यान रखना चाहिए–

(i) ये अधिगम उद्देश्यों की प्राप्ति में सहायक होनी चाहिए।

(ii) ये रुचिकर तथा प्रेरणादायक होनी चाहिए।

(iii) ये साामग्री छात्रों की योग्यताओं, आयु-स्तर तथा दर्जे के अनुकूल होनी चाहिए।

(iv) ये सामग्री अनुभव प्रदान करने के लिए सही तथा यथार्थ होनी चाहिए।

2. तैयारी का सिद्धान्त—चुनी हुई सामग्री के प्रयोग के लिए अध्यापक तथा छात्र दोनों ही पहले से ही तैयार रहने चाहिए। इसके लिए निम्न बातों को ध्यान में रखें–

(i) चुनी हुई सामग्री की प्राकृति तथा इसे किस तरह प्रयोग में लाया जाए, यह जानकारी अध्यापक को होनी चाहिए।

(ii) जिस साधन का प्रयोग अध्यापक को करना है उसके प्रयोग के लिए निर्देश-पुस्तिका अध्यापक पथप्रदर्शिका का पहले ही अध्ययन कर लेना चाहिए।

(iii) जो सामग्री प्रयोग की जाती है उसके प्रयोग के लिए विद्यार्थियों को मानसिक रूप से तैयार कर लेना चाहिए।

(iv) छात्रों का उचित मार्ग-दर्शन करना अध्यापक का मुख्य कार्य होता है ताकि वे सहायक साधनों का पूर्ण लाभ उठा सकें।

(v) विद्यार्थियों को इन साधनों से सम्बन्धित शिक्षण अधिगम (Teaching Learning) क्रियाओं में उनके शामिल होने के उद्देश्यों का पूर्ण ज्ञान होना चाहिए।

3. भौतिक नियन्त्रण का सिद्धान्त—इस सिद्धान्त के तहत अध्यापक द्वारा दृश्य-श्रव्य सहायक सामग्री के प्रयोग से सम्बन्धित भौतिक सुविधाओं का प्रबन्ध करना अथवा जरूरी ब्योरा प्राप्त करना आदि आ जाते हैं ताकि उस सामग्री तथा जरूरी वस्तुओं को सुरक्षित करने में मदद मिल सके तथा समय की बचत हो।

4. उपयुक्त प्रस्तुतीकरण का सिद्धान्त—इस सिद्धान्त के अनुरूप अध्यापक द्वारा सहायक सामग्री के उपयुक्त प्रस्तुतीकरण की अपेक्षा की जाती है। इसके लिए निम्नलिखित बातों पर ध्यान देना चाहिए–

(i) वास्तविक प्रस्तुतीकरण से पहले अध्यापकों की सहायक सामग्री के प्रयोग की सावधानी से योजना बना लेनी चाहिए और उसके प्रयोग को पहले से समझ लेना चाहिए।

(ii) प्रस्तुतीकरण की सफलता के लिए उन्हें प्रदर्शन करने वाले की सहायक विधियाँ सीख लेनी चाहिए।

(iii) उपयुक्त सामग्री का प्रयोग इस प्रकार किया जाना चाहिए ताकि उसके द्वारा विशेष शैक्षिक उद्देश्य की प्राप्ति हो सके।

(iv) दृश्य-श्रव्य साधनों का प्रभावकारी प्रस्तुतीकरण विफल हो सकता है अगर सामग्री को ठीक ढंग से न रखा जाए अथवा उसे ठीक ढंग से न सम्भाला जाए। इसलिए ऐसी स्थिति के घटने की सम्भावना को कम करने के लिए उचित ध्यान रखना चाहिए।

(v) ये साधन इस प्रकार प्रयुक्त किए जाएँ अथवा उनका प्रदर्शन किया जाए कि छात्रों को उनसे अधिक-से-अधिक लाभ मिल सके।

5. क्रिया का सिद्धान्त—यह सिद्धान्त अध्यापकों से इस बात की अपेक्षा करता है कि वे छात्रों को उपयुक्त ढंग से दृश्य-श्रव्य अनुभव स्थितियों के प्रति अपनी प्रतिक्रिया व्यक्त करने में मदद करें।

अध्यापक अधिगम के दौरान प्रयुक्त दृश्य-श्रव्य उद्दीपनों के प्रति सक्रिय अनुक्रिया करने और इन अनुभवों के द्वारा ज्ञान प्राप्त करने में विद्यार्थियों की मदद की जानी चाहिए।

6. मूल्याँकन का सिद्धान्त—इस सिद्धान्त के अनुसार पूर्व निश्चित उद्देश्यों की प्राप्ति में दृश्य-श्रव्य सामग्री एवं उसकी सहायक विधियों का निरन्तर मूल्याँकन होना चाहिए। ऐसा मूल्याँकन पाठ आरंभ करने से पहले लिखे गए प्रश्नों पर विचार करने से हो सकता है। यह मूल्याँकन लिखित अथवा मौखिक प्रश्नों द्वारा भी हो सकता है।

दृश्य-श्रव्य सामग्री के प्रभावी उपयोग

1. इनको पाठ की तीन अवस्थाओं में प्रयोग किया जा सकता है—
   (i) प्रस्तावना में ये सामग्री छात्रों में पाठ के लिए रुचि उत्पन्न करने के लिए प्रयोग की जाती है।
   (ii) प्रस्तुतीकरण में पाठ के सूक्ष्म तथ्यों तथा कठिन बातों एवं भावों को स्पष्ट करने के लिए प्रयोग में लाते हैं।
   (iii) पुनरावृत्ति में पाठ का मूल्याँकन करने के लिए इसका प्रयोग किया जाता है।
2. इस सामग्री का प्रयोग पाठ के भावों को सरल, रोचक तथा मनोरंजक ढंग से स्पष्ट करने के लिए किया जाता है।
3. इससे समय की बचत होती है और छात्र जरूरी बातों को तुरन्त समझ जाते हैं।
4. इसका छात्रों के मार्ग-दर्शन के लिए प्रयोग किया जाना चाहिए।
5. इसको इतनी देर अवश्य प्रदर्शित करना चाहिए कि छात्रों को इसके विषय में अवलोकन और चिन्तन करने का पर्याप्त समय मिल जाए।
6. प्रदर्शित सहायक सामग्री पर कुछ प्रश्न अवश्य पूछने चाहिए ताकि पाठ के भाव सरल तथा स्पष्ट हो जाएँ।
7. ये सामग्री विविध प्रकार की होनी चाहिए ताकि छात्र एक ही प्रकार के इन साधनों को देखकर ऊब न जाएँ।
8. इस सामग्री को दीवार पर टाँग कर प्रदर्शित करना चाहिए ताकि छात्र पूरी तरह लाभान्वित हो जाएँ।
9. सहायक सामग्री का प्रयोग करने के तुरन्त बाद अध्यापक को अपने पाठ पर आ जाना चाहिए। इससे यह पाठ को समुचित रूप से विकसित कर सकेगा।
10. सहायक सामग्री को प्रदर्शित करने के तुरन्त बाद हटा देना चाहिए ताकि छात्रों का ध्यान पाठ से दूर न हट सके।

दृश्य-श्रव्य सहायक सामग्री

श्रव्य सामग्री

1. रेडियो
2. ग्रामोफोन तथा लिंग्वाफोन
3. टेप-रिकार्डर

दृश्य सामग्री

1. वास्तविक पदार्थ
2. नमूने
3. चित्र
4. मानचित्र
5. रेखाचित्र तथा खाके
6. ग्राफ
7. चार्ट
8. बुलेटिन बोर्ड
9. फलेनल बोर्ड
10. संग्रहालय
11. जादू की लालटेन
12. चित्र विस्तारक यन्त्र
13. स्लाइडें, फिल्म पट्टियों तथा चित्रदर्शक
14. मूक चित्र
15. श्याम पट

श्रव्य-दृश्य सामग्री

1. चलचित अथवा सिनेमा
2 समाचार सम्बन्धी फिल्म
3. टेलिविज़न
4. ड्रामा

श्रव्य सामग्री

ये वे साधन हैं जिनमें श्रवण इन्द्रिय का प्रयोग होता है यानि जिनसे ज्ञान कान द्वारा प्राप्त होता है–

1. रेडियो—आधुनिक जीवन में रेडियो का विकास इतना अधिक हो गया है कि अब यह हर आदमी के लिए आवश्यकता की वस्तु बन गया है। रेडियो द्वारा छात्रों को आधुनिक घटनाओं तथा नई-नई सूचनाओं का ज्ञान दिया जाता है। उच्चकोटि के शिक्षा शास्त्रियों से राष्ट्रीय तथा अन्तर्राष्ट्रीय समस्याओं के बारे में भाषण रेडियो द्वारा सुनने को मिलते हैं। उनमें राष्ट्रीयता की भावना पैदा की जाती है। रेडियो पर प्रसिद्ध कलाकारों और संगीतज्ञों के प्रोग्रामों से छात्रों को गाने-बजाने की शिक्षा दी जाती है। अतः आधुनिक शिक्षा के क्षेत्र में रेडियो का विशेष महत्त्व है। हर स्कूल रेडियो सेट रखे हुए हैं।

रेडियो पर प्रसारित होने वाले पाठों की सूचना प्रकाशनों द्वारा पहले ही दे दी जानी चाहिए। इन प्रकाशनों में कक्षा, प्रकरण, दिनांक और समय आदि दिए जाने चाहिए। रेडियो पाठ प्रसारित होने से पहले विद्यार्थियों को तैयार कर लेना चाहिए। पाठ के साथ अगर मानचित्र, ग्लोब आदि उपकरणों का उपयोग करने के निर्देशन हों तो उनका भी इन्तजाम कर लेना चाहिए।

छात्रों को शान्तिपूर्वक सुनने के लिए कहा जाना चाहिए। बीच में प्रश्न नहीं पूछे जाने चाहिए। प्रश्नों को अपनी-अपनी कापी में लिख लेना चाहिए। रेडियो पाठ पूरा होने के पश्चात् छात्रों को प्रश्न पूछने का अवसर दिया जाना चाहिए।

रेडियो पाठ के पश्चात् यह देखना जरूरी है कि पाठ के उद्देश्यों की प्राप्ति किस सीमा तक हो पाई है। अगर कोई कभी पाई जाए तो भविष्य में इसका सुधार किया जाना चाहिए।

2. ग्रामोफोन तथा लिंग्वाफोन—ये भी शिक्षण के महत्त्वपूर्ण उपकरण हैं। ग्रामोफोन द्वारा छात्रों को गाने तथा भाषण की शिक्षा दी जाती है। लिंग्वाफोन द्वारा छात्रों के उच्चारण (Pronunciation) को शुद्ध कराया जाता है। इन दोनों उपकरणों का प्रयोग करने के पश्चात् अध्यापक को छात्रों के सामने विषय का स्पष्टीकरण अवश्य देना चाहिए। इससे छात्र ज्ञान को सरलतापूर्वक सीख सकते हैं।

3. टेप रिकार्डर—यह एक नया उपकरण है। इसमें व्यक्ति अपनी ध्वनि को भरकर किसी भी समय उसे पुनः सुन सकता है। इसका प्रयोग महापुरुषों के प्रवचन, नेताओं के भाषण तथा प्रसिद्ध कलाकारों की कविताएँ एवं संगीत आदि सुनवाने में किया जाता है। अध्यापक तथा छात्र भी इसमें अपनी ध्वनि भरकर पुनः सुन सकते हैं। इसकी मदद से उनके उच्चारणों को सुधारने में, बोलने की गति तथा स्वर प्रभाव सम्बन्धी त्रुटियों को दूर करने में मदद मिलती है। यह महँगा है इसलिए इसका प्रयोग स्कूलों में बहुत कम होता है।

दृश्य सामग्री

ये वे साधन हैं जिनमें केवल दृश्य इन्द्रि का प्रयोग होता है। दृश्य साधन निम्न दिए गए हैं-

1. वास्तविक पदार्थ—इनका अर्थ मूल वस्तुओं से है। ये पदार्थ छात्रों को निरीक्षण और परीक्षण के अवसर प्रदान करके उनकी अवलोकन (Observation) शक्ति का विकास करते हैं। इन पदार्थों के उपयोग से नाना प्रकार के अनुभव प्राप्त होते हैं। छात्रों को मेज, कुर्सी, रोटी, कपड़ा, फल, फूल और थर्मामीटर तथा भौतिक तुला आदि का ज्ञान देने के लिए वास्तविक पदार्थ काम में लिए जाते हैं। अतः अध्यापक को अधिक-से-अधिक वास्तविक पदार्थों को स्कूल के संग्रहालय (Museum) में रखना चाहिए।

2. नमूने—ये वास्तविक पदार्थों अथवा मूल वस्तुओं के छोटे रूप होते हैं। बड़े वास्तविक पदार्थों के छोटे नमूने दिखाए जा सकते हैं जैसे–हाथी, घोड़े, रेल का इंजन तथा जहाज आदि इतने बड़े होते हैं कि उन्हें कक्षा में नहीं लाया जा सकता है। इसलिए इन सबका ज्ञान देने के लिए उनके नमूने दिखाए जाते हैं। ये नमूने चाहे बड़े हों अथवा छोटे, वास्तविक पदार्थों से मिलते-जुलते होने चाहिए। ये नमूने आकर्षक होने चाहिए। नमूनों की लम्बाई, चौड़ाई तथा मोटाई तीनों स्पष्ट रूप से दिखाई पड़ती हैं, इसलिए ये चित्रों की अपेक्षा अधिक लाभदायक होते हैं।

3. चित्र—इन चित्रों का प्रयोग उस समय करते हैं जबकि न तो नमूने और न ही वास्तविक पदार्थ मिल सकें। ये चित्र पदार्थों तथा नमूनों से सस्ते मिल जाते हैं। चित्रों की मदद से जो ज्ञान दिया जाता है उसे छात्र जल्दी ग्रहण करते हैं। चीन की एक कहावत है कि "एक चित्र दस हजार शब्दों के बराबर होता है" A Chinese saying is that "A picture is worth ten thousand words" छोटी कक्षाओं में चित्रों का प्रयोग बहुत लाभदायक होता है। चित्र विशेषरूप से भूगोल, इतिहास, विज्ञान, भाषा बागवानी व प्रकृति निरीक्षण आदि विषयों के पढ़ाने में अवश्य प्रयोग किए जाने चाहिए। चित्रों का आकार बड़ा होना चाहिए तथा उनमें पाठ से सम्बन्धित मुख्य-मुख्य बातें ही दिखनी चाहिए।

4. मानचित्र—मानचित्रों का प्रयोग अधिकतर भूगोल तथा इतिहास विषयों को पढ़ाने में किया जाता है। अध्यापक को मानचित्र स्वयं बनाने चाहिए और उनमें केवल उन्हीं बातों को सुन्दर ढंग से अंकित करें जिनकी नितान्त आवश्यकता होती है। अध्यापकों को मानचित्रों पर नाम, शीर्षक, दिशा तथा संकेत आदि लिख लेने चाहिए तथा उनमें रंगों का प्रयोग कल्पना, अनुभव तथा कलात्मक भाव से करना चाहिए।

5. रेखा-चित्र तथा खाके—कई बार अध्यापक वास्तविक पदार्थ, उनके चित्र तथा माडल प्राप्त करने में असमर्थ रहता है। ऐसी स्थिति में अध्यापक को भाव प्रकाशन के लिए श्यामपट पर रंगीन चाक से रेखा-चित्र तथा खाके खींच लेने चाहिए। इनका प्रयोग भूगोल, भाषा, इतिहास, गणित एवं विज्ञान आदि विषयों को पढ़ाने के लिए किया जाता है। अध्यापक को भी रेखाचित्र तथा खाके बनाने का अभ्यास कर लेना चाहिए।

6. ग्राफ—इसके प्रयोग से विद्यार्थियों को भूगोल, इतिहास, गणित तथा विज्ञान आदि अनेक विषयों का ज्ञान देने में मदद मिल सकती है। जैसे—भूगोल के पाठ में जलवायु, उपज तथा जनसंख्या आदि का ज्ञान दिया जा सकता है। विज्ञान का पाठ पढ़ाते समय भी ग्राफ की मदद ली जा सकती है। अध्यापक को विभिन्न विषयों का शिक्षण करते समय आवश्यकतानुसार ग्राफ स्वयं भी बनाने चाहिए तथा छात्रों से भी बनवाने चाहिए।

7. चार्ट—ये भी शिक्षण के उद्देश्य प्राप्त करने में बहुत सहायक होते हैं। इनका प्रयोग भूगोल, इतिहास, नागरिक शास्त्र, अर्थशास्त्र तथा विज्ञान आदि विषयों में सफलतापूर्वक किया जा सकता है। पाठ की आवश्यकताओं को ध्यान में रखते हुए अध्यापक को चार्ट स्वयं तैयार करने चाहिए। चार्ट सुन्दर तथा आकर्षक होने चाहिए ताकि छात्र उनकी ओर आकर्षित हो जाए और प्रयोजन को आसानी से स्पष्ट किया जा सके।

8. बुलैटिन बोर्ड—इस बोर्ड पर देशा की राजनैतिक, सामाजिक तथा आर्थिक समस्याओं से सम्बन्धित चित्र, ग्राफ, आकृति, लेख एवं जरूरी सूचनाओं को प्रदर्शित किया जा सकता है और इसके प्रयोग से छात्रों की जिज्ञासा ज्ञान अर्जित करने के लिए उत्पन्न की जा सकती है। इस बुलैटिन बोर्ड पर प्रदर्शित की जाने वाली सामग्री छात्रों की आयु, मानसिक स्तर, रुचि तथा योग्यता के अनुसार होनी चाहिए। इस बोर्ड पर प्रदर्शित की जाने वाली सामग्री एक क्रम में व्यवस्थित की हुई होनी चाहिए। यह बोर्ड इतनी ऊँचाई पर लगाया जाना चाहिए कि छात्रों को ठीक प्रकार दिखाई दे जाए। ये बोर्ड सुन्दर होना चाहिए और छात्रों को अपनी इकट्ठी की हुई सामग्री को प्रदर्शित करने का मौका दिया जाना चाहिए।

9. फ्लेनल बोर्ड—शिक्षण में इसका भी बहुत महत्त्व है। हार्ड बोर्ड अथवा प्लाईवुड के बोर्ड पर फ्लेनल के कपड़े को खींचकर बाँध दिया जाता है और यह बोर्ड तैयार हो जाता है। इस पर प्रदर्शित किए जाने वाले चित्रों तथा मानचित्रों

आदि को खुरदरे कागज (Sand Paper) पर गोंद से चिपकाया जाता है। इससे ये टुकड़े फ्लेनल बोर्ड पर चिपके रहते हैं और प्रयोग के पश्चात् आसानी से हटाए जा सकते हैं। इस पर विभिन्न विषयों से सम्बन्धित चित्र, मानचित्र, रेखाचित्र तथा ग्राफ आदि प्रदर्शित किए जाते हैं। इसका प्रयोग छोटी कक्षाओं में भाषा तथा अंकगणित और बड़ी कक्षाओं में इतिहास, भूगोल, अर्थशास्त्र, नागरिक शास्त्र तथा गणित एवं विज्ञान आदि विषयों के शिक्षण के लिए किया जाता है।

10. श्यामपट—यह एक बहुत ही सस्ता और अच्छा सहायक साधन माना जाता है। इसका प्रयोग शिक्षण में सबसे अधिक किया जाता है। इसके बिना कक्षा में शिक्षण असम्भव सा लगता है। श्यामपट का प्रयोग निम्न तथ्यों के शिक्षण में करना चाहिए–

1. पदों, नियमों, कठिन शब्दों तथा सिद्धान्तों को स्पष्ट करने के लिए।
2. शिक्षार्थियों को अभ्यास करने के लिए।
3. लिखित कार्य, गृह-कार्य तथा जाँच कार्य से सम्बन्धित प्रश्न लिखने के लिए।
4. दो विचारों और सिद्धान्तों में तुलना करने के लिए।

श्यामपट के उपयोग में निम्नलिखित बातों का ध्यान रखना चाहिए–

1. श्यामपट का प्रयोग करने के लिए उसे साफ कर लेना चाहिए।
2. इस पर रंग रोगन व पालिश करनी चाहिए।
3. इस पर लिखते समय अध्यापक को इस प्रकार खड़ा होना चाहिए कि अधिकाँश छात्र सुविधापूर्वक इसे देख सकें।
4. एक ही समय में एक अथवा दो रेखाचित्रों से अधिक इस पर खींचना ठीक नहीं होता।
5. इसका प्रयोग करने के पश्चात् इसे साफ कर देना चाहिए।
6. श्यामपट ऐसे स्थान पर रखना चाहिए जहाँ सब छात्र इसे अच्छी तरह देख सकें।
7. श्यामपट पर चित्र बनाने के लिए अध्यापक रंगदार चाकों का प्रयोग करें ताकि चित्रों के सभी भागों को अलग-अलग रंगों से स्पष्ट रूप से दिखाया जा सके।

11. संग्रहालय—ये भी एक महत्त्वपूर्ण उपकरण है। इसमें सभी वस्तुओं को इकट्ठा करके रखा जाता है जिनकी मदद से पाठ रोचक बनाया जा सकता है। इन एकत्रित की हुई वस्तुओं का प्रयोग भूगोल, इतिहास, गणित तथा विज्ञान आदि

विषयों के शिक्षण के लिए किया जाता है। स्कूल के संग्रहालय में अलग-अगल तरह के डाक-टिकट, सिक्के, पुरातन अर्थशास्त्र, यन्त्र और कीड़े-मकोड़े इक्ट्ठे किए जाते हैं। अतः स्कूल के संग्रहालय में नाना प्रकार की वस्तुएँ इक्ट्ठी करने के लिए छात्रों को उत्साहित किया जाना चाहिए।

12. जादू की लालटेन—यह एक चित्र प्रदर्शक यन्त्र है। इस लालटेन के प्रयोग के लिए स्लाइडों की आवश्यकता होती है। विभिन्न विषयों की शिक्षा देने के पश्चात् अगर उहीं से सम्बन्धित स्लाइडें दिखा दी जाएँ तो उनका ज्ञान लेने में आसानी हो जाती है और छात्र उसे कभी नहीं भूलेंगे। यह लालटेन अमूर्त तथ्यों तथा गूढ़ विचारों को सीखने के लिए एक महत्त्वपूर्ण साधन है। इसके प्रयोग के लिए निम्न सावधानियाँ रखनी चाहिए।

1. स्लाइडें दिखाने से पहले अध्यापक को प्रस्तावना के रूप मे विषय के सम्बन्ध में टिप्पणी देनी चाहिए।
2. स्लाइडों को स्पष्ट करने के लिए कुछ व्याख्याएँ भी दी जानी चाहिए।

13. चित्र विस्तारक यन्त्र—यह यन्त्र पाठ को अधिक स्पष्ट ओर रोचक बना देता है। इस यन्त्र से छोटे-छोटे चित्रों, पोस्टरों, मानचित्रों और पुस्तक के पृष्ठों को कमरे में अन्धेरा करके पर्दे पर बड़ा करके दिखाया जाता है। यह यन्त्र आधुनिक शिक्षा के क्षेत्र में नागरिक शास्त्र, अर्थ-शास्त्र, इतिहास तथा भूगोल आदि विषयों को पढ़ाने के लिए काम में लिया जाता है। दूसरे देशों में इसका प्रयोग बहुत किया जाता है। इसमें दिखाए जाने वाले चित्रों का आकार इसके अनुसार ही होना चाहिए। इसका प्रयोग करते समय टिप्पणियाँ देते रहना चाहिए ताकि विषय का ज्ञान स्पष्ट हो जाए।

14. स्लाइडें, फिल्म पट्टियां तथा चित्र-दर्शक—भिन्न-भिन्न विषयों की सूक्ष्म-से-सूक्ष्म बातों को पर्दे पर बड़ा करके दिखाने के लिए स्लाइडों का प्रयोग किया जाता है। साथ-साथ अध्यापक पाठ की कठिन तथा बारीक बातों को स्पष्ट करता जाता है और पाठ रोचक व सरल बन जाता है। ये स्लाइडें शीशे की बनाई जाती हैं।

अब स्लाइडें फिल्म के ऊपर भी बनाई जाने लगी हैं। इन्हीं को फिल्म पट्टी (Film Strips) कहा जाता है। इस पट्टी को बनाने के लिए पाठ से सम्बन्धित 15 अथवा 20 स्लाइडों को 35 मिलीमीटर की फोटोग्राफी की फिल्म पर उतार लिया जाता है। इस फिल्म पट्टी को चित्र-दर्शक (Projector) द्वारा पर्दे पर बड़ा करके कक्षा के सामने दिखाया जाता है।

आधुनिक समय में चित्र-दर्शक (Projector) का महत्त्व अधिक बढ़ गया है। इस पर स्लाइडों तथा फिल्म-पट्टियों को एक क्रम से दिखाया जाता है। कहने का अभिप्राय यह है कि जिस प्रकार सिनेमा में विज्ञापन दिखाए जाते हैं उसी तरह से चित्र-दर्शक से फिल्म पट्टियों द्वारा विभिन्न विषयों से सम्बन्ध रखने वाले चित्रों की आवश्यकतानुसार लगातार व रुक-रुक कर हर तरह से दिखाया जा सकता है।

15. मूक चित्र—यह चलचित्र का पहला रूप है। इसमें ध्वनि नहीं होती और क्रियाएँ पूरी दिखाई जाती हैं। इसके द्वारा विभिन्न विषयों तथा क्रियाओं जैसे—सफाई के साधन, विभिन्न रोगों से बचने के उपाए तथा प्राकृतिक दृश्यों एवं वर्णनों को क्रियारूप में आसानी से पढ़ाया जा सकता है। अतः मूक चित्रों का शिक्षण में बहुत महत्त्व माना गया है।

श्रव्य-दृश्य सामग्री

ये वे साधन हैं जिनमें श्रव्य तथा दृश्य दोनों इन्द्रियों का प्रयोग होता है। ये भी कह सकते हैं कि जिनमें ज्ञान को श्रव्य तथा दृश्य दोनों इन्द्रियों के द्वारा प्राप्त किया जा सके। अतः श्रव्य तथा दृश्य दोनों ही इन्द्रियों के साथ-साथ प्रयोग करने से ज्ञान प्राप्त होता है।

1. चलचित्र अथवा सिनेमा—यह मूक चित्र का दूसरा रूप कहा जाता है। इसमें क्रियाओं के साथ-साथ ध्वनि की भी व्यवस्था होती है। यह शिक्षा का सस्ता, सुलभ तथा यंत्रीकृत साधन है। इसके द्वारा प्राप्त किया हुआ ज्ञान अधिक स्थायी होता है क्योंकि इसमें देखने तथा सुनने की दोनों ही इन्द्रियाँ काम करती हैं। यह ऐतिहासिक घटनाओं और वैज्ञानिक अनुसन्धानों का ज्ञान देने में सहायक होता है। इसके द्वारा विभिन्न देशों की स्थितियों, परिस्थितियों तथा मानव और उसके कार्यकलापों का ज्ञान दिया जाता है। इसके द्वारा छात्रों को सामाजिक, आर्थिक, धार्मिक व नैतिक रूप से विकसित किया जाता है। शैक्षिक चित्र जिनमें भूगोल, इतिहास, अर्थशास्त्र, समाज-शास्त्र तथा विज्ञान आदि विषयों की सामग्री का समावेश हो, दिखाए जाने चाहिए। स्कूलों में 16 मिलीमीटर वाले प्रोजेक्टर द्वारा छात्रों को फिल्में दिखाई जा सकती हैं और भारत सरकार के दूतावासों से शैक्षिक फिल्में निःशुल्क मिलती हैं जिनमें लाभ उठाया जा सकता है।

2. समाचार सम्बन्धी फिल्म—इन फिल्मों से अभिप्राय है कि जिनके द्वारा छात्रों को सामाजिक विषयों की शिक्षा दी जाए। इस प्रकार की फिल्मों द्वारा जनता को देश के राजनैतिक आर्थिक व सामाजिक जीवन से सम्बन्धित परिस्थितियों, घटनाओं तथ योजनाओं के सम्बन्ध में ज्ञान दिया जाए। इसके द्वारा देश के प्रत्येक

नागरिक को अपने देश के सम्बन्ध में महत्त्वपूर्ण समाचार प्राप्त हो सकते हैं। इसकी मदद से छात्रों को सामाजिक, नैतिक तथा धार्मिक शिक्षा बड़े सरल व रोचक ढंग से दी जा सकती है। अतः इस प्रकार की फिल्मों द्वारा छात्रों को जहाँ मनोरंजन होता है वहाँ शैक्षिक लाभ भी होते हैं।

3. टेलीविजन—ये भी रेडियो की तरह शिक्षा का एक महत्त्वपूर्ण उपकरण है। टेलीविजन पर छात्रों को उच्च कोटि के शिक्षा शास्त्री तथा कलाकारों की वाणी के साथ-साथ उनकी शक्लों तथा कार्यक्रमों में भाग लेते हुए भी दिखा सकते हैं। इसकी मदद से छात्रों के कान व आँख दोनों ही इन्द्रियों का विकास किया जा सकता है। टेलिविजन पर शिक्षा शास्त्रियों द्वारा बातचीत, भाषण देना तथा शैक्षिक अभिनय आदि अनेक बातों को छात्र सरलतापूर्वक सीख सकते हैं।

4. नाटक—यह दृश्य-श्रव्य साधन प्राचीन काल से ही शिक्षा जगत में एक महत्त्वपूर्ण स्थान रखता है। नाटक देखने अथवा उसमें भाग लेने से ही छात्र शिक्षण की क्रिया में भाग ले रहे होते हैं और वे स्वाभाविक रूप से ही सामाजिक, आर्थिक, धार्मिक व व्यावहारिक अनुभवों तथा नैतिक आदर्शों एवं गुणों को ग्रहण कर लेते हैं। नाटक के द्वारा छात्रों में राष्ट्रीय तथा अन्तर्राष्ट्रीय भावनाएँ भरी जा सकती हैं। इसका इतिहास के शिक्षण में विशेष महत्त्व है क्योंकि नाटक में भाग लेने से छात्रों को ऐतिहासिक घटनाओं, महापुरुषों के कार्य-कलापों तथा विभिन्न वेश भाषाओं का ज्ञान हो जाता है। नाटक द्वारा छात्रों के मनोरंजन के साथ-साथ विभिन्न विषयों की शिक्षा भी स्वाभाविक रूप से दी जाती है।

4

इतिहास शिक्षण में श्यामपट प्रयोग

श्यामपट शिक्षण के दृश्य उपकरणों में सबसे ज्यादा महत्त्वपूर्ण है। यह ऐसा उपकरण है, जो अध्यापक को कक्षा-अध्यापन के समय प्रति क्षण सरलता से प्राप्त रहता है। इसे चॉक से लिखे जाने के लिए लकड़ी का काला तख्ता नहीं समझा जाना चाहिए, वरन् पाठ को—रोचक, आकर्षक और सरल बनाकर सफल शिक्षण का यह एक महत्त्वपूर्ण साधन है। इस सन्दर्भ में **कैनेडी** ने उचित ही लिखा है—"श्यामपट चॉक का प्रयोग किये जाने के लिए केवल काली सतह नहीं है, वरन् पाठ का विकास करने के लिए सक्रिय साधन है।"

श्यामपट की उपयोगिता

शिक्षण में श्यामपट इतना अधिक उपयोगी सिद्ध हो चुका है कि विद्यालय के प्रत्येक कक्ष की बुनियादी आवश्यकता श्यामपट है। इसकी उपयोगिता के प्रमुख कारण अग्रलिखित हैं—

(1) यह अध्यापक और छात्रों को अपना ध्यान केन्द्रित करने का एक साधन है।

(2) इस पर लिखी जाने वाली बातें मौखिक बातों की तुलना में छात्रों के लिए अधिक प्रभावोत्पादक होती हैं।

(3) इसको सामूहिक कार्य के लिए सरलतापूर्वक प्रयोग किया जा सकता है।

(4) इस पर छात्र लिखने का अभ्यास कर सकते हैं।

(5) यह छात्रों को सुनने के साथ-साथ देखने का भी मौका देता है। फलतः वे पाठ्य-विषय को सरलता से ग्रहण कर लेते हैं।
(6) यह कठिन परिस्थिति में अध्यापक का सच्चा सहायक है, क्योंकि वह प्रसंग की आवश्यकता के अनुसार इसका उपयुक्त प्रयोग करके अपने विचारों को सरलता के साथ छात्रों के समक्ष प्रस्तुत कर सकता है।
(7) इस पर सम्पूर्ण कक्षा के लिए एक ही समय में सारांश, प्रश्न और गृहकार्य लिखा जा सकता है।
(8) श्यामपट सस्ता उपकरण है।
(9) इससे अध्यापक सफलतापूर्वक अपने छात्रों को समझा सकता है तथा छात्र भी सुगमतापूर्वक सीख सकते हैं।
(10) यह छात्रों में गति को देखने की व उन्हें ग्रहण करने की आदत डालता है।
(11) इसका प्रयोग सभी विषयों के शिक्षण के लिए किया जा सकता है। जैसे—इसका प्रयोग गणित के प्रश्नों को हल करने के लिए, भाषा में नये शब्द और उनके अर्थ को लिखने के लिए, भूगोल और इतिहास के मुख्य तथ्य और सारांश अंकित करने के लिए तथा विज्ञान और ज्यामिति के चित्र को प्रस्तुत करने के लिए किया जा सकता है।
(12) इसका प्रयोग पाठ से सम्बन्धित प्रायः प्रत्येक कार्य के लिए किया जा सकता है; जैसे—चित्र, खाके, नक्शे आदि बनाने में पाठ की रूपरेखा और मुख्य बातें लिखने में आदि।

श्यामपट के गुण

श्यामपट में अग्रलिखित गुण होने चाहिए—

1. श्यामपट काफी बड़ा होना चाहिए, जिससे कि अध्यापक पाठ के लिए जरूरी सभी बातों को उस पर एक साथ लिख सके।
2. श्यामपट की सतह पर किसी प्रकार की चमक नहीं होनी चाहिए, अन्यथा छात्रों को उस पर लिखी हुई बातों को पढ़ने में बहुत कठिनाई होगी।
3. श्यामपट चिकना नहीं होना चाहिए। ऐसे श्यामपट पर लिखना और उस पर लिखी हुई बातों को पढ़ना दोनों कठिन होता है।
4. श्यामपट कक्षा के कोने में न होकर ऐसे स्थान पर होना चाहिए, जहाँ सब छात्र उसको सुगमता से देख सकें।
5. श्यामपट काले रंग का नहीं होना चाहिए, क्योंकि काला रंग आकर्षणहीन होने के साथ-साथ छात्रों के नेत्रों पर अधिक जोर डालता है।

श्यामपट प्रयोग की विधि

श्यामपट प्रयोग की विधि अग्रलिखित है–

1. श्यामपट पर लिखते समय उससे चिपट कर नहीं खड़ा होना चाहिए, क्योंकि चिपट कर खड़ा होने पर लिखने में असुविधा होती है।
2. श्यामपट पर लिखते समय कभी-कभी मुड़कर कक्षा के छात्रों को देख लेना चाहिए जिससे कक्षा में अनुशासन बना रहे।
3. श्यामपट पर लिखते समय चॉक में से किसी प्रकार की आवाज नहीं निकलनी चाहिए, क्योंकि इससे छात्रों का ध्यान बँट जाता है। इसके लिए चॉक को सीधा न पकड़ कर कुछ तिरछा पकड़ना चाहिए।
4. श्यामपट पर लिखते समय चॉक को न तो अधिक दबाना चाहिए और कम, क्योंकि अधिक दबाने से चॉक टूट सकता है और कम दबाने से अक्षर स्पष्ट नहीं होते हैं।
5. श्यामपट पर लिखने के लिए चॉक का बड़ा टुकड़ा प्रयोग में लाना चाहिए।
6. यामपट पर लिखने के लिए केवल सफेद चॉक का ही प्रयोग करना चाहिए। रंगीन चॉक का प्रयोग केवल खाके, चित्र आदि बनाने के लिए करना चाहिए।
7. श्यामपट पर लिखने की गति धीमी नहीं होनी चाहिए। ऐसा होने से छात्रों का ध्यान केन्द्रित नहीं रह पाता है।
8. श्यामपट पर बहुत अधिक नहीं लिखना चाहिए, क्योंकि इससे पाठ की प्रगति मन्थर हो जाती है।
9. श्यामपट पर व्यर्थ की बातें न लिखकर केवल मूल बातों को लिखना चाहिए।
10. श्यामपट पर लिखी हुई जिन बातों की ओर छात्रों का ध्यान आकर्षित किया जाना है, उनके नीचे रेखा खींच देनी चाहिए।
11. श्यामपट के बिल्कुल नीचे के भाग में कुछ नहीं लिखना चाहिए, क्योंकि दूर बैठे हुए छात्रों को वह भाग स्पष्ट दिखाई नहीं देता है।
12. श्यामपट पर जो कुछ भी लिखा जाय, उसे पहले मौखिक रूप से बता देना चाहिए, जिससे छात्र समझ जायँ कि क्या लिखा जाने वाला है।
13. श्यामपट पर जो कुछ लिखा जा रहा हो, उसे बोलते रहना चाहिए, इससे छात्र देखने और सुनने–दोनों इन्द्रियों का प्रयोग करके ज्ञान को सुगमता से आत्मसात् कर सकें।
14. श्यामपट पर जिस बात की जितनी देर तक आवश्यकता हो, उतनी ही देर तक लिखी रहने देनी चाहिए। उसके पश्चात् ही उसे मिटा देना चाहिए।

15. हमेशा शुद्ध व स्पष्ट लिखा जाना चाहिए।
16. अगर कोई अशुद्ध शब्द श्यामपट पर लिखा जाय तो उसे उँगली से नहीं मिटाकर कपड़े से मिटाना चाहिए।
17. श्यामपट पर विषय वस्तु को क्रमबद्ध लिखना चाहिए, अन्यथा छात्र लिखी हुई बात को पढ़ने और लिखने में गलती कर जाते हैं।
18. श्यामपट पर लिखे जाने वाले शब्दों और पंक्तियों में काफी दूरी होनी चाहिए। उनको एक-दूसरे के बहुत समीप लिखने से छात्रों को पढ़ने में कठिनाई होती है एवं लेख का आकर्षण भी समाप्त हो जाता है।
19. श्यामपट पर लिखे जाने वाले सभी अक्षर एक ही आकार के होने चाहिए, छोटे-बड़े नहीं।
20. श्यामपट पर लिखे जाने वाले शब्द और पंक्तियाँ सीधी होनी चाहिए।
21. श्यामपट की ओर मुँह करके नहीं बोलना चाहिए, क्योंकि इस प्रकार बोली जाने वाली बात केवल पास बैठे हुए छात्रों को ही सुनाई दे पाती है।
22. श्यामपट को कक्षा समाप्त होने के साथ ही पूर्ण रूप से साफ कर देना चाहिए।
23. शिक्षण आरंभ करने से पहले यह देख लेना चाहिए कि श्यामपट पर कुछ लिखा तो नहीं है। अगर लिखा है, तो उसे मिटा देना चाहिए।
24. श्यामपट पर लिखते समय अध्यापक को कुछ तिरछा होकर खड़ा होना चाहिए। इससे उसकी पीठ किसी भी दशा में छात्रों की ओर नहीं होगी और छात्रों को श्यामपट स्पष्ट दिखाई देना चाहिए।
25. श्यामपट पर लिखते समय अध्यापक को उसके बीच में खड़ा न होकर उसके दाहिनी ओर खड़ा होना चाहिए, जिससे कि छात्र उस पर लिखी हुई सूचना को पढ़ सके।

श्यामपट पर चित्रांकण की विधि

श्यामपट पर चित्रांकन करते समय उसका प्रयोग उसी प्रकार करना चाहिए, जैसा कि उस पर लिखते समय किया जाता है। चित्रांकन सम्बन्धी अन्य बातें अग्रलिखित हैं–

(1) चित्र को सजीव और भावपूर्ण बनाने के लिए उसमें रंगीन चॉक का प्रयोग किया जाना चाहिए।

(2) गणित से सम्बन्धित चित्र अथवा खाके को बनाने के लिए जरूरी उपकरणों का प्रयोग करना चाहिए, जिससे कि उसमें गलती न होने पाये।

(3) जो भी चित्र, मानचित्र, खाका, चार्ट आदि बनाया जाय, उसका पाठ्य-विषय से प्रत्यक्ष सम्बन्ध होना चाहिए।

(4) चित्र बनाने का उद्देश्य—कला का प्रदर्शन न होकर, उसमें निहित किसी विचार अथवा तथ्य को स्पष्ट करके पाठ का विकास करना होना चाहिए।

(5) चित्र सुन्दर, व्यवस्थित और आकर्षक होना चाहिए, जिससे कि वह छात्रों के ध्यान को आकर्षित कर सके।

(6) चित्र बिल्कुल ठीक और स्पष्ट होना चाहिए, क्योंकि गलत चित्र छात्रों के मानसपटल पर गलत प्रभाव डालता है।

(7) चित्र को शीघ्रता से बनाना चाहिए, जिससे कि पाठ की गति मन्थर न हो एवं छात्रों की उसमें रुचि बनी रहे।

(8) चित्र सरल और संक्षिप्त होना चाहिए। उसमें अनावश्यक बातें अंकित करने में समय अधिक नष्ट होता है और छात्रों को उसे समझने में कठिनाई होती है।

5

इतिहास पाठ्य-पुस्तकें : शिक्षण सहायक सामग्री

पाठ्य-पुस्तकें के सन्दर्भ में **रिस्क** का विचार है–"आधुनिक पाठ्य-पुस्तक शैक्षिक सम्पत्ति है, जिसका आज के कक्षा-पक्ष में महत्त्वपूर्ण स्थान है। पाठ्य-पुस्तक का विभिन्न तरह से प्रभावोत्पादक प्रयोग किया जा सकता है।" अतः शिक्षण में पाठ्य-पुस्तकों का बहुत अधिक महत्त्व है। ऐसे कुछ लोगों के मन में यह गलत धारणा आ गई है कि शिक्षण में पाठ्य-पुस्तकों का अब ज्यादा महत्त्व नहीं रह गया है। वे अपने इस धारणा के पक्ष में तर्क देते हैं कि आज पाठ्य-पुस्तकों का स्थान मौखिक पाठों ने ले लिया है।

रेमॉन्ट का विचार है–"पिछले समय में छात्र अपने पाठ को याद करते थे और अध्यापक को सुनाते थे। आज अध्यापक पाठ को याद करता है और छात्रों को बुलाता है।" इसका मुख्य कारण यह है कि पाठ्य-पुस्तकों का स्थान मौखिक पाठों ने ले लिया है। अतः कुछ व्यक्तियों की यह धारणा बन गई है कि आज के शिक्षण में पाठ्य-पुस्तकों को कोई स्थान नहीं है। यह धारणा निराधार है, क्योंकि पाठ्य-पुस्तकों का प्रयोग दिन-प्रतिदिन बढ़ता चला जा रहा है। इसका कारण बताते हुए **रिस्क** ने लिखा है–"आधुनिक पाठ्य-पुस्तक शैक्षिक सम्पत्ति है, जिसका आज के कक्षा-कक्ष में महत्त्वपूर्ण स्थान है। पाठ्य-पुस्तक का विभिन्न प्रकार से प्रभावशाली प्रयोग किया जा सकता है।"

पाठ्य-पुस्तकों की आवश्यकता

पाठ्य-पुस्तकों की आवश्यकता को अग्रलिखित बिन्दुओं द्वारा स्पष्ट किया जा सकता है–

(1) छात्रों को विभिन्न लेखको के दृष्टिकोणों की तुलना करने का मौका देकर अपना निष्कर्ष निकालने में मदद देती हैं।

(2) मौन अध्ययन और स्वाध्याय को प्रोत्साहित करके छात्रों में बड़े होकर पढ़ने की आदत डालती हैं।

(3) देश एवं समाज की आवश्यकताओं को ध्यान में रखकर लिखी जाने के कारण छात्रों को नवीनतम ज्ञान प्रदान करती हैं।

(4) पाठ्यक्रम के अनुसार लिखी जाने के कारण अध्यापक को अपनी शिक्षण-योजना तैयार करने में सुगमता प्रदान करती है।

(5) शिक्षण के वर्ष-भर के कार्य और विषय-सामग्री को निर्धारित करती हैं।

(6) अध्यापक को अध्ययन से पूर्व पाठ-योजना बनाने में मदद करती हैं।

(7) पाठ्य-वस्तु निश्चित करके छात्रों की परीक्षा लेने का कार्य सरल बनाती हैं।

(8) उनकी विषय-सामग्री इतनी तर्कपूर्ण, क्रमबद्ध और व्यवस्थित होती है कि अध्यापक को उससे सम्बन्धित बातों को अलग खोजने में समय और शक्ति नष्ट करने की आवश्यकता नहीं होती।

(9) पाठ्य-पुस्तक में विभिन्न लेखकों के विचारों को आद्योपान्त पढ़कर छात्र अपने विचारों को निश्चित दिशा प्रदान करते हैं।

(10) उनमें पाठ से सम्बन्धित इतने विभिन्न प्रकार के प्रश्न होते हैं कि छात्र उनके उत्तर लिखकर अपने ज्ञान की वृद्धि कर सकते हैं।

(11) अध्यापक चाहे कितना ही योग्य और कुशल प्रशिक्षण प्राप्त किए हुए क्यों न हो, पर उसके शिक्षण से छात्र को वह प्रेरणा नहीं मिलती है, जो पाठ्य-पुस्तकों से; क्योंकि अध्यापक छात्र के समक्ष थोड़ी देर बोलकर चला जाता है, जबकि पुस्तक छात्र के साथ स्थायी रूप से रहती है।

(12) पाठ्य-पुस्तकें छात्रों को पाठ दोहराने एवं गृह-कार्य करने में मदद देती हैं।

(13) वे छात्रों को अनेक नई एवं महत्त्वपूर्ण सूचनाएँ संग्रह करके एक ही स्थान में देती हैं।

(14) छात्रों को थोड़े समय में अधिक बातों की जानकारी देती हैं।

(15) छात्रों को लिखे हुए तथ्यों और विचारों को समझने तथा व्याख्या करने की शक्ति प्रदान करती हैं।

पाठ्य-पुस्तकों के दोष

पाठ्य-पुस्तकों में अग्रलिखित दोष होते हैं–

(1) उनका अनिवार्य रूप से अनुकरण करने के कारण शिक्षण की पहलकदमी और स्वतन्त्र रूप से कार्य करने के गुणों का नाश हो जाता है।

(2) छात्रों के द्वारा केवल परीक्षा में उत्तीर्ण होने के लिए ही पाठ्य-पुस्तकों का अध्ययन किया जाता है। इससे उन छात्रों के मस्तिष्क का पर्याप्त और उचित दिशा में विकास नहीं होता है।

(3) उनका चुनाव छात्रों के हित को ध्यान में रखकर लेखकों, प्रकाशकों और विद्यालयों के लाभ के लिए किया जाता है। अतः छात्रों को पढ़ने के लिए प्रायः ऐसी पाठ्य-पुस्तकें निर्धारित की जाती हैं, जो गलत और जरूरी तथ्यों तथा निरर्थक और महत्त्वहीन विवरणों से भरी रहती है।

(4) उनका निर्माण एवं चयन पाठ्यक्रम विशेषज्ञ कहलाने वाले व्यक्तियों के द्वारा किया जाता है। इन व्यक्तियों को शिक्षण की वास्तविक आवश्यकताओं, अभिवृत्तियों और मानसिकता का कोई ज्ञान नहीं होता है। अतः पाठ्य-पुस्तकें छात्रों की माँगों को पूर्ण नहीं करती हैं।

(5) इनकी विषय-सामग्री समरूप होने के कारण छात्रों की वैयक्तिक रुचियों, विभिन्नताओं और आवश्यकताओं की पूर्ति नहीं हो पाती।

(6) इसके अधिक प्रयोग से छात्रों में रटने की आदत पड़ जाती है, जिससे उनकी विचार और तर्क-शक्तियों का विकास रुक जाता है।

(7) एक विषय में केवल एक अथवा दो पाठ्य-पुस्तकों का अध्ययन करने के कारण छात्र अन्य लेखकों के विचारों को नहीं जान पाते। परिणामस्वरूप उनका दृष्टिकोण संकीर्ण रह जाता है।

(8) देश के विभिन्न धार्मिक, राजनैतिक और सामाजिक दल अपने विचारों तथा आदर्शों का प्रचार करने के लिए पाठ्य-पुस्तकों का दुरुपयोग करते हैं। फलतः छात्रों में अच्छे गुणों का विकास न होकर–संकुचित जातीय, वर्गीय, राष्ट्रीय और प्रजातीय द्वेषों की वृद्धि होती है।

(9) कुछ अध्यापक पाठ्य-पुस्तक पठन की विधि को अपनाकर शिक्षण के सभी आधुनिक सिद्धान्तों और सूत्रों की तिलांजलि दे देते हैं। इससे छात्रों का मानसिक विकास अवरुद्ध हो जाता है।

(10) कुछ छात्र और अध्यापक पुरानी पाठ्य-पुस्तकों की सूचना का प्रमुख और विश्वसनीय स्रोत मानकर नवीन पाठ्य-पुस्तकों का प्रयोग नहीं करते हैं।

परिणामस्वरूप विभिन्न विषयों से सम्बन्धित उनका ज्ञान अधूरा एवं दोषपूर्ण रह जाता है।

(11) शिक्षा के लचीलेपन और व्यापकता का अन्त करके उसको कठोर और संकीर्ण बनाती हैं।

(12) व्यावहारिक ज्ञान की अपेक्षा सैद्धान्तिक ज्ञान पर अधिक जोर देती है।

(13) कुछ छात्रों और कुछ अध्यापकों को पूर्णतया निष्क्रिय बना देती है।

पाठ्य-पुस्तकों प्रयोग

पाठ्य-पुस्तकों के प्रयोग के सन्दर्भ में **रेमाण्ट** का विचार है–"शिक्षण की कला में पाठ्य-पुस्तकों का उचित प्रयोग श्रेष्ठ व्यावहारिक महत्त्व की बात है।"

पाठ्य-पुस्तकों का उचित प्रयोग क्या है, शिक्षण में उनका क्या स्थान है–इन बातों को हम अग्रलिखित बिन्दुओं द्वारा स्पष्ट कर सकते हैं–

(1) **निम्नतर प्राथमिक कक्षायें**–निम्नतर प्राथमिक कक्षाओं में पाठ्य-पुस्तकों का प्रयोग तब तक नहीं करना चाहिए जब तक छात्रों को उन्हें ठीक प्रकार से पढ़ने का अभ्यास न हो जाय।

(2) **उच्चतर प्राथमिक और मिडिल कक्षायें**–उच्चतर, प्राथमिक एवं मिडिल कक्षाओं में छात्रों को पाठ्य-पुस्तकों का उपयोग करना चाहिए, लेकिन इनको अध्यापक के पाठों से कम महत्त्वपूर्ण मानना चाहिए।

(3) **उच्च कक्षायें**–उच्च कक्षाओं में मौखिक पाठों की अपेक्षा पाठ्य-पुस्तकों पर ज्यादा जोर दिया जाना चाहिए।

(4) **विभिन्न विषयों की पाठ्य-पुस्तकों**–पाठ्य-पुस्तकों का प्रयोग विभिन्न विषयों की प्रकृति के अनुसार किया जाना चाहिए। जैसे–भाषा-शिक्षण में उनका प्रमख स्थान होना चाहिए, क्योंकि गद्य अथवा पद्य का शिक्षण पाठ्य-पुस्तकों के अभाव में नहीं किया जा सकता। भूगोल, इतिहा, अर्थशास्त्र, विज्ञान आदि के शिक्षण में भी यह उपयोगी है। इन विषयों की पाठ्य-पुस्तकों का प्रयोग छात्रों ज्यादातर पाठ को दोहराने और गृह-कार्य करने में करते हैं।

(5) **शिक्षण का उपकरण**–पाठ्य-पुस्तकों का प्रयोग केवल शिक्षण के उपकरण के रूप में किया जाना चाहिए।

(6) **शिक्षा के उद्देश्यों में योग**–पाठ्य-पुस्तकों को साध्य न मानकर केवल शिक्षा के उद्देश्यों को प्राप्त करने का साधन मात्र मानना चाहिए। इस सन्दर्भ में **मेकॉम्बर** (Macomber) का विचार है–"आधुनिक पाठ्यक्रम में पाठ्य-पुस्तकें स्वयं साध्य बनने के बजाय शिक्षा के उद्देश्यों को प्राप्त करने में योग देती हैं।"

(7) **पाठ्य-पुस्तकों का स्थान**—प्राचीन शिक्षा में अध्यापक का सबसे अधिक महत्त्व था। वर्तमान शिक्षा में पाठ्य-पुस्तक का स्थान सबसे ज्यादा महत्त्वपूर्ण हो गया है। लेकिन यह सर्वथा अनुचित है, क्योंकि अध्यापक के पथ-प्रदर्शन के अभाव में सबसे उत्तम पाठ्य-पुस्तकें भी छात्रों के लिए शिक्षा की अधूरी और अपूर्ण सामग्री मात्र है। छात्रों को उचित शिक्षा देने के लिए अध्यापक और पाठ्य-पुस्तक दोनों की आवश्यकता है।

भारत में पाठ्य-पुस्तकों की गुणवता

भारत में दुर्भाग्यवश पाठ्य-पुस्तक के अनुरूप उनके लेखन व उत्पादन पर उचित ध्यान नहीं दिया जाता है। अधिकांश विद्यालय विषयों में ऐसी पुस्तकों की प्रचुरता है जिनका स्वरूप एवं स्तर निम्न दर्जे का है। विशेषतः भाषा में ऐसी पुस्तकों की प्रचुरता है। इस स्थिति के कई कारण हैं, जिनमें से कुछ का उल्लेख आगे किया जा रहा है—

1. पाठ्य-पुस्तक लेखन के प्रति प्रथम श्रेणी के लेखकों की अरुचि।
2. पाठ्य-पुस्तकों के चयन एवं निर्धारण में व्याप्त भ्रष्टाचार।
3. प्रकाशकों की अनैतिक कार्यरीति।
4. पाठ्य-पुस्तकों की तैयारी एवं व्यवस्था के सन्दर्भ में अनुसन्धान का अभाव।
5. गैर-सरकारी प्रकाशकों द्वारा पाठ्य-पुस्तकों के लिए अध्यापक मार्ग-निर्देशिका की उपेक्षा।

शिक्षा-आयोग के विचार

शिक्षा के प्रसार, साथ ही पाठ्य-पुस्तक व्यवसाय एक बहुत अधिक लाभदायक क्षेत्र बन गया और उपर्युक्त प्रकार की कुरीतियाँ प्रकाश में आने लगीं। अतः राज्य सरकार का ध्यान शीघ्र ही उनकी ओर आकर्षित किया गया और यह निश्चय किया गया कि इन कुरीतियों को दूर करने के लिए पाठ्य-पुस्तकों के उत्पादन का कार्य राज्य-सरकार को स्वयं करना चाहिए।

यहाँ ध्यानत्व यह है कि पाठ्य-पुस्तकों की गुणवत्ता के सुधार की दिशा में पाठ्य-पुस्तकों का राजकीय उत्पादन मात्र एक कदम है। लेकिन इससे कुछ लाभ नहीं होगा। अगर शीघ्र ही इस कार्य की उपयुक्त व्यवस्था करने के लिए वास्तव में प्रयास नहीं किया गया तो इससे इसकी प्रगति के अवरुद्ध होने का भी डर है। अतः हम सिफारिश करते हैं कि पाठ्य-पुस्तक उत्पादन कार्यक्रम के उचित विकास पर

जोर दिया जाय। इस सन्दर्भ में अग्रलिखित सुझावों पर ध्यान दिया जा सकता है–

1. पाठ्य-पुस्तकों और शिक्षण-सामग्री के उत्पादन के लिए राज्य-शिक्षा-विभाग के निकट सम्पर्क में काम करने वाली एक पृथक् अभिकरण की स्थापना की जानी चाहिए।
2. प्रत्येक पाठ्य-पुस्तक में लगातार संशोधन करना, उनका आधुनिकतम स्वरूप बनाये रखना तथा अगर अधिक नहीं, तो कम से कम पाँच वर्षों में उसका पूर्णतया संशोधन करना कार्यनीति का एक निश्चित उद्देश्य होना चाहिए।
3. कार्यनीति का यह भी एक महत्त्वपूर्ण उद्देश्य होना चाहिए कि प्रत्येक विषय में प्रत्येक कक्षा के लिए कम-से-कम 3-4 पुस्तकें हों और उनमें से सबसे अधिक उपयुक्त पुस्तक के चयन का कार्य अध्यापक पर छोड़ देना चाहिए।
4. सरकार को पाठ्य-पुस्तकों के लेखन-सम्बन्धी पारिश्रमिक देने में प्रकाशकों से अधिक उदारता की नीति अपनानी चाहिए। इससे प्रथम श्रेणी के लेखक पाठ्य-पुस्तकों के लेखन में रुचि लेंगे।
5. पाठ्य-पुस्तकों का राजकीय उत्पादन न लाभ-न हानि (No Profit no loss) के आधार पर होना चाहिए।
6. अध्यापकों को पाठ्य-पुस्तकें लिखने के लिए विशेष रूप से प्रोत्साहित करना चाहिए।
7. अध्यापक निर्देशिकाओं तथा अन्य अनुदेशीय सामग्री द्वारा पाठ्य-पुस्तकों की सम्पूर्ति भी होनी चाहिए।

पाठ्य-पुस्तकों की विशेषताएँ

पाठ्य-पुस्तकों की विशेषता के सन्दर्भ में **लेंडन** का मत है–"अच्छी पाठ्य-पुस्तक जरूरी है, लेकिन उसका चयन बुद्धिमानी से किया जाना चाहिए।"

पाठ्य-पुस्तकों का बुद्धिमानी से चयन तभी किया जा सकता है, जब उनके अग्रलिखित गुणों के प्रति ध्यान दिया जाय–

(1) उपयुक्त विषय-सामग्री–पाठ्य-पुस्तक की विषय-सामग्री छात्रों की मानसिक उम्र के अनुकूल होनी चाहिए। अतः पाठ्य-पुस्तक में छात्रों के वातावरण से सम्बन्धित विषय-सामग्री होनी चाहिए। विषय-सामग्री का सम्बन्ध भारतीय जीवन, संस्कृति और सभ्यता से होना चाहिए। इस लिए विदेशियों द्वारा लिखित पुस्तकों का चयन बड़ी सतर्कता से करना चाहिए। विषय-सामग्री सूचना प्रदान करने वाली और छात्रों के व्यावहारिक प्रयोग के लिए उपयुक्त होनी चाहिए। कहने का

तात्पर्य यह है कि विषय-सामग्री का सम्बन्ध छात्रों के वास्तविक जीवन से होना चाहिए। पाठ्य-सामग्री में वे सब तथ्य होने चाहिए, जिनका ज्ञान प्राप्त करना एक वय-वर्ग के बालकों के लिए जरूरी हो। ये तथ्य प्रत्येक दृष्टि से पूर्ण और जरूरी होने चाहिए। पाठ्य-सामग्री किसी भी दशा में आवश्यकता से अधिक नहीं होनी चाहिए, क्योंकि अधिक तथ्यों को छात्र हृदयंगम नहीं कर सकते हैं। आवश्यकता से अधिक सामग्री वाली पाठ्य-पुस्तकें ज्ञान-प्राप्ति के कार्य को मन्थर, रुचि को शिथिल एवं छात्रों को निरुत्साहित करती है। पाठ्य-सामग्री में विभिन्नता के साथ-साथ क्रमबद्धता भी निश्चित होनी चाहिए। पाठ्य-सामग्री में नैतिक शिक्षा की बातें भी अवश्य होनी चाहिए।

(2) **भाषा व शब्दावली**—छोटे बालकों की पुस्तकें सरल एवं स्पष्ट भाषा में लिखी हुई होनी चाहिए। बड़े बालकों की पुस्तकें भी ऐसी ही होनी चाहिए, पर उनके भाव गम्भीर अवश्य होने चाहिए, जिससे कि बालकों को अपनी तर्क और चिन्तन शक्तियों को प्रयोग करने का मौका मिले। पाठ्य-पुस्तकों की शब्दावली का चयन भी बड़ी सतर्कता से किया जाना चाहिए। प्रारम्भिक कक्षाओं में प्रयोग की जाने वाली पाठ्य-पुस्तकों की शब्दावली सीमित होनी चाहिए, तभी छात्र उनको सरलता और शीघ्रता से समझ सकेंगे। जैसे-जैसे बालकों के ज्ञान में वृद्धि होती जाय, वैसे-वैसे नये शब्दों की संख्या में भी वृद्धि की जानी चाहिए।

(3) **शैली**—प्रारम्भिक कक्षाओं की पुस्तकें सरल और सरस ढंग से लिखी जानी चाहिए। उच्च कक्षाओं के लिए भी वैसी ही पुस्तकें होनी चाहिए, पर उनमें माने हुए लेखकों की कृतियों को निश्चित रूप से स्थान मिलना चाहिए। हर पाठ्य-पुस्तक की शैली सरलता से जटिलता की ओर बढ़नी चाहिए। शैली में विभिन्नता भी होनी चाहिए, जिससेकि छात्रों के सभी मानसिक गुणों का विकास हो सके। अच्छी शैली का तात्पर्य सरलता, सजीवता, तर्कपूर्णता और भाव-प्रकाशन की स्पष्टता से है।

(4) **व्यवस्था व नियोजन**—प्रत्येक पाठ्य-पुस्तक की विषय-सामग्री सुव्यवस्थित एवं सुनियोजित होनी चाहिए, अन्यथा छात्रों द्वारा प्राप्त किया जाने वाला ज्ञान अव्यवस्थित और अवगुण्ठित रहेगा। पाठ्य-सामग्री को विभिन्न पाठों, सोपानों एवं इकाईयों में विभक्त करके नियोजन को उत्तम स्वरूप प्रदान किया जा सकता है। उत्तम परियोजना में अध्याय लम्बे नहीं होने चाहिए और उनमें निहित विभिन्न विचारों को उपयुक्त शीर्षक देकर पृथक् किया जाना चाहिए।

(5) **अभ्यास के लिए प्रश्न**—हर पाठ्य-पुस्तक के प्रत्येक पाठ के अन्त में कक्षा और व्यक्तिगत कार्य के लिए नाना प्रकार के प्रश्न होने चाहिए। भाषा की

पाठ्य-पुस्तकों में व्याकरण, वाक्य-रचना, शब्द-प्रयोग आदि के प्रश्न होने चाहिए। अन्य विषयों की पाठ्य-पुस्तकों में पाठ से सम्बन्धित प्रश्न होने चाहिए। कुछ प्रश्न ऐसे भी होने चाहिए जो वाद-विवाद, स्वाध्याय, सामान्य ज्ञान आदि को प्रोत्साहित करने वाले हों।

(6) निदर्शन—प्रत्येक पाठ्य-पुस्तक से पाठ्य-विषय से सम्बन्धित और उनको स्पष्ट करने के लिए चित्र, रेखाचित्र, मानचित्र आदि होने चाहिए। निम्न कक्षाओं की पाठ्य-पुस्तकों में लगभग पूरे अथवा आधे पृष्ठ के चित्र होने चाहिए। उच्च कक्षाओं के लिए ये चित्र चौथाई पृष्ठ से अधिक के नहीं होने चाहिए। चित्र आकर्षक होने चाहिए, जिससे कि वे छात्रों की रुचि को जाग्रत करें। निम्न कक्षाओं की पाठ्य-पुस्तकों में रंगीन चित्र होने चाहिए।

इस सन्दर्भ में **क्रो और क्रो** का विचार है—"पाठ्य-पुस्तकों के चित्रों का मुख्य उद्देश्य—छात्रों के ज्ञान में वृद्धि करना है। इसलिए चित्र ठीक और उपयुक्त होने चाहिए। अशुद्ध और अनूचित ज्ञान प्रदान करने वाले चित्रों की अपेक्षा चित्रों का न होना कहीं उत्तम है।"

(7) छपाई—छपाई के लिए काली, गहरी और चमकदार स्याही का प्रयोग किया जाना चाहिए। विभिन्न कक्षाओं की पाठ्य-पुस्तकों में अक्षर का आकार विभिन्न होना चाहिए। प्राथमिक कक्षाओं के लिए बड़ा तथा मिडिल और उच्च कक्षाओं में इसकी तुलना में छोटा होना चाहिए। छपी हुई पंक्तियों की एक-दूसरे से पर्याप्त दूरी होनी चाहिए। हर पृष्ठ के चारों ओर पर्याप्त स्थान होना चाहिए।

(8) कागज—कागज सफेद, मोटा और चिकना होना चाहिए। बहुत चमकदार कागज प्रकाश को प्रतिबिम्बित करता है, खुरदरे कागज पर स्याही ठीक नहीं जमती है और पतले कागज में शब्द आरपार दिखाई देते हैं। अतः ऐसे कागजों का प्रयोग नहीं करना चाहिए।

(9) जिल्द, आकार व सिलाई—पुस्तकों की जिल्द मोटी, मजबूत और टिकाऊ होनी चाहिए। जिल्द के ऊपर पाठ्य-पुस्तक से सम्बन्धित कोई रंगीन अथवा आकर्षक चित्र होना चाहिए। जिल्द के ऊपर सुन्दर छपा हुई अथवा रंगीन कागज चढ़ाने से पुस्तक का आकर्षण बढ़ जाता है। पुस्तक की सिलाई टिकाऊ होने के साथ-साथ ऐसी होनी चाहिए कि पुस्तक सुगमता से पूरी खुल सके।

आधुनिक शिक्षा-सिद्धान्त ने पाठ्य-पुस्तकों के प्रति दृष्टिकोण को पूर्णतया बदल दिया है। परिणामस्वरूप उनको प्राचीन आधिपत्य के स्थान से हटाा दिया गया है। अब उनको न तो शिक्षण का प्रारम्भ और न अन्त माना जाता है। उनको केवल

शिक्षण के उपकरण माना जाता है। एक प्रचलित विचारधारा यह है कि पाठ्य-पुस्तकों के बजाय अधिक उत्तम उपकरणों का प्रयोग किया जाना चाहिए। फिर भी प्रति वर्ष अधिक-से-अधिक पुस्तकों का प्रकाशन हो रहा है। यह इस बात का द्योतक है कि पुस्तकों के बजाय शिक्षण के अन्य उपकरणों का प्रयोग तो नहीं, लेकिन अधिक उत्तम पुस्तकों का प्रकाशन किया जायगा।

6

इतिहास संसाधन कक्ष

इस बात से हम सभी सहमत हैं कि जो ज्ञान बालक करके सीखता है वह ज्यादा स्थाई एवं ज्यादा दिनों तक याद रहता है। ऐसी स्थिति में संसाधन कक्ष की आवश्यकता महसूस होती है। इसके साथ ही संसाधन कक्ष का महत्त्व भी बढ जाता है। यहाँ पर इस बात को स्पष्ट करना आवश्यक है कि यदि संसाधन कक्ष का उपयोग मात्र परम्परागत अध्ययनों को दोहराना है या पूर्व में सत्यापित तथ्यों की पुर्नस्थापना करना है, तो संसाधन कक्ष का अधिक लाभ छात्रों को प्राप्त नहीं होगा। छात्रों को संसाधन कक्ष का पूर्ण लाभ तभी प्राप्त हो सकता है, जब संसाधन कक्ष का पूरा वातावरण स्वतन्त्रता, अन्वेषण तथा खोज से व्याप्त होगा। छात्र प्रयोग करें, त्रुटियाँ करें तथा सुधार कर सामाजिक प्रतिक्रिया सम्बन्धित आंकड़े एकत्रिक करें तथा सिद्धान्तों एवं नियमों का निरूपण करें। इस प्रकार के कार्यों से बालकों के अन्दर खोज की भावना पैदा होगी, तभी पूर्णरूपेण इतिहास के संसाधन कक्ष का लाभ छात्रों को मिल सकेगा।

संसाधन कक्ष की सहायता से छात्र सुचारू रूप से कार्य करता है। अध्यापक का कार्य उसको मार्ग दर्शन देना है। स्वयं कार्य करने से छात्र के अन्दर आत्म विश्वास की भावना पैदा होती है। छात्रों में सामूहिकता के साथ-साथ स्वस्थ्य स्पर्धा की भावना पैदा होती है। इससे उनमें सामाजिकता के गुणों का विकास होता है। जो भावी जीवन के समायोजन में उपयोगी होता है। इसलिए इतिहास के सम्बन्धित

नियमों, सूत्रों एवं सामान्य सिद्धान्तों के सत्यापन हेतु संसाधन कक्ष की अनिवार्यता सिद्ध होती है। अतः प्रत्येक विद्यालय में सुनियोजित इतिहास संसाधन कक्ष का होना अनिवार्य है।

इतिहास संसाधन कक्ष के उद्देश्य

1. अमूर्त को मूर्त रूप प्रदान करना।
2. इतिहास विषय के सिद्धान्तों के विकास एवं नई खोजों को बढ़ावा देने के लिए।
3. इतिहास प्रयोग विधि में छात्रों को प्रशिक्षण देना।
4. सामाजिक एवं राष्ट्रीय वातावरण के प्रति चेतना तथा जिज्ञासा के विकास के लिए।
5. आधुनिक वैज्ञानिक एवं सामाजिक समय की माँग के अनुरूप अच्छे नागरिकों के निर्माण की प्रक्रिया को तीव्र करने के लिए।
6. पुरातात्वविक साक्ष्य से छात्रों को अवगत कराना जिससे वे अपने अतित को सहजता से समझ सकें।

इतिहास कक्ष की आवश्यकता

किसी भी विषय के अध्यापन के लिए एक विशेष कक्ष की आवश्यकता होती है। इतिहास शिक्षण को प्रभावशाली बनाने के लिए अधिकांशतः इतिहास शिक्षक यह अनुभव करने लगे हैं कि विद्यालय में पृथक इतिहास कक्ष होना चाहिए।

1. आधुनिक समय में इतिहास का अध्ययन एक इतिहास की भाँति किया जाने लगा है जिसमें सत्य की खोज और तथ्यों का क्रमबद्ध अध्ययन किया जाता है। सत्य की खोज और क्रमबद्ध अध्ययन हेतु उपयुक्त वातावरण प्रदान करने के लिए इतिहास कक्ष की आवश्यकता है।
2. इतिहास के द्वारा छात्र को इतिहास शिक्षण के लिए उपयुक्त वातावरण प्रदान किया जाता है।
3. इतिहास कक्ष के माध्यम से छात्रों को मनोवैज्ञानिक ढंग से शिक्षा प्रदान की जाती है इसके द्वारा बालकों को स्वयं करके सीखने के अवसर प्राप्त होते हैं।
4. इतिहास कक्ष में समस्त सामग्री एक स्थान उपलब्ध होने के कारण शिक्षण में समय, शक्ति और श्रम की बचत होती है।
5. इतिहास कक्ष में उपलब्ध सामग्रियों के द्वारा नवीन पद्धतियों से शिक्षण प्रदान किया जा सकता है।

6. एक समय था जब पुस्तकीय अध्ययन ही विकास के लिए आवश्यक था। लेकिन समय परिवर्तन के साथ इतिहास शिक्षण में कक्ष की आवश्यकता अनुभव की जा रही है। इतिहास कक्ष आमोद-प्रमोद या मनोरंजन का स्थान नहीं है। इतिहास कक्ष न होने पर सामाजिक एवं राजनैतिक तथा प्राचीन सामग्री को एक स्थान से दूसरे स्थान पर ले जाना पड़ता है जिससे उसके टूटने का डर रहता है। सामाजिक एवं नागरिक सम्बन्धित वातावरण के लिए इतिहास कक्ष की आवश्यकता है। इतिहास एक वैज्ञानिक विषय है। यह सत्य की खोज करता है तथा सत्य तथ्यों को प्रभावशाली ढंग से प्रस्तुत करता है।
7. प्रो. घाटे के शब्दों में "इतिहास कक्ष वस्तुतः इतिहास की एक प्रयोगशाला या कार्यशाला है, जहाँ छात्र प्रतिदिन ज्ञानार्जन तथा अपनी जिज्ञासा को शान्त करने के लिए कार्य करेंगे।"
8. इतिहास–शिक्षण में आजकल विभिन्न नवीन एवं विशेष विधियों एवं प्रविधियों का प्रयोग किया जा रहा है जिसके लिए इतिहास कक्ष आवश्यक है।
9. इतिहास–कक्ष में उपकरणों के बनाने, संग्राहलय के लिए अवशेषों, फिल्मों को देखने, नागरिक-परिषद के कार्यक्रम आयोजित करने, स्त्रोत (Source) एवं सन्दर्भ पुस्तकों का अध्ययन करने, नागरिक प्रसंगों के अभिनय आदि को सम्पन्न करने के लिए अवसर एवं सुविधा उपलब्ध होती है।
10. यदि शिक्षक या छात्र को अतिरिक्त समय में कोई कार्य करना होता है तो वह इस विशेष कक्ष में सरलता से कर सकता है। अपनी शक्ति के अपव्यय तथा समय को बचा सकता है।

इतिहास–संसाधन कक्ष की सामग्री तथा उसकी व्यवस्था

इतिहास-कक्ष का आकार मुख्यरूप से छात्रों की संख्या और उसमें रखी जाने वाली सामग्री पर निर्भर करता है। कक्ष इतना बड़ा हो कि उसमें सरलता से अध्यापन कार्य भी हो सके और आवश्यकता पड़ने पर इतिहास सम्बन्धी व्यावहारिक कार्य भी हो सके। कक्ष बड़े आकार का होना चाहिए। फर्श और कक्ष की ऊँचाई पर्याप्त होनी चाहिए इसके अतिरिक्त इतिहास कक्ष में निम्नलिखित प्रकार का फर्नीचर होना चाहिए–

1. प्रायोगिक कार्य के लिए मेजें

2. बैठने के लिए मेज कुर्सियाँ
3. बुलेटिन बोर्ड
4. मानचित्र लटकाने का स्टेण्ड
5. माडल बनाने की सामग्री एवं उपकरण
6. ड्राईंग बोर्ड
7. मानचित्र स्तम्भ
8. अलमारियाँ
9. शो–केस
10. अभिनय के लिए लकड़ी का प्लेटफार्म
11. रोलर-बोर्ड

भारतीय माध्यमिक विद्यालयों में इतिहास संसाधन कक्ष का स्वरूप

सामान्य रूप से भारतीय माध्यमिक विद्यालयों में प्रायः यह देखने में आता है कि प्रत्येक माध्यमिक विद्यालय में अधिकतर इतिहास के दो अध्यापक होते हैं : एक इतिहास एवं अन्य सामाजिक विषय तथा एक अध्यापक भूगोल विषय को पढ़ाने के लिए होते हैं। ऐसी दशा में सामाजिक इतिहास के विभिन्न विषय की अलग-अलग संसाधन कक्ष बनाने का कोई अर्थ नहीं है। प्रत्येक संसाधन कक्ष किसी अध्यापक की देख-रेख में ही हो सकता है और फिर उसके लिए कुछ सहायकों की आवश्यकता होती है। भारतीय विद्यालयों की परिस्थिति देखते हुए यही कहा जा सकता है कि प्रत्येक विद्यालय में विभिन्न विषयों के संसाधन कक्ष बनाया जाना कठिन एवं उचित नहीं है क्योंकि भारत के अधिकांश विद्यालय आर्थिक तंगी से ग्रस्त रहते हैं। विद्यालयों के पास इतना धन नहीं होता है। ऐसी परिस्थिति में हम यह कर सकते हैं कि प्रत्येक विद्यालय में एक ऐसा संसाधन कक्ष बनाएँ जो सामाजिक इतिहास के सभी विषयों के लिए पर्याप्त हो और जिसमें सामाजिक इतिहास का अध्यापन कार्य भी किया जा सके अर्थात् जिसे कक्षा की भाँति भी प्रयोग किया जा सके।

एक संसाधन कक्ष में एक बार में अधिक से अधिक 30 विद्यार्थी कार्य कर सकते हैं। 30 से अधिक विद्यार्थियों को एक बार में कार्य नहीं करना चाहिए। यदि हमे 30 विद्यार्थियों को काम करने के लिए संसाधन कक्ष बनाना है तो उसके फर्श का क्षेत्रफल 1000 वर्ग फीट होना चाहिए अर्थात् उसकी लम्बाई 45 फीट चौड़ाई 25 फीट होनी चाहिए, तभी विद्यार्थी उसमें स्वच्छता तथा सरलता से काम कर सकते हैं।

इतिहास संसाधन कक्ष

संसाधन कक्ष का विस्तार विद्यार्थियों की संख्या पर निर्भर करता है। आदर्श बात तो यह है कि संसाधन कक्ष में एक बार में 24 विद्यार्थी कार्य करें, तभी अध्यापक उनको व्यक्तिगत सहायता दे सकता है और विद्यार्थी सुविधा से कार्य कर सकते हैं। परन्तु हमारे भारतीय विद्यालयों में एक-एक कक्षा में 50-50 विद्यार्थी तक पढ़ते हैं। ऐसी परिस्थिति में हमें चाहिए कि हम संसाधन कक्ष में कार्य के लिए विद्यार्थियों को दो अथवा तीन वर्गों में विभाजित कर दें। केवल एक वर्ग को जिसमें 24 विद्यार्थी हों, एक बार में संसाधन कक्ष में कार्य करने हेतु भेजना चाहिए।

इतिहास संसाधन कक्ष

इतिहास कक्ष का आकार छात्रों की संख्या तथा स्थान की उपलब्धता पर निर्भर करता है। वास्तव में यह कक्ष प्रयोगशाला की भाँति बड़े आकार का होना चाहिए जिसमें सारे उपकरण व्यवस्थित ढंग से रखे हों और आवश्यकता पड़ने पर छात्र उसका अवलोकन कर सकें तथा उपयोग कर सकें। कक्ष में प्रायोगिक कार्य के लिए बड़ी-बड़ी मेजें व बैठने के लिए कुर्सियाँ होनी चाहिएँ। इतिहास के उपकरणों को रखने के लिए अलमारियाँ एवं शो-केस होने चाहिएँ। इतिहास कक्ष में एक बड़े आकार का श्यामपट होना चाहिए जिस पर शिक्षक छात्रों को एक साथ समझा सके।

इतिहास कक्ष में प्रमुख रूप से निम्न उपकरण या संसाधन होते हैं, जिनका उपयोग शिक्षक व छात्र आवश्यकतानुसार करते हैं।

1. मानचित्र—इतिहास कक्ष में भारत तथा विश्व का राजनीतिक मानचित्र व्यस्थित ढंग से टंगे होने चाहिए। इन राजनीतिक मानचित्रों के माध्यम से छात्रों को विश्व के राष्ट्रों तथा भारत के राज्यों के पुनर्गठन से परिचित कराया जा सकता है।

2. चित्र—इतिहास कक्ष के संसाधनों में चित्रों का स्थान भी महत्त्वपूर्ण है। इनमें प्रमुख रूप से राष्ट्रीय आन्दोलनों के नेताओं, स्वतन्त्र भारत के प्रधानमन्त्री व राष्ट्रपति आदि के चित्र को दीवारों पर कालक्रमानुसार व्यवस्थित ढंग से टाँगना चाहिए।

3. चार्ट एवं रेखाचित्र—इतिहास शिक्षण में सहायक सामग्री के रूप में संगठनात्मक चार्टों व रेखाचित्रों का महत्त्वपूर्ण स्थान है। इन चार्टों व रेखाचित्रों के माध्यम से विभिन्न परिषदों, सभाओं व संगठनों के संगठन व कार्यों का शिक्षण सरल व बोध ढंग से किया जा सकता है।

4. माडल—इतिहास कक्ष में आदर्श ग्राम, आदर्श विद्यालय, आदर्श पंचायत घर आदि के माडल होने चाहिएँ। इन माडलों के माध्यम से छात्रों को सजीव ढंग से आदर्श ग्राम विद्यालय आदि के बारे में ज्ञान प्रदान किया जा सकता है। छात्र माडल को देखकर बहुत सरलतापूर्वक आदर्श ग्राम या आदर्श विद्यालय के बारे में पूरी जानकारी प्राप्त कर सकते हैं।

5. चलचित्र—इतिहास कक्ष में इतिहास के संसाधन के रूप में शैक्षिक चलचित्रों को व्यवस्थित ढंग से रखना चाहिए। जिस शो-केस की आलमारी में शैक्षिक चलचित्र रखे हों उसके ऊपर इन चलचित्रों की एक सूची चस्पा कर देनी चाहिए। जिससे सभी छात्रों को जानकारी रहे कि इतिहास कक्ष में कौन-कौन से चलचित्र उपलब्ध हैं और उनकी उपयोगिता किस पाठ्यवस्तु के अध्ययन में होगी। चलचित्रों को दिखाने के लिए प्रोजक्टर और पर्दे की व्यवस्था पहले से होनी चाहिए यह कक्ष में उपयुक्त स्थान में लगा होना चाहिए जिससे सभी छात्र आसानी से देख सकें।

6. रेडियो एवं टेलीविजन—इतिहास कक्ष में संसाधन के रूप में रेडियो तथा टेलीविजन का भी स्थान है। रेडियो और टेलीविजन कक्ष में ऐसे स्थान पर रखना चाहिए जिससे सभी छात्र उसे देख व सुन सकें। वर्तमान युग में टेलीविजन के द्वारा लोकसभा और राज्यसभा की कार्यवाही जैसे प्रकरण को बड़ी सरलतापूर्वक छात्रों को समझाया जा सकता है। अनेक नागरिक समस्याओं पर विभिन्न राजनीतिक दलों की परिचर्चाओं को भी दूरदर्शन में दिखाया जाता है। रेडियो के माध्यम से भी विभिन्न प्रकार के राजनीतिक विचार नागरिक समस्याओं के समाधान आदि का प्रसारण किया जाता है।

7. एपिडायस्कोप—आधुनिक युग में इतिहास शिक्षण में एपिडायस्कोप को एक महत्त्वपूर्ण संसाधन के रूप में प्रयोग में लाया जाता है। एपिडायस्कोप के माध्यम से शिक्षक बड़ी सरलतापूर्वक बिन्दुओं, रेखाचित्रों को श्यामपटट् या दीवार पर दिखा सकता है।

8. सन्दर्भ पुस्तकें—इतिहास कक्ष में अलमारियों में व्यस्थित ढंग से सन्दर्भ पुस्तकों को रखना चाहिए। इन पुस्तकों की सूची अलग से उपलब्ध होनी चाहिए जिससे छात्र आवश्यकतानुसार सन्दर्भ पुस्तकों का अध्ययन कर सकें।

संसाधनों का उपयोग एवं महत्त्व

केवल शिक्षण उपकरणों को उपलब्ध कर एवं उनको व्यवस्थित कर देने मात्र से ही लाभ नहीं होता। वस्तुतः इसका सदुपयोग करना ही महत्त्वपूर्ण है। इतिहास संसाधन सामग्री का सदुपयोग करना एक व्यवस्थित आधार पर निर्भर करता है।

1. योजना—इतिहास संसाधन कक्ष में व्यवस्थित रूप से संग्रहीत की गई सामग्री को विभिन्न अवसरों पर प्रयुक्त करने हेतु एक पूर्व निश्चित योजन बना लेनी चाहिए। प्रत्येक पाठ के पूर्व वांछनीय सामग्री एकत्र कर समय पर उसका उपयोग करने से शिक्षण प्रभावशाली बन सकता है।

2. उपयोग—योजना के अनुरूप वांछित उपकरणों का सही प्रयोग करना योजना का क्रियान्वयन पक्ष है जिस पर विशेष ध्यान दिया जाना चाहिए। उद्देश्य के अनुसार मानचित्र, समय रेखा चार्ट, चित्र मॉडल, स्त्रोत आदि उपकरणों का छात्रों द्वारा अध्ययन कर उन पर आधारित प्रश्नोत्तरों के माध्यम से तथ्यों को विकसित किया जाना चाहिए।

सुझाव

इतिहास शिक्षण को प्रभावी बनाने के लिए विद्यालय में संसाधन कक्ष की आवश्यकता है। इतिहास का उपयुक्त वातावरण बनाने, अतीत के सजीव एवं यथार्थ रूप में प्रस्तुतीकरण में सहायक उपकरणों को सरलता तथा सुगमता से प्रस्तुत करने में इतिहास संसाधन कक्ष का विशेष स्थान है। इतिहास संसाधन कक्ष का आकार एवं साज-सज्जा आवश्यक उपकरणों के प्रदर्शन एवं प्रवृत्तियों के संचालन के अनुरूप होने चाहिएँ।

इतिहास कक्ष के उपरोक्त संसाधनों को एकत्र करने में अत्यधिक समय, श्रत व धन व्यय होता है। अतः इतिहास शिक्षक को चाहिए कि इतिहास कक्ष में सभी संधाधनों की देखभाल व सुरक्षा भली-भाँति रखे। साथ ही उन संसाधनों का उपयोग इस प्रकार से किया जाए जिससे उन्हें नुकसान न पहुँचे।

7

इतिहास शिक्षण में प्रयुक्त अनुदेशन आव्यूह एवं शिक्षण-प्रतिमान

इतिहास के शिक्षण में शिक्षण विधि, शिक्षण आव्यूह तथा शिक्षण प्रतिमानों का उपयोग किया जाता है। शिक्षण आव्यूह में व्यक्तिगत भिन्नता को प्राथमिकता दी जाती है और ये छात्र केन्द्रित प्रतिमा के तहत शिक्षण के लक्ष्य को प्रधानता दी जाती है और उसी लक्ष्य की प्राप्ति के लिए शिक्षण का प्रारूप और सामाजिक प्रणाली को विकसित करते हैं। इस प्रकार इस अध्याय में अग्रलिखित दो प्रकरणों का वर्णन किया गया है।

(1) अभिक्रमित अनुदेशन—एक अनुदेशन आव्यूह।

(2) शिक्षण के प्रतिमान—सामाजिक इतिहास में उपयोगी।

अभिक्रमित अनुदेशन

अभिक्रमित अनुदेशन का विकास बी.एफ. स्किनर ने (1954) में हारवर्ड विश्वविद्यालय के मनोइतिहास की प्रयोगशाला में किया था। इनका शोध पत्र **'अधिगम का इतिहास और शिक्षण कला'** (Science of Learning and Art of Teaching, 1954) में प्रकाशित हुआ था। इसका विकास एक अधिगम की प्रविधि के रूप में हुआ है। यह सक्रिय अनुबद्ध अधिगम सिद्धान्तों पर आधारित

है। यह स्किनर के शिक्षण प्रतिमान का एक व्यावहारिक रूप है। इसको कइ नामों से सम्बोधित किया जाता है। व्यक्तिगत-अनुदेशन (Individualized Instruction) तथा अभिक्रमित अनुदेशन (Programmed Instruction) आदि। **सुसन मारकल** ने अभिक्रमित अनुदेशन की परिभाषा इस प्रकार की है।

सुसन मारकल—'अभिक्रमित अधिगम' व्यक्तिगत-अनुदेशन की विधि है जिसमें छात्र सक्रिय रहकर अपनी गति से सीखता है और उसे तत्काल ज्ञान मिलता है और शिक्षण की जरूरत पूरी होती है।

अभिक्रमित अनुदेशन के आधारभूत सिद्धान्त

यह प्रत्यय कुछ मूलभूत अधिनियमों पर आधारित है जिनका प्रतिपाद मनोइतिहास के प्रयोग के आधार पर किया गया है। यह सक्रिय अनुबद्ध अनुक्रिया सिद्धान्त पर आधारित है। जिसके अधोलिखित पाँच अधिनियम हैं—

(1) छोटे पदों का अधिनियम—इसमें पाठ्य-वस्तु को छोटे-छोटे पदों में क्रमबद्ध रूप में प्रस्तुत किया जाता है। जिससे छात्र अधिक सीखते हैं।

(2) तत्परता अनुक्रिया का अधिनियम—छोटे पदों में रिक्त स्थान छोड़ दिए जाते हैं उनको पूरा करने के लिए छात्रों को तत्पर होकर अनुक्रिया करनी होती है।

(3) तत्कालीन जाँच का अधिनियम—छात्रों की अनुक्रियाओं के साथ-साथ छात्रों को पुष्टि करनी होती है जिससे पुर्नबलन मिलता है। इसमें निरन्तर पुनर्बलन दिया जाता है।

(4) स्वतः अध्ययन गति का अधिनियम—प्रत्येक छात्र अपने अध्ययन गति एवं योग्यताओं के अनुसार पदों को पढ़ता है और सीखता है।

(5) छात्र आलेख का सिद्धान्त—छात्र अध्ययन करते समय अपने सीखने का आलेख तैयार करता है। अनुक्रियाओं से छात्र के अध्ययन की परीक्षा भी होती है।

शृंखला अभिक्रमित्त अनुदेशन की अवधारणाएँ

इसकी अवधारणाएँ अधोलिखित हैं—

1. छात्र अध्ययन के समय अनुक्रिया करने से अधिक सीखता है।
2. अध्ययन की त्रुटि सीखने में बाधक होती है।
3. पाठ्य-वस्तु को छोटे पदों को क्रमबद्ध रूप में रखने से अधिगम अधिक होता है।
4. अध्ययन के समय निरन्तर पुनर्बलन देने से अधिगम प्रभावशाली होता है।

5. छात्रों को उनकी योग्यताओं के अनुसार अवसर देने पर अधिगम प्रभावशाली होता है।

अभिक्रमित अनुदेशन पृष्ठपोषण प्रविधि के रूप में

अभिक्रमित अनुदेशन का विकास मौलिक रूप में छात्रों के अधिगम में वृद्धि करने, उसे प्रभावशाली बनाने तथा व्यक्तिगत भिन्नताओं को सुविधा प्रदान करने हेतु किया गया है। लेकिन शिक्षक-व्यवहार के सुधार हेतु एक पृष्ठपोषण के रूप में इसका प्रयोग किया जा सकता है।

अनुदेशन के अभ्यास से शिक्षण की पाठ्य-वस्तु के वास्तविक रूप में बोध होता है तथा अधिगम-उद्देश्यों की प्राप्ति के लिए व्यवस्था क्रम की जानकारी होती है। यह जानकारी छात्राध्यापकों के लिए पृष्ठपोषण का कार्य करती है और पाठ्य-वस्तु के प्रस्तुतीकरण में विकास एवं सुधार करती है।

इस विवरण से यह प्रमाणित किया जा चुका है कि छात्राध्यापकों को पाठ-योजना तैयार करके जिस पाठ्य-वस्तु को पढ़ाने के बाद उनसे उसी पाठ्य-वस्तु पर अभिक्रमित अनुदेशन की रचना कराई जाए और उसके अनुसार दूसरी कक्षा में उसी पाठ्य-वस्तु को पुनः पढ़वाया जाए तो उसकी दोनों कक्षाओं के शिक्षण में महत्वपूर्ण अन्तर पाया जाता है।

अभिक्रमित अनुदेशन से छात्राध्यापकों में अधोलिखित क्षमताओं का विकास किया जाता है। इसे उपचारी शिक्षण में प्रयुक्त करते हैं–

(1) पाठ्य-वस्तु का तत्वों में विश्लेषण करना और सीखने के क्रम में व्यवस्था करने की क्षमताओं का विकास किया जा सकता है।

(2) पाठ्य-वस्तु को छोटे-छोटे क्रमबद्ध पदों के रूप में प्रस्तुत करने से क्षमताओं का विकास किया जा सकता है।

(3) प्रस्तुतीकरण से छात्रों की अनुक्रियाओं को अवसर देना तथा उनके सही उत्तर को पुनर्बलन प्रदान करने की क्षमताओं का विकास किया जा सकता है।

(4) अधिगम उद्देश्यों की प्राप्ति के लिए समुचित व्यक्तियों का चयन करके प्रयुक्त करने की योजनाओं का विकास किया जा सकता है।

(5) छात्रों को प्रस्तुतीकरण में तत्पर रखने के लिए समुचित प्रविधियों को प्रयुक्त करने का विकास किया जा सकता है।

(6) शिक्षण में व्यक्तिगत भिन्नताओं को ध्यान में रखकर छात्रों को अवसर प्रदान करने की क्षमताओं का विकास किया जा सकता है।

(7) अभिक्रमति अनुदेशन की रचना के अभ्यास से छात्राध्यापकों में उद्देश्यों को व्यापारिक रूप से लिखने तथा उनके लिए समुचित अधिगम परिस्थितियाँ उत्पन्न करने की योग्यता को विकसित किया जा सकता है।

शिक्षण प्रतिमान

शिक्षण शिक्षाशास्त्र की मुख्य क्रिया है, इसी के सम्बन्ध में सम्पूर्ण जानकारी शिक्षाशास्त्र में दी जाती है। शिक्षण की प्रकृति को समझने के लिए शिक्षण-सिद्धान्त का प्रतिपादन नहीं हो सका है क्योंकि शिक्षण की प्रकृति दार्शनिक, सामाजिक तथा मनोवैज्ञानिक है इसलिए शिक्षण-सिद्धान्त तीन प्रकार के हो सकते हैं–

1. दार्शनिक शिक्षण-सिद्धान्त
2. सामाजिक शिक्षण-सिद्धान्त
3. मनोवैज्ञानिक शिक्षण-सिद्धान्त

दार्शनिक तथा सामाजिक शिक्षण-सिद्धान्त का प्रतिपादन तार्किक ढंग से किया गया है लेकिन अन्य ढंग अर्थात् मनोवैज्ञानिक शिक्षण-सिद्धान्तों का प्रतिपादन नहीं हो सका है। इसके लिए परिकल्पनाओं का प्रतिपादन किया जाता है, प्रदत्तों के आधार पर उनकी पुष्टि की जाती है तब सिद्धान्त का प्रतिपादन होता है। परिकल्पना पूर्व सिद्धान्तों पर आधारित होती है। शिक्षण-सिद्धान्त के लिए परिकल्पना अधिगम सिद्धान्तों पर होगी। इसलिए कहा जाता है कि शिक्षण अधिगम पर आधारित होती है। शिक्षण तथा अधिगम का घनिष्ठ सम्बन्ध होता है।

शिक्षण-सिद्धान्तों के प्रतिपादन का प्रयास किया जा रहा है उसके लिए परिकल्पनाओं का प्रतिपादन किया गया है। इन परिकल्पनाओं की पुष्टि हेतु प्रयोग किए जा रहे हैं। जिस परिकल्पना की भी पुष्टि शिक्षण से की जाती है उसे 'शिक्षण प्रतिमान' की संज्ञा दी गई है। परिकल्पना में शिक्षण के लक्ष्य को महत्व दिया जाता है उसी लक्ष्य की प्राप्ति के लिए शिक्षण के जिस स्वरूप की संरचना की जाती है तो उसे शिक्षण प्रतिमान कहते हैं। यदि उस प्रतिमान के लक्ष्य की प्राप्ति हो जाती है तब वही प्रतिमान शिक्षण प्रतिमान कहलाएगा। उदाहरण के लिए बी.एफ. स्किनर ने अनुबन्ध-अधिगम सिद्धान्त का प्रतिपादन किया। स्किनर ने व्यवहार परिवर्तन के लिए अपने अधिगम सिद्धान्त पर आधारित शिक्षण-प्रतिमान का प्रतिपादन किया जिसे श्रृंखला अभिक्रमित अधिगम कहते हैं। जिस पर विभिन्न विषयों में तथा विभिन्न कक्षाओं में इसका प्रयोग किया जा रहा है। प्रयोग से यह पुष्टि हो जाती है कि इससे छात्रों में अपेक्षित परिवर्तन किया जाता है तब सक्रिय अनुबन्ध शिक्षण-सिद्धान्त का प्रतिपादन हो जाएगा। इस अध्याय में इन्हीं शिक्षण-प्रतिमानों का वर्णन किया गया है।

शिक्षण-प्रतिमान का प्रत्यय

शिक्षण आव्यूह का प्रमुख कार्य शैक्षिक वातावरण उत्पन्न करता है जिससे शिक्षक छात्रों में अपेक्षित व्यवहार परिवर्तन लाने में समर्थ होते हैं। इस प्रकार शिक्षण आव्यूह एक शिक्षण प्रतिमान अथवा शिक्षण प्रारूप प्रदान करता है, जिस पर शिक्षक पाठ्यक्रम की क्रियाओं को सम्पादित करता है। इस प्रत्यय ने शिक्षा मनोइतिहास का लक्ष्य बदल दिया गया है। शिक्षा मनोइतिहास में अधिगम को केन्द्र बिन्दु माना जाता है। लेकिन अब शिक्षा मनोइतिहास का केन्द्र बिन्दु शिक्षण माना जाने लगा है। अधिगम सिद्धान्त कक्षा शिक्षण की समस्याओं तथा शैक्षिक वातावरण की समस्याओं के समाधान में असफलत रहे हैं। अतः शिक्षण सिद्धान्तों के आधार पर अधिक बल दिया जा रहा है लेकिन अभी तक किसी भी शिक्षण-सिद्धान्त का प्रतिपादन नहीं हो सका है। इस दिशा में शिक्षा शास्त्री तथा मनोवैज्ञानिक प्रयत्नशील हैं। शिक्षण प्रतिमान तथा शिक्षण प्रारूप को शिक्षण सिद्धान्तों का आदि रूप माना जाता है।

सिद्धान्तों का प्रतिपादन, पूर्व सिद्धान्तों के आधार पर किया जाता है। शिक्षण और अधिगम का घनिष्ठ सम्बन्ध होता है। जहाँ शिक्षण होता है वहाँ अधिगम होना आवश्यक है। लेकिन सीखने के लिए शिक्षण आवश्यक नहीं है। बिना शिक्षण के भी अधिगम होता है। **क्रानबेक** का कथन है कि शिक्षण-सिद्धान्त का प्रतिपादन अधिगम सिद्धान्तों की सहायता से किया जा सकता है। इस प्रकार शिक्षण सिद्धान्तों का आधार अधिगम के सिद्धान्त शिक्षण माने जाते हैं। इसके अतिरिक्त **गेने** तथा **क्रानबेक** के विचारों से सहमत है कि शिक्षण के सिद्धान्तों को अधिगम के सिद्धान्तों को अधिगम सिद्धान्तों पर आधारित किया जा सकता है, क्योंकि अधिगम शिक्षण पर आधारित है।

क्षिक्षण-प्रारूप को शिक्षण प्रतिमान कहते हैं तथा शिक्षण-सिद्धान्त के लिए यह परिकल्पना का कार्य करते हैं। प्रतिमान शिक्षण-सिद्धान्त की पूर्व अवस्था है।

शिक्षण प्रतिमानों का विकास आदिकाल से हुआ है। शिक्षण प्रतिमानों को शिक्षा-दर्शन, शासन प्रणाली, समाजिक मूल्यों तथा शिक्षा मनोइतिहास ने प्रभावित किया है। शिक्षा प्रणाली के उद्देश्यों तथा मूल्यों को शिक्षा दर्शन ही निर्धारित करता है। किसी भी देश के तत्कालीन राजनैतिक सिद्धान्त भी शिक्षा प्रणाली के लक्ष्यों के निर्धारण में महत्वपूर्ण कार्य करते हैं। शिक्षा दर्शन, राजनैतिक सिद्धान्त तथा सामाजिक मूल्यों का सम्बन्ध शिक्षा के उद्देश्यों से होता है। शिक्षा के उद्देश्यों की प्राप्ति के लिए समुचित साधनों का निर्धारण शिक्षा मनोइतिहास ही करती है। इस प्रकार शिक्षण प्रतिमानों का शिक्षा मनोइतिहास से घनिष्ठ सम्बन्ध होता है।

शिक्षण प्रतिमानों का विकास अधिगम के सिद्धान्तों के आधार पर किया गया है। शिक्षण-सिद्धान्त के तहत चरों के कार्यों, आपसी सम्बन्धों तथा अन्तःप्रक्रिया की क्रमबद्ध रूप से व्याख्या की जाती है जबकि प्रतिमान के चरों के लिए अधिगम के सिद्धान्तों के सादृश अनुभव से उनकी उपयोगिता के सम्बन्ध में निर्णय लिया जाता है। एक उदाहरण से इसको स्पष्ट किया जा सकता है। अभिक्रमित-अनुदेशन शिक्षण के प्रतिमान के प्रयोग का रूप है जिसे स्किनर का प्रतिमान कहते हैं, यह उनके अधिगम के सिद्धान्त पर आधारित है। उसकी उपयोगिता के सम्बन्ध में प्रयोगों द्वारा निर्णय लेने का प्रयास किया जा रहा है। सम्भव है कि इन प्रयोगों के आधार पर शिक्षण के सिद्धान्त का प्रतिपादन किया जा सके।

शिक्षण प्रतिमान का अर्थ

बी.आर. जुआइस ने इस शिक्षण प्रतिमान की परिभाषा इस प्रकार की है—"शिक्षण प्रतिमान अनुदेशन की रूपरेखा (Instruction Designs) माने जाते हैं। इसके तहत विशेष उद्देश्य प्राप्ति के लिए विशिष्ट परिस्थिति का उल्लेख किया जाता है। जिसमें छात्र व शिक्षक की अन्तःप्रक्रिया इस प्रकार की हो कि उनके व्यवहार में अपेक्षित परिवर्तन लाया जा सके।"

शिक्षण प्रतिमान तथा शिक्षण आव्यूह (Teaching Strategies) दोनों एक ही कार्य करते हैं। दोनों ही शिक्षण उद्देश्यों की प्राप्ति के लिए विशिष्ट शैक्षिक वातावरण उत्पन्न करते हैं, लेकिन कोई भी शिक्षण आव्यूह मूल्यांकन प्रणाली (Support System) को विकसित नहीं करती है। शिक्षण के लिए परीक्षण आवश्यक क्रिया मानी जाती है, बिना परीक्षण के शिक्षण प्रक्रिया अधूरी रहती है। शिक्षण प्रतिमान की मूल्यांकन प्रणाली महत्वपूर्ण होती है। इस प्रकार शिक्षण प्रतिमान परीक्षण को भी समान महत्व देते हैं और सहायक प्रणाली (Support System) को विकसित भी करते हैं। शिक्षण प्रतिमान, शिक्षण आव्यूह की अपेक्षा अधिक व्यापक होते हैं।

शिक्षण प्रतिमान में शिक्षण की विशिष्ट रूपरेखा का विवरण होता है जिसके सिद्धान्तों की पुष्टि प्रयोगों के निष्कर्ष पर आधारित होती है। प्रतिमान का प्रारूप मुख्यतः छः प्रकार की क्रियाओं को सम्मिलित करता है। ये क्रियाएँ अधोलिखित हैं—

(1) सीखने की निष्पत्तियों को व्यावहारिक रूप देना।

(2) समुचित उद्दीपन की परिस्थितियों का चयन करना जिससे छात्र अपेक्षित अनुक्रिया कर सकें।

(3) उन परिस्थितियों का विशिष्टीकरण करना जिनमें छात्रों की अनुक्रियाओं को देख सकें।

(4) छात्रों की निष्पत्ति के लिए मानदंड-व्यवहारों को निर्धारित करना।

(5) छात्र तथा वातावरण के मध्य अन्तःप्रक्रिया की परिस्थितियों के लिए युक्तियों का विशिष्टकरण करना।

(6) छात्रों में अपेक्षित व्यवहार-परिवर्तन होने पर परिस्थितियों तथा युक्तियों में सुधार तथा परिवर्तन करना।

शिक्षण प्रतिमान की स्वयं सिद्ध कल्पना (Postulate) यह है कि सीखने की निष्पत्तियों को निश्चित रूप में वर्गीकृत किया जा सकता है। प्रत्येक उद्देश्य की प्राप्ति विशिष्ट परिस्थितियों के उत्पन्न करने से की जा सकती है।

इस प्रकार के शिक्षण प्रतिमान शिक्षण के लिए अधिक उपयोगी हो सकते हैं। शिक्षक इनका उपयोग पाठ्यक्रम की योजना में, छात्र व अध्यापक को अन्तःप्रक्रिया की निर्देशन की रूपरेखा बनाने में तथा विशिष्ट सहायक सामग्री की रचना करने में भली प्रकार प्रयोग कर सकता है।

शिक्षण प्रतिमान के आधारभूत तत्व

एक प्रतिमान के साधारणतः चार तत्व होते हैं। प्रतिमान की रूपरेखा में चारों तत्वों की व्याख्या एक साथ की जा सकती है। यह चारों तत्व इस प्रकार हैं–

(1) उद्देश्य (Focus)

(2) संरचना (Syntax)

(3) सामाजिक प्रणाली (Social System) तथा

(4) मूल्यांकन (Evaluation)

(1) उद्देश्य–उद्देश्य से तात्पर्य उस बिन्दु से है जिसके लिए प्रतिमान विकसित किया जाता है। शिक्षण के लक्ष्य तथा उद्देश्य ही शिक्षण प्रतिमान के उद्देश्य को निर्धारित करते हैं। शिक्षण प्रतिमान का उद्देश्य ही केन्द्र बिन्दु माना जाता है।

(2) संरचना–शिक्षण प्रतिमान की संरचना में शिक्षण सोपान की व्याख्या की जाती है। इसके तहत शिक्षण क्रियाओं तथा युक्तियों की व्यवस्था का क्रम निर्धारित किया जाता है। शिक्षण की क्रियाओं की व्यवस्था इस प्रकार की जाती है जिससे सीखने की ऐसी परिस्थितयाँ उत्पन्न की जा सकें, जिनसे उद्देश्यों की प्राप्ति की जा सके। छात्रों तथा शिक्षक की अन्तःप्रक्रिया के प्रारूप को क्रमबद्ध रूप में व्यवस्थित किया जाता है।

(3) सामाजिक प्रणाली—शिक्षण एक सामाजिक प्रक्रिया है, इसलिए छात्र और शिक्षक की क्रियाओं और उनके आपसी सम्बन्धों का निर्धारण इस सोपान में किया जाता है। छात्रों को अभिप्रेरणा देने की प्रविधियों पर भी विचार किया जाता है। शिक्षण को प्रभावशाली बनाने में सामाजिक प्रणाली का विशेष महत्व होता है। छात्रों के व्यवहार का नियन्त्रण तथा उनमें अपेक्षित व्यवहार परिवर्तन लाना सामाजिक प्रणाली पर भी निर्धारित होता है। शिक्षण के प्रत्येक प्रतिमान की अपनी विशिष्ट सामाजिक प्रणाली होती है। सामाजिक प्रणाली का प्रारूप प्रतिमान के लक्ष्य पर निर्भर होता है।

(4) सहायक प्रणाली—शिक्षण के प्रतिमान का यह अन्तिम सोपान अधिक महत्वपूर्ण माना जाता है। इसमें शिक्षण की सफलता के सम्बन्ध में निर्णय लिया जाता है कि उद्देश्यों की प्राप्ति हो सकी है अथवा नहीं। इसके आधार पर प्रयुक्त की गई शिक्षण आव्यूह तथा युक्तियों की प्रभावशीलता का पता चलता है और उनमें सुधार एवं परिवर्तन लाया जा सकता है। प्रत्येक प्रतिमान का उद्देश्य भिन्न होता है। इसलिए मूल्यांकन विधि भीँ भिन्न होती है।

शिक्षण प्रतिमानों की अवधारणाएँ

शिक्षण प्रतिमानों की अग्रलिखित धारणाएँ हैं—

(1) शिक्षण एक वातावरण उत्पन्न करने का साधन है जो स्वतन्त्र अवयवों को सम्मिलित करता है।

(2) पाठ्य-वस्तु तथा कौशल अनुदेशन का कार्य करती है जिसके द्वारा छात्रों तथा शिक्षक के मध्य अन्तःप्रक्रिया होती है। शारीरिक तथा सामाजिक क्षमताओं के विकास का अवसर मिलता है।

(3) शिक्षण के तत्वों की व्यवस्था विभिन्न प्रकार से की जा सकती है जिससे विभिन्न उद्देश्यों की प्राप्ति की जाती है।

(4) शिक्षण प्रतिमान वास्तव में वातावरण उत्पन्न करने के प्रतिमान हैं जो सीखने के अनुभवों के लिए वास्तविक तथा व्यावहारिक रूपरेखा प्रदान करते हैं।

शिक्षण प्रतिमान के प्रकार

शिक्षण प्रतिमानों का विभाजन विभिन्न प्रकार से किया गया है। **इजरायल सेफलर** ने तीन दार्शनिक शिक्षण प्रतिमानों का वर्णन किया है। **जॉन पी. डिकेको** ने चार मनोवैज्ञानिक शिक्षण प्रतिमान का विवेचन किया है। उन्होंने ग्लेसर के शिक्षण प्रतिमान को एक बुनियादी शिक्षण प्रतिमान (A Basic Modern Teaching) माना है। **ई.ई. हेडन** ने चार प्रतिमानों का उल्लेख किया है जो अध्यापक शिक्षा की समस्याओं का समाधान करने में सहायक होते हैं। **जॉन पी. डिकेको** ने तीन ऐतिहासिक प्रतिमानों का भी विवेचन किया है। **ब्रूस आर. जुआइस** ने समस्त शिक्षण प्रतिमानों को चार समूहों में विभाजित किया है जिन्हें आधुनिक शिक्षण प्रतिमान (Modern Teaching Models) कहा जाता है। इन सभी प्रतिमानों का विभाजन चार प्रकार से किया जाता है–

आधुनिक शिक्षण प्रतिमान

(अ) सामाजिक अन्तःप्रक्रिया स्रोत (Social Interaction Source)

1. सामाजिक अन्वेषण प्रतिमान (Group Investigation Model)
2. जूरिस प्रतिभा प्रतिमान (Juris Potential Model)
3. सामाजिक पृच्छा प्रतिमान (Social Inquiry Model)
4. प्रयोगशाला प्रतिमान (Laboratory Model)

(ब) सूचना प्रक्रिया स्रोत (Information Process Source)

5. निष्पत्ति प्रत्यय प्रतिमान (Concept Attainment Model)
6. आगमन प्रतिमान (Inductive Model)
7. पृच्छा प्रशिक्षण प्रतिमान (Inquiry-Training Model)
8. जैविक इतिहास पृच्छा प्रतिमान (Biological Science Inquiry)
9. अग्रिम व्यवस्थापक प्रतिमान (Advance Organizer Model)
10. विकासात्मक प्रतिमान (Developmental Model)

(स) व्यक्तिगत स्रोत (Personal Source)

11. दिशाहीन शिक्षण प्रतिमान (Non-directive Teaching Model)
12. कक्षा-सभा प्रतिमान (Classroom Meeting Teaching Model)
13. सर्जनात्मक शिक्षण प्रतिमान (Synecties Teaching Model)
14. अभिज्ञान प्रशिक्षण प्रतिमान (Awareness Training)

(द) व्यवहार परिवर्तन स्रोत (Behaviour Modification Source)

15. सक्रिय अनुकूलन प्रतिमान (Operant Conditioning Model of Teaching)

आधुनिक शिक्षण प्रतिमान

बी.आर. जुआइस (Bruce R. Joyce) ने सभी शिक्षण प्रतिमानों की समीक्षा करके उन्हें चार परिवारों में विभाजित किया है। इन्होंने प्रतिमानों के वर्गीकरण के

लक्ष्य (Goals) को आधार माना है एक वर्ग में सामाजिक अन्तःप्रक्रिया, एक-दूसरे वर्ग में सूचना-प्रक्रिया, तीसरे वर्ग में व्यक्तिगत विकास तथा चौथे वर्ग में व्यवहार-परिवर्तन के विकास को महत्व दिया है। इन चारों वर्गों के शिक्षण प्रतिमानों का विवेचन विस्तार में यहाँ किया गया है। इन्होंने 'मॉडल ऑफ टीचिंग' पुस्तक लिखी है।

सामाजिक अन्तःप्रक्रिया प्रतिमान

इस प्रकार के शिक्षण प्रतिमानों में व्यक्ति की सामाजिक क्षमताओं के विकास पर अधिक बल दिया जाता है क्योंकि मानव स्वभाव से सामाजिक सम्बन्धों को अधिक महत्व देता है। इन प्रतिमानों का प्रयोग प्रजातन्त्र प्रणाली में प्रभावशाली ढंग से किया जाता है।

इसके वर्गीकरण में चार प्रतिमानों को सम्मिलित किया गया है जिनका वर्णन यहाँ पर किया गया है।

सामूहिक अन्वेषण प्रतिमान

इसकी सामाजिक रचना **जॉन डी.वी. किलपैट्रिक** ने की है और इसमें सामाजीकरण को प्रधानता दी गई है।

(1) **उद्देश्य**—इस प्रतिमान का प्रमुख उद्देश्य सामाजिक क्षमताओं का विकास करना है जिससे प्रजातान्त्रिक जीवन में छात्र समायोजन कर सकें।

(2) **संरचना**—छात्र के समक्ष समस्या प्रस्तुत की जाती है। समस्या शाब्दिक रूप में नहीं अपितु वास्तविक रूप में प्रस्तुत की जाती है जिससे छात्र को अनुभव प्रदान किए जा सकें। छात्र को शिक्षक द्वारा समस्या दी जाती है। समस्या के प्रतिपादन के बाद वे उसके समाधान के लिए प्रयास करते हैं। वे स्वयं क्रियाओं की व्यवस्था करते हैं। अन्त में, समूह समस्या के समाधान का मूल्यांकन करता है कि उद्देश्य की प्राप्ति हो सकी है अथवा नहीं इस प्रकार यह चक्र चलता रहता है।

(3) **सामाजिक प्रणाली**—सामाजिक व्यवस्था प्रजातान्त्रिक होती है। शिक्षक छात्र दोनों ही क्रियाशील रहते हैं। छात्र को सीखने के लिए पूर्ण स्वतन्त्रता दी जाती है। शिक्षक छात्रों को समस्या के समाधान के लिए अभिप्रेरणा देता है। शिक्षक तथा छात्र का स्तर समान होता है लेकिन उनके कार्य पृथक्-पृथक् होते हैं। शिक्षक निर्देशक तथा परामर्शदाता का कार्य करता है। शिक्षक को छात्रों की क्रियाओं के सम्बन्ध में सतर्क रहना पड़ता है।

(4) **सहायक प्रणाली**—मूल्यांकन में उद्देश्यों तथा छात्रों की जरूरत को ध्यान में रखा जाता है। वास्तव में छात्रों की समस्या के समाधान की सार्थकता, प्रतिमान की

सफलता का प्रमुख मापदंड होता है। छात्रों को समस्याओं के सम्बन्ध में कितनी सूचनाएँ ज्ञात हैं इसके आधार पर भी मूल्यांकन किया जाता है।

(5) उपयोग—इस प्रतिमान को सामाजिक अन्तःप्रक्रिया तथा सामाजिक सीखने की प्रक्रिया के लिए प्रयुक्त किया जाता है। विषयों के समस्या समाधान के लिए भी इसका प्रयोग किया जा सकता है।

ज्यूरिस प्रोडेन्सियल प्रतिमान

इस प्रतिमान के प्रवर्तक आलीवर तथा शेवर है। इसका प्रयोग समायोजन की क्षमताओं के विकास के लिए किया जाता है।

(1) उद्देश्य—सूचनाओं एवं तथ्यों के आधार पर सामाजिक समस्या को तर्कपूर्ण ढंग से सोचने तथा समझने की क्षमताओं का विकास करना है।

(2) संरचना—इसको सीखने की परिस्थितियाँ, सामाजिक जीवन की समस्याओं को पहचानने से आरम्भ होती हैं। इन समस्याओं को शिक्षक तथा छात्रों के समक्ष प्रस्तुत किया जाता है। कक्षा तथा सामाजिक तनावों से भी समस्या उत्पन्न हो जाती है। शिक्षक को विभिन्न प्रकार की क्रियाएँ करनी होती हैं जिनकी सहायता से छात्र तथा शिक्षक के मध्य अन्तःप्रक्रिया होती है।

(3) सामाजिक प्रणाली—ज्यूरिस प्रोडेन्सियल प्रतिमान से छात्र में शिक्षकों की सुनिश्चित क्रियाओं द्वारा सामाजिक समस्या के समझने की क्षमताओं का विकास किया जाता है। छात्रों को अपने विचारों को अभिव्यक्त करने की पूर्ण स्वतन्त्रता होती है।

(4) सहायक प्रणाली—इस प्रतिमान के द्वारा ऐसी परिस्थितियाँ उत्पन्न करने का प्रयास किया जाता है जिससे बौद्धिक तथा सामाजिक विकास होता है। इस प्रतिमान के मूल्यांकन में दो बातों को ध्यान में रखा जाता है। (1) छात्र समस्या समाधान के लिए आवश्यक सूचनाएँ एकत्रित कर सकते हैं या नहीं और (2) वाद-विवाद में छात्र न्याय-संगत स्थिति का अनुसरण कर सकते हैं या नहीं। इससे यह विदित हो जाता है कि छात्र कहाँ तक जीवन की समस्याओं को सामाजिक मूल्यों से सम्बन्धित कर सकते हैं।

इस प्रतिमान का प्रयोग छात्रों की क्षमताओं के विकास के लिए किया जा सकता है। इससे वे सामाजिक समस्याओं का विश्लेषण कर सकते हैं और सामाजिक मूल्यों को महत्व दे सकते हैं। इनको सामाजिक क्षमताओं के विकास के लिए भी प्रयुक्त किया जाता है।

सामाजिक पृच्छा प्रतिमान

इस शिक्षण प्रतिमान के प्रवर्तक **कोक्स** तथा **वाइरोन** माने जाते हैं। इससे सामाजिक समस्याओं के समाधान की क्षमताओं का विकास किया जाता है।

(1) उद्देश्य—इस प्रतिमान का उद्देश्य सामाजिक विषयों का बोध कराना है। इसमें ज्ञानात्मक पक्ष के उद्देश्यों की प्राप्ति को अधिक महत्व दिया जाता है।

(2) संरचना—इस प्रतिमान में छः सोपानों का अनुकरण किया जाता है—प्रथम सोपान में समस्या के कथन की व्याख्या की जाती है जिसे आरम्भिक बिन्दु मानते हैं। द्वितीय सोपान में समस्या के लिए परिकल्पनाओं का प्रतिपादन किया जाता है जो सूचनाएँ एकत्रित करने के लिए दिशा प्रदान करती है। तृतीय सोपान में परिकल्पनाओं के चरों का विश्लेषण किया जाता है जिससे समाधान का स्पष्टीकरण होता है। चतुर्थ सोपान में परिकल्पनाओं की तर्कपूर्ण ढंग से वैधता तथा विश्वसनीयता निर्धारित की जाती है। पंचम सोपान में परिकल्पनाओं की पुष्टि के लिए तथ्यों तथा प्रदत्तों को एकत्रित किया जाता है। षष्टम सोपान में समस्या के समाधान का कथन के रूप में उल्लेख किया जाता है इसे सामान्यीकरण भी कहते हैं।

(3) सामाजिक प्रणाली—शिक्षक छात्रों के लिए परामर्शदाता का कार्य करता है। छात्रों के चिन्तन (Reflective) स्तर के विकास के लिए अधिक अवसर दिया जाता है। शिक्षक यह प्रयास करता है कि छात्र स्वयं को समझ सकें तथा मार्ग को स्वयं निर्धारित कर सकें।

शिक्षक छात्रों को प्रोत्साहित करता है जिससे छात्र सोपानों का अनुसरण समुचित ढंग से करें। वाद-विवाद को स्वतन्त्र रूप में व्यस्थित किया जाता है जिससे समानता का अवसर दिया जा सके।

(4) सहायक प्रणाली—इस प्रतिमान का मूल्यांकन करना कठिन है क्योंकि इसके मूल्यांकन में छात्रों को सूचनाएँ एकत्रित करने की क्षमता, परिकल्पनाओं का परिभाषीकरण, प्रदत्तों का संकलन तथा समस्या के समाधान के कथनों को ही ध्यान में रखा जाता है। मूल्यांकन में निबन्धात्मक परीक्षाओं को भी प्रयुक्त किया जा सकता है।

(5) उपयोग—इस प्रतिमान का प्रयोग छात्रों में सामाजिक समस्याओं के चिन्तन के लिए किया जाता है। समस्या के समाधान के लिए प्रयुक्त किए जाने वाले सोपानों का भी बोध होता है। यह प्रतिमान सामाजिक सन्दर्भ में तथ्यों के बोध के लिए अधिक महत्वपर्ण माना जाता है।

प्रयोगशाला विधि प्रतिमान

इस शिक्षण प्रतिमान की रचना *बेदल* तथा *मेने* ने की है। इसमें सामूहिक कौशल का विकास किया जाता है जिससे छात्र समायोजन कर सकें।

(1) उद्देश्य–छात्रों के पारस्परिक सम्बन्धों के विकास के साथ ही लचीलेपन की क्षमताओं को विकसित करना तथा समायोजन की क्षमताओं को बढ़ाना है।

(2) संरचना–प्रशिक्षण-प्रयोग की रूपरेखा की व्याख्या सामूहिक विकास के लिए की जाती है। इसलिए इसकी सुनिश्चित संरचना निर्धारित करना कठिन है। प्रत्येक प्रशिक्षण की रूपरेखा भिन्न होती है। प्रयोगशाला-प्रशिक्षण में अभ्यासों, सिद्धान्तों तथा प्रशिक्षण समूह की प्रकृति एवं आवश्यकताओं को ध्यान में रखा जाता है। प्रत्येक समूह की प्रकृति एवं आवश्यकताओं को ध्यान में रखा जाता है। प्रत्येक समूह की अपनी विशेषताएँ होती हैं। अन्य साथियों की क्रियाओं का पर्यवेक्षण करना होता है तथा कौशल के विकास के लिए क्रियाओं का पर्यवेक्षण करना होता तथा कौशल के विकास के लिए क्रियाओं में भाग लेना पड़ता है। कौशल के विकास के लिए अभ्यासों की रूपरेखा तैयार की जाती है।

(3) सामाजिक प्रणाली–छात्र-अध्यापक को शिक्षण में अधिक क्रियाशील रहना पड़ता है। सामाजिक अभिप्रेरणा का विशेष महत्व है। प्रशिक्षण परिस्थितियाँ प्रजातान्त्रिक होती हैं। छात्र और अध्यापक को समान स्थान दिया जाता है। इसमें व्यक्तिगत विकास एवं सम्प्रेषण को अधिक प्रधानता देते हैं।

(4) सहायक प्रणाली–इस प्रतिमान का मूल्यांकन करना कठिन है क्योंकि इसके मूल्यांकन में छात्रों को सूचनाएँ एकत्रित करने की क्षमता, परिकल्पनाओं का परिभाषीकरण, प्रदत्तों का संकलन तथा समस्या के समाधान के कथनों को ही ध्यान में रखा जाता है। मूल्यांकन में निबन्धात्मक परीक्षाओं को भी प्रयुक्त किया जा सकता है।

(5) उपयोग–इस प्रतिमान का प्रयोग आपसी सम्बन्धों के विकास के लिए किया जाता है जिससे छात्रों में समायोजना तथा लचीलेपन की क्षमताओं का विकास होता है।

सूचना प्रक्रिया प्रतिमान

इस प्रकार के प्रतिमानों द्वारा छात्रों को सूचना तथा तथ्यों का बोध कराया जाता है। इनमें समस्या के समाधान तथा तथ्यों, प्रत्ययों के बोध के लिए उद्दीपन तथा समुचित वातावरण को उत्पन्न किया जाता है। इनके प्रयोग से छात्रों की

सामान्य बौद्धिक क्षमताओं का विकास किया जाता है। इस वर्ग में छः प्रतिमान सम्मिलित किए जाते हैं। इनका संक्षिप्त विवरण अग्रलिखित है–

प्रत्यय निष्पत्ति प्रतिमान

इसका विकास *जे. ब्रूनर* ने किया है। यह प्राथमिक रूप से आगमन तर्क के विकास के लिए उपयोगी है।

(1) उद्देश्य–इस प्रतिमान द्वारा भाषा का बोध तथा कौशल का विकास करना है। प्रमुख रूप से आगमन तर्क (Inductive Reasoning) का विकास करना है।

(2) संरचना–इस प्रतिमान में चार सोपानों का अनुसरण किया जाता है। प्रथम सोपान के आरम्भ में 'प्रदत्तों' को प्रस्तुत किया जाता है। द्वितीय सोपान में छात्र प्रत्यय की आव्यूह का विश्लेषण करता है। इसमें छात्र अपने सीखने की गति का अनुसरण करता है। तृतीय सोपान में वह प्रत्ययों के विश्लेषण का आलेख लिखित रूप में प्रस्तुत करता है। इस सोपान का लक्ष्य ज्ञान वृद्धि करना है। चतुर्थ सोपान में छात्र प्रत्ययों के लिए अभ्यास करते हैं। इस सोपान में छात्रों को प्रत्यय-विकास में सहायता दी जाती हैं।

(3) सामाजिक प्रणाली–इस प्रतिमान के आरम्भ में शिक्षक छात्रों की अधिक सहायता करता है, उन्हें प्रोत्साहित करता है। अन्त में, शिक्षक छात्रों को ऐसी दशा प्रदान करता है कि छात्र अपने प्रत्ययों तथा आव्यूह का विश्लेषण करने के लिए अभिप्रेरणा भी देता है। छात्र सबसे सरल एवं प्रभावशाली आव्यूह का चयन करता है।

(4) सहायक प्रणाली–इस प्रतिमान में पाठ्यवस्तु की व्यवस्था इस प्रकार की जाती है जिससे प्रत्ययों का बोध हो सके। अतः इसमें इस प्रकार की आव्यूह (Strategy) प्रयुक्त की जाती है जिससे नवीन प्रत्ययों का बोध कराया जा सके। मूल्यांकन में वस्तुनिष्ठ तथा निबन्धात्मक परीक्षाओं को प्रयुक्त किया जा सकता है। लिखित परीक्षाएँ ही अधिक उपयोग मानी जाती हैं।

(5) उपयोग–प्रत्यय-निष्पत्ति-प्रतिमान का प्रयोग व्यापक रूप में किया जाता है। भाषा के सीखने तथा प्रत्यय-निष्पत्ति के लिए अधिक उपयोगी है। विशेष रूप से भाषा इतिहास तथा व्याकरण के लिए अधिक महत्वपूर्ण प्रतिमान माना जाता है। जब कभी शिक्षक अपने शिक्षण से छात्रों को किसी तथ्य का सही बोध नहीं करा पाते हैं तब इसी प्रतिमान को प्रयुक्त किया जाता है। इसका प्रयोग दूरदर्शन (Television) पर भी किया जा सकता है।

आगमन प्रतिमान

इस शिक्षण प्रतिमान के प्रवर्तक **हिल्दा तबा** हैं। इसका विकास अध्यापक-शिक्षा के लिए किया जाता है जिससे छात्र-अध्यापक अधिगम की समस्या का विश्लेषण कर सकें और निदान के आधार पर उपचार कर सकें।

(1) उद्देश्य—इसका मुख्य उद्देश्य मानसिक प्रक्रियाओं का विकास करना तथा सिद्धान्तों का बोध कराना है।

(2) संरचना—इस प्रतिमान में मानसिक प्रक्रियाओं के विकास के लिए परिस्थितियाँ उत्पन्न की जाती हैं जिससे प्रत्ययों का विकास तथा बोध होता है। नियमों, प्रत्ययों तथा विचारों के प्रयोग को भी ध्यान में रखा जाता है। शिक्षण आव्यूह में क्रियाओं को ऐसे क्रम में प्रस्तुत किया जाता है जिससे प्रत्ययों का बोध हो सके। शिक्षण की क्रियाओं का क्रम ही उसकी संरचन प्रस्तुत करता है। इसमें सामूहिक वाद-विवाद को कोई स्थान नहीं दिया जाता है। सूचनाओं और तथ्यों को जटिल रूप में प्रस्तुत किया जाता है। इसकी आव्यूह में सुनिश्चित सोपानों का अनुसरण किया जाता है। इन सोपानों का क्रम इस प्रकार है—

प्रथम सोपान में शिक्षण क्रियाओं की सूची तैयार की जाती है।

द्वितीय सोपान में शिक्षण क्रियाओं को वर्गों में विभाजित किया जाता है।

तृतीय सोपान में शिक्षण क्रियाओं का स्पष्टीकरण किया जाता है।

चतुर्थ सोपान में शिक्षण क्रियाओं की दिशा तथा सम्बन्धों का निर्धारण किया जाता है।

पंचम सोपान में शिक्षण क्रियाओं की दिशा तथा सम्बन्धों की व्याख्या की जाती है।

षष्टम सोपान में व्याख्या के आधार पर निष्कर्ष निकाले जाते हैं।

सप्तम सोपान में परिणामों के आधार पर निष्कर्ष निकाले जाते हैं।

अष्टम सोपान में परिकल्पनाओं की व्याख्या की जाती है तथा उनके लिए तथ्यों एवं प्रदत्तों को प्रस्तुत किया जाता है।

अन्तिम सोपान में परिकल्पनाओं की पुष्टि की जाती है और सामान्यीकरण किया जाता है।

(3) सामाजिक प्रणाली—इस प्रतिमान में कक्षा का वातावरण छात्रों की क्रियाओं के लिए अधिक अवसर प्रदान करता है। शिक्षक अपनी क्रियाएँ छात्रों की क्रियाओं से आरम्भ करता है। शिक्षण की क्रियाओं के क्रम को पहले ही निर्धारित कर लिया जाता है। शिक्षक छात्रों के व्यवहार तथा क्रियाओं को नियन्त्रित करता

है। कक्षा में सहयोग की भावना रहती है। प्रत्येक सोपान में शिक्षक निर्देशक का कार्य करता है। शिक्षक ज्ञानात्मक पक्ष के विकास के लिए प्रश्नों का अधिक प्रयोग करता है। शिक्षक छात्रों को नवीन अनुभवों के लिए तैयार करता है। इसमें इस प्रकार के अनुभव प्रदान किए जाते हैं जिससे ज्ञानात्मक पक्ष का विकास किया जा सके।

(4) सहायक प्रणाली–इस प्रतिमान के लिए *'तबा'* (Taba) ऐसी शिक्षा आव्यूह को महत्व देता है जिसका प्रयोग सामाजिक विषयों के ज्ञान के लिए किया जा सकता है। इसमें तथ्यों, प्रदत्तों तथा सूचनाओं के बोध पर विशेष बल दिया जाता है। अतः मूल्यांकन में वस्तुनिष्ठ परीक्षाओं को प्रयुक्त किया जाता है। निबन्धात्मक परीक्षाएँ इसमें अधिक उपयोगी नहीं होती हैं।

(5) उपयोग–इसको *'तबा'* (Taba) ने चिन्तन की क्षमताओं को विकास के लिए अधिक उपयोगी माना है। इसको मानसिक क्रियाओं के विकास के लिए प्रयुक्त किया जाता है। इसकी प्राथमिक उपयोगिता चिन्तन-क्षमताओं का विकास करना है। छात्रों को सूचनाओं, तथ्यों तथा प्रदत्तों का बोध कराने के लिए यह प्रतिमान अधिक प्रयुक्त होता है। सामाजिक विषयों के शिक्षण के लिए यह अधिक उपयोगी प्रतिमान माना जाता है। इतिहास की पाठ्यवस्तु के शिक्षण में भी इसे प्रयुक्त करते हैं।

पृच्छा-प्रशिक्षण प्रतिमान

रिचार्ड सममन ने शिक्षण प्रतिमान का विकास किया है। इसमें व्यक्तिगत क्षमताओं का विकास किया जाता है जिससे वह सामाजिक क्षमताओं का विकास और समायोजन कर सके।

(1) उद्देश्य–व्यक्तिगत क्षमताओं का विकास करना तथा सिद्धान्तों का बोध कराना इस प्रतिमान के प्रमुख उद्देश्य हैं।

(2) संरचना–इस प्रतिमान में तीन सोपानों का अनुसरण किया जाता है। प्रथम सोपान में समस्या को पहचानना जिसमें छात्र तनाव का अनुभव करें। द्वितीय सोपान में समस्या के सम्बन्ध में सूचनाओं को एकत्रित करते हैं। इसके अतिरिक्त छात्र स्वयं वातावरण की अन्तःप्रक्रिया से प्रदत्तों को एकत्रित कर लेते हैं। तनाव की परिस्थिति के समाधान के लिए परिकल्पनाएँ प्रस्तुत करने के लिए दिशा प्रदान कराता है। तृतीय सोपान में छात्र तथा शिक्षक दोनों ही मिलकर समस्या के लिए समुचित आव्यूह के सम्बन्ध में निर्णय लेते हैं। इसके द्वारा छात्रों में कारण-प्रभाव और उनमें सम्बन्ध स्थापित करने की क्षमताओं का विकास होता है।

(3) सामाजिक प्रणाली—कक्षा का वातावरण ऐसा होता है कि शिक्षक और छात्र एक-दूसरे को सहयोग देते हैं। शिक्षक का दृष्टिकोण आलोचनात्मक होता है। शिक्षक समस्त क्रियाओं को नियन्त्रित करता है। शिक्षक बौद्धिक वातावरण उत्पन्न करने का प्रयास करता है। शिक्षक छात्रों को सूचनाएँ एकत्रित करने के लिए प्रोत्साहित करता है। शिक्षक द्वितीय तथा तृतीय सोपान में अधिक क्रियाशील रहता है और सूचनाओं के एकत्रीकरण में छात्रों की सहायता भी करता है।

(4) सहायक प्रणाली—यह प्रतिमान पाठ्य-वस्तु से सम्बन्धित विशिष्ट प्रकार की समस्याओं के शिक्षण के लिए प्रयुक्त किया जाता है। छात्रों को समस्याओं की अनुभूति कराने के लिए शिक्षक अनेक उदाहरण प्रस्तुत करता है। प्रशिक्षण में उनकी जरूरत का उल्लेख करता है। इसके मूल्यांकन के लिए प्रयोगात्मक परीक्षाएँ प्रयुक्त की जाती हैं और यह मालूम किया जाता है कि छात्र अपनी समस्याओं का समाधन करके अपने कार्य को कितने प्रभावशाली ढंग से कर सकते हैं।

(5) उपयोग—इस प्रतिमान का उपयोग वैज्ञानिक विषयों के बाँध के लिए किया जाता है, जिससे छात्र अपनी सूचनाओं का विश्लेषण करें तथा अन्य आव्यूहों से तुलना करें। इससे पारस्परिक सम्बन्धों का विकास होता है।

जैविक इतिहास—पृच्छा प्रतिमान

जोसेफ जे. सकवाब ने इस प्रतिमान का विकास किया है। इसमें सामाजिक तथ्यों के अन्वेषण (Discovery) का अनुसरण किया जाता है। छात्र अपने लिए सामाजिक परिस्थितियों में तथ्यों का अन्वेषण करता है।

(1) उद्देश्य—इस प्रतिमान का उद्देश्य, अन्वेषण कराना, सामाजिक तथ्यों का बोध कराना तथा सामाजिक समस्याओं का समाधान करने की क्षमताओं का विकास करना है।

(2) संरचना—साधारणतः इसकी संरचना में चार सोपानों का अनुसरण किया जाता है—प्रथम सोपान में छात्रों के अन्वेषण का क्षेत्र निर्धारित किया जाता है और अन्वेषण की विधियों को भी निश्चित किया जाता है। द्वितीय सोपान में समस्या का स्वरूप प्रस्तुत किया जाता है जिससे छात्र अन्वेषण की कठिनाइयों, प्रदत्तों के संकलन तथा विश्लेषण की कठिनाइयों को समझ सकें। तृतीय सोपान में समस्या का चयन किया जाता है तथा उसकी कठिनाइयों को पहचाना जाता है। चतुर्थ सोपान में कठिनाइयों के समाधान को ढूँढ़ना होता है। प्रदत्तों को एकत्रित करने के लिए प्रयोग भी करना है।

शिक्षण ऐसी परिस्थिति उत्पन्न करता है जिससे छात्रों में चिन्तन शक्ति का विकास हो सके। वह छात्रों को अभिप्रेरण भी देता है, जिससे वे समस्या के लिए परिकल्पनाओं का प्रतिपादन कर सकें, प्रदत्तों का संकलन कर सकें तथा उनकी व्याख्या भी कर सकें।

(3) सामाजिक प्रणाली—कक्षा में सहयोग तथा सद्भावपूर्ण वातावरण होता है। छात्रों को सम्मान दिया जाता है। छात्रों को चुनौतियों की परिस्थितियों में रखा जाता है जिससे यह परिकल्पनाओं का प्रतिपादन करके उनकी पुष्टि के लिए प्रदत्तों का संकलन भी कर सकें। छात्रों को भी नवीन ज्ञान का स्रोत माना जाता है। छात्रों के आयामों को महत्व दिया जाता है।

(4) सहायक प्रणाली—इसके मूल्यांकन के लिए शिक्षक छात्रों के समक्ष समस्याएँ प्रस्तुत करता है। छात्रों के परिकल्पनाओं, प्रतिपादन प्रदत्तों के संकलन, अर्थापन करने की क्षमताओं के आधार पर प्रभावशीलता के सम्बन्ध में निर्णय लिया जाता है कि छात्रों की परिकल्पनाएँ प्रदत्त व्याख्या कितनी सार्थक तथा आवश्यक है।

(5) उपयोग—इस प्रतिमान का प्रयोग जीव-इतिहास के विषयों के लिए किया जाता है। इसके द्वारा व्यापक प्रत्ययों तथा उनकी प्रकृति का बोध कराया जाता है। छात्रों को जीव-इतिहास की पाठ्य-वस्तु, सूचनाओं, प्रत्यय तथा तथ्यों का बोध कराया जाता है। छात्रों के आत्म-बोध का विकास इस प्रतिमान के द्वारा नहीं किया जा सकता है।

अग्रिम-व्यवस्थापक प्रतिमान या प्रतिपादित शिक्षण प्रतिमान

डेविड आसुबेल ने इस प्रतिमान का विकास किया। इसमें प्रत्ययों एवं तथ्यों के बोध से ज्ञान पुंज का विकास किया जाता है।

(1) उद्देश्य—प्रत्यय तथा तथ्यों को बोध कराना तथा ज्ञानात्मक-पक्ष का विकास करना।

(2) संरचना—इसकी संरचना में यह ध्यान रखा जाता है कि पाठ्य-वस्तु का बोध सार्थक रूप में कराया जा सके। प्रथम सोपान के क्रियाओं को सामान्य रूप से प्रस्तुत किया जाता है। द्वितीय सोपान में पाठ्य-वस्तु को सीखने के क्रम में विशिष्ट रूप से प्रस्तुत किया जाता है। अमूर्त पाठ्-वस्तु के प्रत्ययों को एक क्रमबद्ध रूप में प्रस्तुत करने का प्रयास किया जाता है। उदाहरण के लिए यदि शिक्षक शैक्षिक तकनीकी के 'अर्थ एवं परिभाषा' का शिक्षण करना चाहता है तो उसे प्रथम सोपान में सामान्य बातें, शिक्षा तथा उसके क्षेत्रों के सम्बन्ध में बताना चाहिए। द्वितीय

सोपान में शैक्षिक तकनीकी के अर्थ एवं परिभाषा का उल्लेख करना चाहिए जिससे छात्र नवीन ज्ञान को सुगमता से सीख सकें।

(3) सामाजिक प्रणाली–'आसुबेल' (Ausubel) की यह धारणा है कि अमूर्त विचारों को प्रभावशाली ढंग से प्रस्तुत किया जा सकता है। जिस पाठ्य-वस्तु का छात्र विश्लेषण कर लेता है उससे सम्बन्ध स्थापित करते हुए नवीन ज्ञान का बोध कराया जा सकता है। इसमें शिक्षक का स्थान प्रधान होता है और शिक्षक को अधिक क्रियाशील रहना होता है। प्रभुत्ववादी सामाजिक वातावरण उत्पन्न किया जाता है। सीखने की परिस्थितियों के अनुसार शिक्षक क्रियाएँ बदल लेता है। छात्रों और शिक्षक के मध्य अन्तःप्रक्रिया होती है। छात्रों को अवसर दिया जाता है कि वे पाठ्य-वस्तु से सम्बन्ध स्थापित कर सकें। शिक्षक छात्रों को अभिप्रेरणा भी देता है।

(4) सहायक प्रणाली–इसमें मूल्यांकन अनुदेशन के आधार पर किया जाता है।

(5) उपयोग–इस प्रतिमान का प्रयोग अमूर्त पाठ्य-वस्तु के शिक्षण में किया जाता है। पाठ्य-वस्तु के क्रमबद्ध ज्ञान के लिए यह अधिक उपयोगी प्रतिमान है। प्रत्ययों में सम्बन्ध स्थापित करने के लिए आसुबेल का प्रतिमान अधिक प्रयुक्त होता है। ज्ञानात्मक पक्ष के उच्च स्तर के उद्देश्यों की प्राप्ति के लिए इसका प्रयोग किया जाता है।

विकासात्मक प्रतिमान

जीन प्याजे ने इस प्रतिमान का विकास किया है। इसमें बौद्धिक क्षमताओं का विकास करना है तथा तार्किक क्षमताओं के विकास को विशेष महत्व दिया जाता है।

(1) उद्देश्य–इसका मुख्य उद्देश्य सामान्य बौद्धिक क्षमताओं का विकास करना है तथा तार्किक क्षमताओं (Logical Reasoning) का विकास करना है।

(2) संरचना–इसके तहत दो सोपानों का अनुसरण किया जाता है। प्रथम सोपान में छात्रों को ऐसी परिस्थिति में रखा जाता है जिसमें तर्कपूर्ण चिन्तन की जरूरत है। परिस्थिति का स्वरूप ऐसा होना चाहिए जो छात्रों के विकासात्मक स्तर के समान हो। छात्रों की परिस्थिति का पूर्व बोध होना चाहिए जिससे छात्र परिपाक (Assimilation) की ओर बढ़ सकें। द्वितीय सोपान में छात्रों को निर्देशन दिया जाता है जिससे छात्र परिस्थिति की समस्या तथा कमजोरियों को दूर कर सकें।

(3) **सामाजिक प्रणाली**–शिक्षक छात्रों के लिए भौतिक तथा सामाजिक वातावरण उत्पन्न करता है जिससे छात्रों को उद्देश्य की प्राप्ति की क्रियाओं के लिए अवसर मिलता है। शिक्षक तथा छात्रों के मध्य अन्तःप्रक्रिया होती है। छात्र के विचारों के आदान-प्रदान के लिए पूरी स्वतन्त्रता दी जाती है। शिक्षक का कार्य छात्रों को निर्देशन देना है। शिक्षक छात्र को अधिक क्रियाशील रखता है। शिक्षक ही क्रियाओं को आरम्भ करता है। छात्रों को भौतिक तथा सांसारिक वस्तुओं से अवगत कराया जाता है।

(4) **सहायक प्रणाली**–इसका मूल्यांकन वातावरण के स्रोत तथा शिक्षक के विकासात्मक सिद्धान्त की सार्थकता से किया जाता रहा है। छात्रों की ज्ञानात्मक समस्या के समाधान की क्षमताओं को विशेष महत्व दिया जाता है। मूल्यांकन के लिए निबन्धात्मक परीक्षाएँ प्रयुक्त की जाती हैं।

(5) **उपयोग**–**'प्याजे'** के प्रतिमान का प्रयोग ज्ञानात्मक तथा सामाजिक क्षमताओं के विकास के लिए किया जाता है। अनुदेशन प्रणाली के निदान में भी प्रयुक्त किया है। तर्कपूर्ण चिन्तन के विकास के लिए अधिक उपयोगी माना जाता है। बालक के ज्ञानात्मक विकास के लिए समुचित वातवरण उत्पन्न हुआ अथवा नहीं, इसके सम्बन्ध में निर्णय लिया जाता है।

व्यक्तिगत स्रोत प्रतिमान

इन प्रतिमानों द्वारा व्यक्तिगत विकास को अधिक महत्व दिया जाता है। इसमें व्यक्ति के भावात्मक पक्ष के विकास पर अधिक बल दिया जाता है। ये प्रतिमान बालक की आन्तरिक व्यवस्था के विकास को प्रधानता देते हैं जिससे छात्रों में आत्मबोध तथा आत्मचिन्तन का विकास होता है।

इस वर्ग के शिक्षण में चार प्रतिमानों को सम्मिलित किया गया है। इनका संक्षिप्त विवरण यहाँ किया गया है।

दिशाहीन शिक्षण प्रतिमान

इस शिक्षण प्रतिमान के प्रवर्तक **कार्ल-रोजर्स** हैं। इसमें स्वतः अनुदेशन की क्षमता से व्यक्तिगत क्षमताओं का विकास किया जाता है।

(1) **उद्देश्य**–इस प्रतिमान को 'कार्ल रोजर' ने व्यक्तिगत विकास के लिए प्रयुक्त किया है। इसके द्वारा स्वाध्याय, आत्मबोध तथा स्वयं अन्वेषण की क्षमताओं का विकास किया जाता है।

(2) **संरचना**–इस प्रतिमान में छात्र-केन्द्रित अनुदेशन को प्रयुक्त किया जाता है इसमें प्रमुख दो सोपानों का अनुसरण किया जाता है। प्रथम सोपान में शिक्षक

अथवा अनुदेशक अपेक्षित वातावरण उत्पन्न करता है। द्वितीय सोपान में छात्र व्यक्तिगत अथवा सामूहिक रूप में अन्तःप्रक्रिया करके अपना विकास करते हैं। वातावरण में पुनर्बलन की परिस्थितियाँ भी निहित होती हैं। आरम्भ में प्रजातान्त्रिक वातावरण उत्पन्न किया जाता है। शिक्षक ज्ञानात्मक तथा भावनात्मक पक्षों के विकास की परिस्थितियाँ उत्पन्न करने का प्रयास करता है तथा सीखने के लिए अनुभवों को उद्देश्यों की दिशा में नियोजित करता है।

इस प्रतिमान की संरचना दो सिद्धान्तों पर आधारित होती है–

1. शिक्षक छात्रों के साथ सक्रिय होकर कार्य करते हैं लेकिन छात्र अधिक तत्पर होते हैं।
2. शिक्षण का छात्रों की अभिवृत्तियों के लिए निर्देशन अधिक प्रभावशाली होता है।

(3) सामाजिक प्रणाली–शिक्षक छात्रों को दिशा प्रदान नहीं करता अपितु छात्र अपना उत्तरदायित्व स्वयं समझते हैं और सीखने के अनुभवों की क्रियाएँ आरम्भ करते हैं। छात्र शिक्षक द्वारा उत्पन्न वातावरण से अन्तःप्रक्रिया करते हैं। वातावरण के तत्व छात्रों को पुनर्बलन भी देते हैं। इस प्रकार छात्र अपने अनुभवों के द्वारा सीखता है और यह ज्ञान उनके लिए अधिक सार्थक होता है।

(4) सहायक प्रणाली–इस प्रतिमान की विशेषता यह है कि इसमें शिक्षक ऐसा वातावरण उत्पन्न करते हैं जिसमें छात्र स्वयं अधिक-से-अधिक मानसिक स्रोतों को प्रयोग करते हैं। छात्रों को अपने सीखने का उद्देश्य भी स्पष्ट होता है। इसका मूल्यांकन निबन्धात्मक परीक्षा तथा जीवन की समस्याओं के समाधन की क्षमता से किया जा सकता है।

(5) उपयोग–इस प्रतिमान के प्रयोग द्वारा छात्रों की सामान्य योग्यता का विकास किया जाता है जो जीवन के लिए अधिक आवश्यक है। छात्र अपने मानसिक तथा सामाजिक, मौलिक क्षमताओं के विकास का एकीकरण कर सकता है। इसका प्रयोग शिक्षा के व्यापक उद्देश्यों की प्राप्ति के लिए किया जा सकता है।

कक्षा-सभा प्रतिमान

विलियम ग्लेसर ने इस शिक्षण प्रतिमान को विकसित किया है। इसमें व्यक्तिगत गुणों के विकास की विशेष प्रधानता दी जाती है। इसके प्रमुख तत्व इस प्रकार हैं।

(1) उद्देश्य–**राबर्ट ग्लेसर** ने इस प्रतिमान को व्यक्तिगत क्षमताओं के विकास के लिए प्रस्तुत किया है। इसका मुख्य उद्देश्य कर्त्तव्य-परायणता, आत्मबोध तथा कौशल का विकास करना है।

(2) संरचना—इस प्रतिमान की संरचना में छः सोपानों का अनुसरण किया जाता है। (1) प्रथम सोपान में तल्लीनता का वातावरण उत्पन्न कराना, (2) वाद-विवाद में समस्या का उल्लेख करना, (3) तृतीय सोपान में व्यक्तिगत रूप में समस्या के लिए निर्णय लेना, (4) समस्या के समाधान के लिए विकल्पों को पहचाना, (5) समस्या के कुछ समाधानों के लिए वचनबद्ध होना तथा (6) अन्तिम सोपान में व्यावहारिक रूप में समाधानों का अनुसरण करना। प्रथम सोपान के लिए शिक्षण आव्यूह अधिक महत्वपूर्ण समझी जाती है। कक्षा-सभा प्रतिमान की सफलता इन सोपानों के अनुसरण पर निर्भर होती है।

(3) सामाजिक प्रणाली—शिक्षण तथा छात्रों का घनिष्ठ सम्बन्ध होता है। समस्या का चयन छात्र तथा शिक्षक दोनों ही करते हैं। शिक्षक छात्रों को अपने निर्णय लेने की क्षमताओं के विकास को अधिक महत्व देता है। समस्या के लिए विकल्पों के सम्बन्ध में दोनों ही समान रूप में निर्णय लेते हैं। अन्तिम सोपानों में छात्र अधिक क्रियाशील तथा तत्पर रहता है, लेकिन नियन्त्रण का उत्तरदायित्व शिक्षक का होता है।

शिक्षण व्यवहार तीन सिद्धान्तों पर आधारित होता है—(1) छात्रों को शिक्षण में तल्लीन रखा जाता है। (2) शिक्षक स्वयं निर्णय नहीं लेता तथा छात्रों को ही उत्तरदायित्व सौंपता है। (3) शिक्षक तथा छात्र दोनों ही मिलकर समस्या का चयन करते हैं तथा विकल्पों के सम्बन्ध में निर्णय लेते हैं। वातावरण सहयोगपूर्ण होता है। छात्र अपने अनुभव से ही व्यवहारिक परिवर्तन लाते हैं।

(4) सहायक प्रणाली—इसका मूल्यांकन शिक्षक द्वारा प्रयोग की गई आव्यूह पर निर्भर होता है। मूल्यांकन में व्यावहारिक पक्षों को अधिक महत्व दिया जाता है। इसलिए मानदण्ड परीक्षा प्रयुक्त की जाती है।

(5) उपयोग—इस प्रतिमान का प्रयोग छात्रों की आत्मबोध तथा कर्त्तव्य-परायणता की क्षमताओं के विकास के लिए किया जाता है। निर्णय लेने की क्षमताओं के विकास के लिए भी इसका प्रयोग किया जाता है। इसके द्वारा छात्रों की व्यावहारिक क्षमताओं का विकास भी किया जाता है।

सर्जनात्मक-शिक्षण प्रतिमान

डब्ल्यू-गोर्डन ने सर्जनात्मक शिक्षण प्रतिमान का विकास किया है। इसमें मौलिक तथा सर्जनात्मक क्षमताओं का विकास किया जाता है। इसका स्वरूप इस प्रकार है—

(1) उद्देश्य—इस प्रतिमान की रचना **विलियम गार्डन** ने सर्जनात्मक क्षमताओं (Creativity) के विकास के लिए की है। इसका उद्देश्य समस्याओं के समाधान के लिए सर्जनात्मक-क्षमताओं का विकास करना है।

(2) संरचना—इस प्रतिमान को कई रूपों में प्रयुक्त किया जाता है। इस प्रतिमान की व्यूह-रचना में पाँच सोपानों को अपनाया जाता है। प्रथम सोपान में अधिकांश प्रत्ययों तथा तथ्यों का बोध कराया जाता है। द्वितीय सोपान में शिक्षक या छात्र सादृश्य-अनुभव (Analogy) प्रस्तुत करते हैं। तृतीय सोपान में वे अपने व्यक्तिगत सादृश्य-अनुभव को प्रयुक्त करने का प्रयास करते हैं। चतुर्थ सोपान में छात्र पाठ्य-वस्तु तथा सादृश्य-अनुभव में सम्बन्ध स्थापित करने का प्रयास करते हैं। अन्तिम सोपान में विभिन्न सादृश्य-अनुभवों (Analogies) के अन्तर की परीक्षा करते हैं।

शिक्षक स्वयं को इस प्रकार निर्देशन देता है जिससे वह स्वयं ऐसा वातावरण उत्पन्न कर सके जो छात्रों को सर्जनात्मक अनुक्रियाओं को प्रेरित कर सके। छात्रों को शिक्षक अभिप्रेरणा भी देता है जिससे वे तत्पर और क्रियाशील रह सकें।

(3) सामाजिक प्रणाली—इस प्रतिमान का प्रमाण सुनिश्चित होता है। शिक्षक अपनी क्रियाएँ क्रमबद्ध रूप में आरम्भ करता है। व्यावहारिक युक्तियों के प्रयोग के लिए निर्देशन देता है। यह छात्रों की मानसिक क्रियाओं के विकास में भी सहायक होता है। छात्रों को अधिक स्वतन्त्रता दी जाती है। सर्जनात्मक समस्याओं के समाधान के लिए समानता का वातावरण आवश्यक होता है। छात्रों की आन्तरिक प्रेरण का विशेष महत्व होता है। सीखने की क्रियाओं से छात्रों को प्रसन्नता होती है तथा सन्तोष मिलता है।

(4) सहायक प्रणाली—शिक्षक छात्रों को सभी प्रकार की सुविधाएँ प्रदान करता है। यह सुविधाएँ वैज्ञानिक प्रयोगशालाओं में आवश्यक होती हैं। शिक्षक तथा छात्रों का समान स्थान होता है। दोनों को तत्पर तथा क्रियाशील रहना पड़ता है। इसके लिए छोटा समूह अधिक अच्छा माना जाता है।

(5) उपयोग—यह प्रतिमान व्यक्तिगत तथा सामूहिक सर्जनात्मक क्षमताओं के विकास के लिए प्रयुक्त किया जाता है। इसमें सीखने की क्रियाएँ आन्तरिक होती हैं। एक समूह के छात्रों को पृथक्-पृथक् अनुभव होते हैं। इसका प्रयोग अन्तःप्रक्रिया शिक्षण में सफलतापूर्वक किया जाता है। छात्र अध्यापक भी इस प्रतिमान का सफलतापूर्वक प्रयोग कर सकते हैं। इसका प्रयोग छोटे बालकों के लिए नहीं किया जा सकता है। इसमें विश्लेषण तथा संश्लेषण की प्रक्रिया प्रमुख होती है।

जानकारी प्रशिक्षण प्रतिमान

इस प्रतिमान का विकास **डब्लयू.एस. फ्रिटिज** ने किया है। इसमें स्वयं जानकारी तथा अभिज्ञान की सहायता से व्यक्तिगत क्षमताओं का विकास किया जाता है। इसके प्रमुख तत्व इस प्रकार हैं–

(1) उद्देश्य–इसका उद्देश्य व्यक्तिगत क्षमताओं एवं कौशल का विकास करना तथा पारम्परिक सम्बन्धों की क्षमताओं का विकास करना है। इसके अतिरिक्त यह मानवीय सम्बन्धों की जानकारी में वृद्धि करता है।

(2) संरचना–साधारणतः इस प्रतिमान की संरचना में दो सोपानों का अनुसरण किया जाता है। प्रथम सोपान में छात्रों को कार्य दिया जाता है जिसे छात्र पूरा करते हैं। द्वितीय सोपान में वाद-विवाद तथा विश्लेषण किया जाता है कि क्या हो चुका है? समूह के सभी सदस्य एक साथ बैठकर कार्य कठिनाइयों के सम्बन्ध में वाद-विवाद करते हैं। कुछ छात्र दूसरों के विचारों को अधिक पसन्द करते हैं और उन्हें कार्य को पूरा करने में अपनाते हैं। अन्य अपने तक ही सीमित रखते हैं। वाद-विवाद की स्वतन्त्र रूप में व्यवस्था की जाती है जिससे अकेलेपन की भावना कम होती है और सामूहिक भावना का विकास होता है। शिक्षक कार्य प्रस्तुत अवश्य करता है लेकिन समूह की क्रियाओं को प्रभावित नहीं करता है। इस प्रकार वाद-विवाद के समय भी शिक्षक दिशा प्रदान नहीं करता है। शिक्षक छात्रों की सहायता इस प्रकार करता है जिससे उनमें सूझ-बूझ का विकास हो सके और वे अपनी क्रियाओं तथा व्यवहार के सम्बन्ध में प्रत्ययों का भी विकास कर सके।

(३) सामाजिक प्रणाली–छात्रों का समूह एक सामाजिक सन्दर्भ में मिलता है और सामाजिक वातावरण उत्पन्न किया जाता है जिससे छात्रों में कर्त्तव्य-परायणता की भावना, दूसरों की सहायता करने की प्रवृत्ति तथा खुलकर वाद-विवाद करने की क्षमताओं का विकास किया जाता है। छात्र तथा शिक्षक दोनों ही तत्पर तथा क्रियाशील रहते हैं। शिक्षक सामाजिक वातावरण उत्पन्न करता है लेकिन छात्रों को दिशा प्रदान नहीं करता है।

(4) सहायक प्रणाली–सामाजिक वातावरण से छात्रों में सामाजिक क्षमताओं का विकास किया जाता है। इसके लिए निरीक्षण विधि प्रयुक्त की जाती है। निबन्धात्मक परीक्षाओं की भी सहायता ली जा सकती है।

(5) उपयोग–इसे छात्रों के आत्मबोध के विकास के लिए प्रयुक्त किया जाता है। सामाजिक क्षमताओं, कर्त्तव्य-परायणता, दूसरों की सहायता करने की प्रवृत्ति तथा मुखर होकर वाद-विवाद की क्षमताओं के विकास के लिए इसका प्रयोग किया जाता है।

व्यवहार-परिवर्तन प्रतिमान

इस प्रतिमान में छात्रों के व्यवहार-परिवर्तन को अधिक महत्व दिया जाता है। सीखने की क्रियाओं और समुचित पुर्नबलन की सहायता से छात्रों में अपेक्षित व्यवहार-परिवर्तन लाया जाता है। प्रतिमान को **बी.एफ. स्किनर** ने प्रस्तुत किया है। यह स्किनर के अधिगम के सिद्धान्त पर आधारित है। इसका प्रयोग शिक्षा के विभिन्न प्रकार के उद्देश्यों की प्राप्ति के लिए किया जा सकता है।

इस वर्ग में केवल एक प्रतिमान 'स्किनर' का सम्मिलित किया जाता है, जिसे सक्रिय अनुबद्ध-अनुक्रिया शिक्षण प्रतिमान अथवा स्किनर शिक्षण प्रतिमान कहते हैं।

सक्रिय अनुबद्ध-अनुक्रिया

बी.एफ. स्किनर ने इस शिक्षण प्रतिमान का विकास किया है। वे व्यवहारवादी मनोवैज्ञानिक हैं। इन्होंने सक्रिय अनुबद्ध-अनुक्रिया (Operant Conditioning) सिद्धान्त का प्रतिपादन किया है। जिसे अपेक्षित व्यवहार परिवर्तन के लिए प्रयुक्त किया जाता है। इसके प्रमुख तत्वों का विवेचन यहाँ किया गया है।

(1) उद्देश्य–इस प्रतिमान का उद्देश्य व्यवहार-परिवर्तन करना है।

(2) संरचना–इस प्रतिमान में तीन सोपानों का अनुसरण किया जाता है। प्रथम सोपान में पाठ्य-वस्तु को शाब्दिक तथा अशाब्दिक रूप में उद्दीपन के रूप में छात्र के समक्ष प्रस्तुत किया जाता है। इस सोपान में पाठ्य-वस्तु तथा अनुदेशन को प्रयुक्त किया जाता है। इसमें पाठ्य-वस्तु को इस प्रकार प्रस्तुत किया जाता है जिससे छात्र अनुक्रिया भी करें। द्वितीय सोपान में छात्रों को अनुक्रिया (Response) के लिए अवसर दिया जाता है। उद्दीपन में अतिरिक्त उद्दीपन भी सम्मिलित किया जाता है जो छात्र की सही अनुक्रिया करने में सहायता करता है। तृतीय सोपान में छात्रों को पुनर्बलन दिया जाता है। छात्र अपनी अनुक्रिया की जाँच भी साथ-साथ करता है। यही अनुक्रिया होने पर उन्हें प्रसन्नता होती है और आगे के व्यवहार तथा अनुक्रिया के लिए पुनर्बलन मिलता है। सही अनुक्रिया से वे नवीन ज्ञान भी सीखते हैं। छात्रों को अनुक्रिया करने की स्वतन्त्रता नहीं होती, उन्हें अपेक्षित अनुक्रिया ही करनी पड़ती है। अधिकांश पुनर्बलन छात्रों की अनुक्रिया की पुष्टि के रूप में ही मिलता है।

(3) सामाजिक प्रणाली–शिक्षण का स्वरूप सुनिश्चित होता है। छात्रों की अनुक्रिया और व्यवहार का नियन्त्रण अभिक्रमक अथवा शिक्षक करता है। छात्र को उसकी क्षमताओं तथा आवश्यकताओं के अनुसार सीखने का समान अवसर प्रदान किया जाता है। सभी क्रियाओं पर शिक्षक का नियन्त्रण रहता है।

(4) सहायक प्रणाली—छात्रों को अनुक्रिया करने में कम त्रुटि करनी चाहिए। छात्रों की त्रुटियाँ दस प्रतिशत से अधिक नहीं होनी चाहिए। मूल्यांकन में आन्तरिक तथा बाह्य मापदण्डों को प्रयुक्त किया जाता है। मापदण्ड परीक्षा की रचना की जाती है। मूल्यांकन में उद्देश्यों के व्यावहारिक रूप को ध्यान में रखा जाता है छात्रों को अनुदेशन के प्रति अभिवृत्तियों को भी मूल्यांकन के लिए प्रयुक्त किया जाता है।

(5) उपयोग—अभिक्रमित अनुदेशन (Programmed Instruction) इसी प्रतिमान पर आधारित होता है। रेखीय अभिक्रमित-अनुदेशन में इसका प्रयोग किया जाता है। छात्रों के ज्ञानात्मक पक्ष के निम्न स्तर (ज्ञान, बोध तथा प्रयोग) उद्देश्यों की प्राप्ति के लिए किया जाता है। इसका प्रयोग भावात्मक पक्ष के विकास के लिए नहीं किया जा सकता है। तथ्यों की अपेक्षा प्रत्ययों के शिक्षण के लिए यह प्रतिमान अधिक प्रभावशाली होता है।

बुनियादी शिक्षण प्रतिमान

राबर्ट ग्लेसर (1962) ने इस शिक्षण प्रतिमान को विकसित किया है। मनोवैज्ञानिक अधिनियमों तथा सिद्धान्तों का शिक्षण में प्रयोग किया जाता है। मनोवैज्ञानिक शक्तियों की सहायता से शिक्षण उद्देश्यों की प्राप्ति का प्रयास किया जाता है। इसे कक्षा-सभा प्रतिमान (Classroom Meeting Model) के नाम से **ब्रूस जे. जुआइस** ने व्यक्तिगत स्रोत में सम्मिलित किया है।

स्वरूप—

इस प्रतिमान में शिक्षण प्रक्रिया को चार पक्षों में विभाजित किया जाता है—

(1) ऐतिहासिक तथ्यों का

(1) अनुदेशन उद्देश्य

(2) पूर्व-व्यवहार

(3) अनुदेशनात्मक प्रक्रिया

(4) निष्पत्ति का मूल्यांकन

पृष्ठ-पोषण—

इस प्रतिमान में निष्पत्ति का मूल्यांकन, उद्देश्य तथा छात्रों के व्यवहार शिक्षण को पुर्नबलन प्रदान करते हैं—

(1) अनुदेशनात्मक उद्देश्यों से तात्पर्य उन क्रियाओं से है जो छात्रों को शिक्षण के पूर्व करनी चाहिए। इसे ज्ञानार्जन भी कहा जाता है।

(2) पूर्व व्यवहार से तात्पर्य छात्रों की उन योग्यताओं अथवा व्यवहारों से है जो पाठ्य-वस्तु की बोधगम्यता के लिए आवश्यक है।

(3) अनुदेशनात्मक प्रक्रिया से तात्पर्य शिक्षण की उन क्रियाओं से है जो पाठ्य-वस्तु के प्रस्तुतीकरण के लिए प्रयुक्त की जाती हैं।

(4) निष्पादन आकलन से तात्पर्य परीक्षा तथा निरीक्षण विधियों से है जिनके आधार पर शिक्षक निर्णय लेता है कि कहाँ तक छात्रों को विषय-वस्तु का स्वामित्व प्राप्त हो सका है। यदि अपेक्षित स्वामित्व स्तर प्राप्त नहीं हुआ है जो यह पूर्व तीनों अथवा किसी एक के अभाव के कारण हुआ है, उसमें सुधार लाना चाहिए।

(5) यह पृष्ठ-पोषण भी देती है। शिक्षण के इन पक्षों में घनिष्ठ सम्बन्ध होता है। शिक्षण के उद्देश्यों के अनुसार इनका सम्बन्ध बदलता रहता है। शिक्षण का व्यापक प्रतिमान है।

शिक्षण के प्रतिमान का महत्व

शिक्षण प्रतिमानों की अग्रलिखित विशेषताएँ मानी जाती हैं–

(1) विद्यालयों की शिक्षण व्यवस्था में विशिष्ट उद्देश्यों की प्राप्ति के लिए इनको प्रयुक्त किया जा सकता है। इनके द्वारा शिक्षण को अधिक सार्थक तथा प्रभावशाली बनाया जा सकता है।

(2) विद्यालयों में विभिन्न विषयों के शिक्षण में विशिष्ट प्रतिमानों को ही प्रयुक्त किया जा सकता है।

(3) शिक्षण प्रतिमानों को सामाजिक, व्यक्तिगत, ज्ञानात्मक तथा व्यावहारिक पक्षों के विकास के लिए विकसित किया जाता है। अतः शिक्षण के सभी उद्देश्यों की प्राप्ति के लिए इनको प्रयुक्त किया जा सकता है।

(4) शिक्षण प्रतिमान अभी जाँच (Trial) स्तर पर ही है। इनके आधार पर शिक्षण-सिद्धान्तों का प्रतिपादन किया जा सकता है।

(5) इन प्रतिमानों से सादृश्य अनुभव ग्रहण कर भारतीय परिस्थिति के लिए अधिक प्रभावशाली प्रतिमानों की रचना की जा सकती है।

(6) शिक्षण-प्रतिमान शिक्षण प्रक्रिया में शोध कार्य के लिए विशाल क्षेत्र प्रस्तुत करते हैं, जिससे शिक्षण को समझा जा सकता है और उनके चरों (Variables) का उल्लेख किया जा सकता है।

(7) शिक्षण विधियों में पाठ्य-वस्तु को प्रधानता दी जाती है जबकि शिक्षण प्रतिमानों में उद्देश्यों को प्रधानता दी जाती है जिससे शिक्षण को अधिक सार्थक तथा उपयोगी बनाया जा सकता है।

(8) शिक्षण तथा अधिगम क्रियाओं के सम्बन्ध में विभिन्न परिस्थितियों का भली प्रकार अध्ययन किया जा सकता है।

(9) भारतीय परिस्थिति में कक्षा शिक्षण की समस्याओं के समाधान के लिए शिक्षण प्रतिमानों को विकसित किया जा सकता है।

(10) मनोवैज्ञानिक शक्तियों को शिक्षण में प्रभावशाली रूप से प्रयुक्त किया जा सकता है।

(11) शिक्षा की मूल्यांकन प्रणाली का विकास किया जा सकता है।

निष्कर्ष

विदेशों में कक्षा शिक्षण में शिक्षण विधि, शिक्षण आव्यूह तथा शिक्षण प्रतिमानों का उपयोग किया जाता है। किन्तु भारत के विद्यालयों में कक्षा के तहत शिक्षण विधियों का प्रयोग लगभग 36 प्रतिशत विद्यालयों में किया जाता है। ये विद्यालय भी शहरी क्षेत्रों में स्थित हैं। ग्रामीण विद्यालयों में आधुनिक विधियों का उपयोग शिक्षक द्वारा नहीं किया जाता है। इसे भारतीय विद्यालयों के विकास के लिए कक्षा शिक्षण आव्यूह और शिक्षण प्रतिमानों को सरल एवं लोकप्रिय बनाना होगा तभी इसको ग्रामीण विद्यालयों में लोकप्रिय एवं जनहित में जारी किया जा सकेगा। इसका उपयोग इतिहास के शिक्षण में किया जाता है। शिक्षण आव्यूह में व्यक्तिगत भिन्नता को प्राथमिकता दी जाती है और ये छात्र केन्द्रित प्रतिमा के तहत शिक्षण के लक्ष्य को प्रधानता दी जाती है। उसी लक्ष्य की प्राप्ति के लिए शिक्षण का प्रारूप और सामाजिक प्रणाली को विकसित किया जाता है।

8

इतिहास शिक्षण में प्रयुक्त शिक्षण कौशल

बी. के. पासी (B.K. Passi, 1976) **के अनुसार**—"शिक्षण-कौशल सम्बन्धित शिक्षण क्रियाओं अथवा उन व्यवहारों के सम्पादन से है जो छात्रों के सीखने के लिए सुगमता प्रदान करने के इरादे से किए जाते हैं।"

मैकईनटेयर तथा व्हाइट (Mc Intyr and White) **के अनुसार**—"शिक्षण कौशल, शिक्षण व्यवहारों का सम्बन्धित वह स्वरूप होता है जो कक्षा की अन्तःप्रक्रिया उन विशेष परिस्थितियों को उत्पन्न करता है जो शैक्षिक उद्‌देश्यों को प्राप्त करने में सहायक होते हैं और छात्रों को सीखने में सुगमता प्राप्त करते हैं।"

एन. एल गेज (N.L. Gage) **के अनुसार**—'शिक्षण कौशल' वह विशिष्ट अनुदेशनात्मक क्रियाएं और प्रक्रियाएं हैं। जिन्हें शिक्षक कक्षा-कक्ष में प्रयोग करता है। ये शिक्षण की विभिन्न अवस्थाओं से सम्बन्धित होती हैं या जो शिक्षक के निरन्तर प्रयोग में आती हैं।"

शिक्षण कौशलों की विशेषताएं

शिक्षण कौशलों की प्रमुख विशेषताएं अग्रलिखित हैं–

1. शिक्षण कौशल, शिक्षण क्रियाओं अथवा व्यवहारों से सम्बन्धित होते हैं।
2. ये कक्षा में अन्तःप्रक्रिया की परिस्थिति उत्पन्न करते हैं।
3. इनकी सहायता से छात्र सुगमता से सीख लेते हैं।

4. इन कौशलों के द्वारा उद्देश्यों को प्राप्त करने में सहायता मिलती है।
5. ये कक्षा-शिक्षण व्यवहार की एक इकाई से सम्बन्धित होते हैं।

शिक्षण कौशल के अवयव

शिक्षण कौशल के प्रमुख अवयव अग्रलिखित हैं–

1. पूर्व अनुभवों का उपयोग—नए अनुभव प्राप्त करने में पूर्व अनुभव बहुत सहायक होते हैं। पूर्व अनुभव और पूर्व ज्ञान की सहायता से नया पाठ पढ़ने तथा पढ़ाने में आसानी होती है। नए और पुराने ज्ञान में सम्बन्ध स्थापित करने के लिए उचित परिस्थितियां पैदा करनी पड़ती हैं ताकि बच्चे उस सम्बन्ध की सहायता से तेजी से ज्ञान प्राप्त कर सके।

2. उचित प्रविधियों का प्रयोग—अध्यापक पाठ को सफल बनाने के लिए भिन्न-भिन्न प्रविधियों का प्रयोग करता है। उदाहरणार्थ–व्याख्या करना, प्रश्न पूछना, प्रयोग और प्रदर्शन करना, भ्रमण करना, दृश्य-श्रव्य सामग्री का प्रयोग करना आदि।

3. निरन्तरता बनाने रखना—पाठ की प्रस्तावना के लिए जो प्रश्न पूछे जाते हैं उनमें निरन्तरता बनाई रखी जानी चाहिए। ये प्रश्न एक दूसरे से सम्बन्धित होने चाहिएं। उनमें तारतम्य (Coherence) बना रहना चाहिए।

4. शाब्दिक और अशाब्दिक व्यवहार की सार्थकता—शिक्षक को पाठ पढ़ाते समय या प्रस्तावना के समय अपने शाब्दिक तथा अशाब्दिक व्यवहार की सार्थकता का ज्ञान होना चाहिए।

विभिन्न शिक्षण कौशल

शिक्षक अपने शिक्षण में अनेक प्रकार के कौशलों का प्रयोग करता है। ये शिक्षण-कौशल भिन्न-भिन्न विषयों के अध्यापकों के अलग ही होते हैं। सारे विषयों के शिक्षण-कौशलों की पहचान सबसे पहले ऐलन तथा रायन (1969) ने की थी और उन्होंने 14 शिक्षण कौशलों को प्रस्तुत किया था जो इस प्रकार है–

1. विकेन्द्री प्रश्न।
2. छात्र व्यवहार का ज्ञान।
3. दृष्टान्त देना।
4. व्याख्यान।
5. उच्चस्तरीय प्रश्न।

6. नियोजित पुनरावृत्ति।
7. सम्प्रेषण पूर्णता।
8. उद्दीपन भिन्नता।
9. विन्यास प्रेरणा।
10. समीपता।
11. मौन एवं अशाब्दिक अन्तःप्रक्रिया।
12. पुनर्वलन।
13. प्रश्न पूछना।
14. खोजपूर्ण प्रश्न।

बी. के. पासी (1976) ने भी इन कौशलों का अध्ययन किया और 13 शिक्षण कौशलों की सूची प्रस्तुत की जो इस प्रकार है–

1. उद्दीपन भिन्नता।
2. मौन तथा अशाब्दिक अन्तःप्रक्रिया।
3. पुनर्वलन।
4. छात्रों के कार्यों को प्रोत्साहन।
5. श्यामपट्ट का प्रयोग।
6. समीपता की प्राप्ति।
7. छात्र व्यवहार की पहचान।
8. अनुदेशन उद्देश्यों को लिखना।
9. पाठ की प्रस्तावना।
10. प्रश्नों की प्रवाहशीलता।
11. खोजपूर्ण प्रश्न।
12. व्याख्या कौशल।
13. दृष्टान्त देना।

शिक्षण कौशलों के सभी विवरणों के अध्ययन और वर्गीकरण को ध्यान में रख कर एक बहुत बड़ी सूची तैयार की गई है जिस में अब तक 22 शिक्षण कौशलों को शामिल किया गया है। उन का वर्गीकरण पाठ योजना की अवस्थाओं के सन्दर्भ में किया गया है–

1. पाठ योजना—इस प्रथम अवस्था में 3 शिक्षण कौशलों की आवश्यकता होती है–

(i) अनुदेशन के उद्देश्यों को व्यावहारिक रूप से लिखना।

(ii) पाठ-गति।

(iii) दृश्य-श्रव्य सहायक सामग्री की व्यवस्था।

2. प्रस्तुतीकरण—इसमें 14 शिक्षण कौशलों की आवश्ययकता होती है।

(i) विन्यास प्रेरणा।

(ii) प्रश्नों की प्रवाहशीलता।

(iii) व्याख्या कौशल।

(iv) व्याख्यान।

(v) दृष्टान्त देना।

(vi) उद्दीपन भिन्नता।

(vii) श्यामपट्ट का प्रयोग।

(viii) मौन एवं अशाब्दिक अन्तःप्रक्रिया।

(ix) पुनर्वलन।

(x) खोजपूर्ण प्रश्न।

(xi) विकेन्द्री प्रश्न।

(xii) उच्चस्तरीय प्रश्न।

(xiii) छात्र सम्भागिता वृद्धि।

(xiv) नियोजित पुनरावृति।

3. पाठ समापन—इस में दो कौशलों की आवश्यकता होती है—

(i) पाठ समापन कौशल।

(ii) गृहकार्य देना।

4. पाठ का मूल्यांकन—इस में एक कौशल की ही आवश्यकता होती है—

(i) सम्प्रेषण की पूर्णता।

5. पाठ व्यवस्था—इस अवस्था में दो कौशलों की आवश्यकता होती है।

(i) छात्र व्यवहारों का अभिज्ञान।

(ii) कक्षा व्यवस्था।

इस प्रकार पाठ योजना की विभिन्न अवस्थाओं में विभिन्न शिक्षक कौशलों का प्रयोग करके शिक्षण को प्रभावपूर्ण बनाया जा सकता है।

पाठ-प्रस्तावना कौशल

पाठ-प्रस्तावना कौशल का अर्थ है कि अध्यापक शब्दिक, अशाब्दिक (Verbal and Non-verbal) व्यवहारों तथा अन्य सहायक सामग्री का प्रयोग करते हुए

प्रस्तुत पाठ को पढ़ने के लिए छात्रों को इसकी आवश्यकता अच्छी तरह महसूस करने का कौशल अर्जित करा दे।

कौशल घटक

1. पूर्व अनुभवों का उपयोग—पूर्व अनुभव नए अनुभवों को ग्रहण करने में सहायक होते हैं। इसलिए छात्रों द्वारा ग्रहण किए हुए पूर्व ज्ञान और अनुभवों का उचित प्रकार उपयोग करने की आवश्यकता होती है। अध्यापक को इस कार्य में दक्षता प्राप्त करनी चाहिए।

2. उचित प्रविधियों एवं तकनीकी का उपयोग—अध्यापक को अपना पाठ सफल बनाने के लिए उचित प्रविधियों तथा तकनीकों का ज्ञान होना बहुत आवश्यक है। उसको कहानी सुनाना, प्रश्न पूछना, व्याख्या करना, अभिनय करना, सहायक सामग्री का प्रयोग करना तथा प्रदर्शन करना आदि तकनीक व प्रविधियां काम में लानी चाहिएं।

3. तारतम्य बनाए रखना—तारतम्य बनाने के लिए पूछे जाने वाले प्रश्न एक-दूसरे से सम्बन्धित होने चाहिएं। अन्य सभी क्रियाओं में तालमेल होना बहुत आवश्यक है। शुरू से लेकर अन्त तक पाठ प्रस्तावना के सभी अंगों और क्रियाओं में तारतम्य होना चाहिए।

4. शाब्दिक तथा अशाब्दिक व्यवहार की सार्थकता—अध्यापक को शाब्दिक तथा अशाब्दिक व्यवहार क्रियाओं की सार्थकता पर पूरा ध्यान देना चाहिए। अध्यापक को इसके लिए, पूर्व ज्ञान की परीक्षा करना, अनुभवों का उपयोग करना, उद्देश्यों की घोषणा करना, तथा पढ़ने की आवश्यकता अनुभव कराना आदि कार्यों पर ध्यान देना चाहिए।

निरीक्षण अनुसूची एवं रेटिंग स्केल का प्रारूप

छात्र अध्यापक :–........................ दिनांक :–........................

कक्षा :–........................ उप विषय :–........................

सत्र :–शिक्षण/पुनः शिक्षण अवधि :–........................

निरीक्षक :–........................

व्यवहार घटक	रेटिंग स्केल न्यूनतम						अधिकतम
1. छात्रों के पूर्व ज्ञान से सम्बन्ध	0	1	2	3	4	5	6
2. प्रश्नों/कथनों का उद्देश्यों से सम्बन्ध	0	1	2	3	4	5	6
3. प्रश्नों/विचारों/कथनों में क्रमबद्धता	0	1	2	3	4	5	6
4. ध्यान एवं रुचि का पैदा किया जाना	0	1	2	3	4	5	6
5. पाठ प्रस्तावना सम्बन्धी समग्र प्रभाव	0	1	2	3	4	5	6
6. उपयुक्त साधनों का प्रयोग किया गया	0	1	2	3	4	5	6
7. अध्यापक में छात्रों को अभि-प्रेरित करने की क्षमता है।	0	1	2	3	4	5	6

सुझाव यदि कोई हो–

निरीक्षक के हस्ताक्षर

निर्देश—सात बिन्दु वाली मापनी (Seven Point Scale) के रूप में इस कौशल (Skill) को प्रस्तुत किया गया है। शिक्षण कौशल को सूक्ष्म पाठ जिस सीमा तक पाया गया है उस अंक पर घेरा लगाना चाहिए। किसी भी कौशल का मूल्यांकन करने के लिए इन सात बिन्दुओं को ध्यान में रखना चाहिए। इस सात बिन्दु मापनी पर अंक 0 कौशल के न्यूनतम प्रभावशाली उपयोग और अंक 6 कौशल के अधिकतम प्रभावशाली उपयोग को दर्शाता है। सभी कौशल के मूल्यांकन में इसी पद्धति को अपनाया जाता है।

खोज-पूर्ण प्रश्न कौशल

शिक्षण अधिगम प्रक्रिया में प्रश्न पूछने की कला बहुत महत्त्वपूर्ण स्थान रखती है। शिक्षक प्रश्न पूछ कर छात्रों का ध्यान आकर्षित कर सकता है, उन्हें

अभिप्रेरणा दे सकता है, उन में रुचि एवं जिज्ञासा उत्पन्न कर सकता है, तथा उनके पूर्ण ज्ञान को नवइतिहास से जोड़ने में सफल हो सकता है। जब कोई छात्र उत्तर नहीं देता अथवा अपूर्ण और गलत उत्तर देता है तो उसे उत्तर देने के लिए प्रेरित करने में ऐसे प्रश्न सहारा देते हैं। इन्हें ही खोज-पूर्ण प्रश्न (Probing Questions) कहते हैं।

कौशल घटक

1. अनुबोधन क्रिया—जब उत्तर देने में छात्र हिचकिचाता है या आधा उत्तर देकर रुक जाता है या नकारात्मक (Negative) उत्तर देता है। जैसे–मुझे नहीं आता या उत्तर देते हुए हिचकिचाए तो अध्यापक संकेत देकर छात्र को ठीक उत्तर के लिए प्रेरित करता हैं। अध्यापक छात्र को निरुत्साहित नहीं करता और इस क्रिया का उपयोग करता है।

2. अधिक सूचना प्राप्ति—जब छात्र अधूरा उत्तर देते हैं तो अध्यापक अधिक सूचना प्राप्त करने का प्रयास करता है। जैसे–कुछ और बताओ, दूसरे शब्दों में कहो और स्पष्ट करो आदि। इस प्रक्रिया का सहारा लेकर उसका उत्तर पूर्ण कराता है।

3. पुनः केन्द्रण—जब छात्र सही उत्तर देता है तब अध्यापक पूर्व घटित या पढ़ी हुई स्थिति का उदाहरण लेकर छात्र का ध्यान उस पर पुनः केन्द्रित करता है इस प्रकार अध्यापक छात्र के इस ज्ञान को अन्य विषयों से भी जोड़ने का प्रयत्न करता है।

4. पुनः निर्देशन—अध्यापक एक ही प्रश्न को कई छात्रों से पूछता है। इसे पुनःनिर्देशन कहते हैं।

5. समीक्षात्मक अभिज्ञता वृद्धि—सही उत्तर पाने पर भी जब अध्यापक "क्यों" और "कैसे" जैसे प्रश्न पूछता है और उत्तर की सार्थकता की व्याख्या करने को कहता है, इस से छात्रों की समीक्षात्मक अभिज्ञता की वृद्धि कहलाती है।

निरीक्षण अनुसूची एपं रेटिंग स्केल का प्रारूप

छात्र अध्यापक का नाम........................ दिनांक–........................
कक्षा–........................ उप-विषय–........................
सत्र–........................ अवधि–........................
निरीक्षक–........................

व्यवहार घटक	रेटिंग स्केल अत्याधिक निराशाजनक से सर्वोत्तम की ओर
1. अध्यापक द्वारा संकेतात्मक प्रश्न पूछे गए।	0 1 2 3 4 5 6
2. अधिक सूचना प्राप्ति के लिए प्रश्न पूछे गए।	0 1 2 3 4 5 6
3. पुनः केन्द्रीयकरण के लिए प्रश्न पूछे गए।	0 1 2 3 4 5 6
4. प्रश्नों का पुनःनिर्देशन किया गया।	0 1 2 3 4 5 6
5. समीक्षात्मक अभिज्ञता वृद्धि का प्रयास किया गया।	0 1 2 3 4 5 6

व्याख्यान कौशल

अध्यापक अपने शिक्षण में सबसे अधिक अपने विचारों एवं प्रत्ययों (Concepts) को व्याख्यान द्वारा छात्रों तक पहुंचाता है। इस विधि में दोष भी अधिक हैं, परन्तु फिर भी इसी का प्रयोग अधिक किया जाता है। इसे व्याख्यान कहते हैं। इस का प्रयोग करने के लिए कई तत्त्वों का प्रयोग किया जाता है।

व्याख्यान कौशल के घटक

1. व्याख्यान शुरू करने का कौशल।
2. भाषा सहज एवं सुबोध होना।
3. बोलने की सहजता।
4. रुचिकर युक्तियों का प्रयोग।
5. पाठ गति का औचित्य।
6. दृश्य-श्रव्य सामग्री का प्रयोग।
7. शिक्षण बिन्दुओं को दोहराना।
8. अन्तःक्रिया में परिवर्तन।
9. व्याख्यान समापन।

व्याख्यान कौशल की निरीक्षण अनुसूची तथा रेटिंग स्केल का प्रारूप

व्यवहार घटक	रेटिंग स्केल						
	न्यूनतम						अधिकतम
1. व्याख्या शुरू करने का कौशल।	0	1	2	3	4	5	6
2. भाषा सहज एवं सुबोध होना।	0	1	2	3	4	5	6
3. बोलने की सहजता।	0	1	2	3	4	5	6
4. रुचिकर युक्तियों का प्रयोग।	0	1	2	3	4	5	6
5. पाठ गति का औचित्य होना।	0	1	2	3	4	5	6
6. दृश्य-श्रव्य सामग्री का प्रयोग ठीक किया गया	0	1	2	3	4	5	6
7. शिक्षण बिन्दुओं को दोहराया गया।	0	1	2	3	4	5	6
8. अन्तःक्रिया में परिवर्तन किया गया।	0	1	2	3	4	5	6
9. व्याख्यान ठीक ढंग से समाप्त किया गया।	0	1	2	3	4	5	6

वाद-विवाद कौशल

इस कौशल को वाद-विवाद कौशल अथवा छात्र क्रियाशीलता में वृद्धि (Increasing Pupil Participation) कहते हैं। अध्यापक किसी बिन्दु (point) को छात्रों के सामने प्रस्तुत करके उनके विचार प्रस्तुत करने को कहता है। छात्र एक-एक करके अपने विचार प्रस्तुत करते हैं। इसके अतिरिक्त पाठ को प्रभावशाली बनाने में छात्रों का भाग लेना अधिक आवश्यक होता है। शिक्षक छात्रों की संभागिता में वृद्धि इस कौशल के प्रयोग से करता है। इस प्रकार क्रियाओं से वाद-विवाद का वातावरण उत्पन्न होता है। इसे वाद-विवाद कौशल कहते हैं।

कौशल घटक

इस कौशल में काम आने वाले अग्रलिखित कौशल भी हैं–

1. विन्यास प्रेरणा (वातावरण निर्माण)।

2. प्रश्न पूछना।
3. उद्दीपन परिवर्तन।
4. छात्र संभागिता में वृद्धि।
5. मौन एवं अशाब्दिक संकेत।
6. दूसरों के विचारों का आदर करना।
7. पुनर्बलन।

वाद-विवाद कौशल का निरीक्षण अनुसूची तथा रेटिंग स्केल का प्रारूप

व्यवहार घटक	रेटिंग स्केल						
	न्यूनतम						अधिकतम
1. उचित वातावरण का निर्माण किया गया।	0	1	2	3	4	5	6
2. प्रश्न पूछे गए।	0	1	2	3	4	5	6
3. शिक्षक द्वारा उद्दीपन परिवर्तन किए गए।	0	1	2	3	4	5	6
4. अध्यापक ने छात्र-संभागिता में वृद्धि उपयुक्त ढंग से की।	0	1	2	3	4	5	6
5. शिक्षक ने अशाब्दिक संकेतों का प्रयोग किया।	0	1	2	3	4	5	6
6. अध्यापक ने दूसरे के विचारों का आदर किया।	0	1	2	3	4	5	6
7. अध्यापक द्वारा पुनर्बलन का प्रयोग ठीक ढंग से किया गया।	0	1	2	3	4	5	6

प्रदर्शन कौशल

कोई प्रणाली अथवा वस्तुएं कैसी होती हैं, कैसे बनती हैं अथवा कैसे कार्य करती हैं आदि बातों का ज्ञान कराने के लिए प्रदर्शन विधि का सहारा लेना पड़ता है। विशेष कर इतिहास के विषयों में तो प्रदर्शन (Demonstration) शिक्षण का

आवश्यक अंग है। उदाहरणार्थ, किसी गैस को प्रयोगशाला में कैसे तैयार करते हैं, दिन और रात कैसे बनते हैं, वस्तुएं क्यों डूब जाती हैं आदि का कक्षा में प्रदर्शन करके ही छात्रों को समझाया जा सकता है। यही प्रदर्शन कहलाता है।

कौशल घटक

ये घटक अग्रलिखित हैं–

1. विषय वस्तु से सम्बद्धता।
2. प्रयोग सम्बन्धी वस्तुओं और सामग्री का उपयोग।
3. प्रदर्शन की उपयुक्तता।
4. छात्र संभागिता।
5. प्रदर्शन दृष्टिगोचर।
6. निष्कर्ष क्षमता।
7. कार्य व कारण से सम्बन्ध स्थापित करना।

निरीक्षण अनुसूचीयुक्त रेटिंग स्केल का प्रारूप

व्यवहार घटक	रेटिंग स्केल न्यूनतम						रेटिंग स्केल अधिकतम
1. अध्यापक ने विषय वस्तु से सम्बन्धित प्रदर्शन किया।	0	1	2	3	4	5	6
2. प्रयोग सम्बन्धी वस्तुओं और सामग्री का प्रयोग किया गया।	0	1	2	3	4	5	6
3. अध्यापक द्वारा प्रदर्शन उपयुक्त ढंग से किया गया।	0	1	2	3	4	5	6
4. अध्यापक ने छात्र-संभागिता को बढ़ाने का प्रयत्न किया।	0	1	2	3	4	5	6
5. प्रदर्शन सभी छात्रों को दिखाई दे रहा था।	0	1	2	3	4	5	6

6. अध्यापक ने प्रदर्शन के बाद परिणाम निकालने की क्षमता का भी प्रदर्शन किया।	0	1	2	3	4	5	6
7. अध्यापक कार्य और कारण से सम्बन्ध स्थापित करने में सफल रहा।	0	1	2	3	4	5	6

दृष्टांत कौशल

अध्यापक के सामने कई बार शिक्षण के दौरान ऐसी परिस्थितियों आती हैं कि वह सिद्धान्तों, नियमों या प्रत्ययों को अपने व्याख्यान से स्पष्ट नहीं कर पाता। उस स्थिति में शिक्षक अपने शिक्षण को उदाहरण देकर शुरू कर सकता है। इसे दृष्टान्त कौशल का नाम दिया जाता है।

कौशल घटक

इसके मुख्य व्यवहार घटक अग्रलिखित हैं—

1. सार्थक उदाहरणों का निर्माण—विषय-वस्तु से सम्बन्धित ऐसे उदाहरण जो छात्रों की आयु, ज्ञान एवं अनुभव से मेल खाते हों ताकि उनको समझने में कठिनाई न हो।

2. सरल उदाहरणों का निर्माण—प्रयोग किए जाने वाले उदाहरणों का स्वरूप सरल होना चाहिए।

3. रोचक उदाहरणों का निर्माण—ऐसे उदाहरण जो छात्रों की जिज्ञासा और अभिरुचि को जाग्रत करें जिनमें मनोरंजन भी हो तो वे अधिक सफल हो सकते हैं।

4. उचित माध्यम का उपयोग—इन उदाहरणों को उचित एवं अधिक प्रभावशाली माध्यम शाब्दिक अथवा अशाब्दिक के द्वारा प्रस्तुत किया जाना चाहिए। इससे इनका प्रभाव अधिक एवं स्थाई होता है। जैसे—कहानी, चुटकले, मुहावरे और नमूने, मॉडल, मानचित्र आदि का प्रयोग।

5. आगमन-निगमन उपागम का प्रयोग—कुछ बातें आगम विधि के सहारे भली प्रकार समझाई जा सकती हैं और कुछ निगमन विधि से। अध्यापक उचित विधि का उपयोग करें। दोनों का एक साथ भी उपयोग किया जा सकता हैं निगमन उपागम का अर्थ है कि स्थापित सिद्धान्तों को प्रयोग में लाना। आगमन उपागम का अर्थ है कि किसी संप्रत्यय को समझना और सिद्धान्त आदि की स्थापना करना।

निरीक्षण अनुसूचीयुक्त रेटिंग स्केल का प्रारूप

व्यवहार घटक	रेटिंग स्केल न्यूनतम						अधिकतम
1. उदाहरणों की सार्थकता।	0	1	2	3	4	5	6
2. उदाहरणों की सरलता।	0	1	2	3	4	5	6
3. उदाहरणों की रोचकता।	0	1	2	3	4	5	6
4. आगमन उपागम का प्रयोग।	0	1	2	3	4	5	6
5. निगमन उपागम का प्रयोग।	0	1	2	3	4	5	6

व्याख्या कौशल

शिक्षण प्रक्रिया मे बहुत से तथ्य, सम्प्रत्यय, नियम अथवा सिद्धान्त ऐसे होते हैं जिनको अच्छी प्रकार से समझने के लिए व्याख्या (Explain) करना आवश्यक हो जाता है। अतःशिक्षक को व्याख्या कौशल अर्जित करना अति आवश्यक है। व्याख्या करने से तात्पर्य विषय-वस्तु पर आधारित उन कथनों से है जो आपस में पूरी तरह सम्बन्धित, क्रमबद्ध और सार्थक होते हैं। इसको व्याख्या कौशल (Skill of Explaining) कहते हैं।

कौशल घटक

इसके मुख्य कौशल घटक अग्रलिखित हैं–

1. उपयुक्त प्रारम्भिक कथनों का प्रयोग।
2. निष्कर्षात्मक कथन स्पष्ट करना।
3. भाषा में प्रवाह होना।
4. उपयुक्त शब्दों का प्रयोग।
5. कथनों में तारतम्य होना।
6. असम्बद्ध कथनों की अनुपस्थिति।
7. कथनों को आपस में जोड़ने वाले शब्दों अथवा मुहावरों का प्रयोग।
8. छात्रों की समझ के परीक्षण के लिए बीच-बीच में प्रश्न पूछना।

निरीक्षण अनुसूचीयुक्त रेटिंग स्केल का प्रारूप

व्यवहार घटक	रेटिंग स्केल अत्यधिक निराशाजनक						सर्वोत्तम
हां/नहीं							
1. उपयुक्त प्रारम्भिक कथनों का स्पष्टता से प्रयोग किया गया।	0	1	2	3	4	5	6
2. निष्कर्षात्मक कथन स्पष्ट किए गए।	0	1	2	3	4	5	6
3. भाषा में प्रवाह था।	0	1	2	3	4	5	6
4. कथनों में उपयुक्त शब्दों का प्रयोग किया गया।	0	1	2	3	4	5	6
5. कथनों में निरन्तरता रखी गई।	0	1	2	3	4	5	6
6. शिक्षण में असम्बद्ध कथनों की अनुपस्थिति थी।	0	1	2	3	4	5	6
7. कथनों को आपस मे जोड़ने वाले शब्दों अथवा मुहावरों का प्रयोग किया गया था।	0	1	2	3	4	5	6
8. छात्रों की समझ के परीक्षण के लिए बीच-बीच में प्रश्न पूछे गए थे।	0	1	2	3	4	5	6

उद्दीपन विभिन्नता कौशल

शिक्षक छात्रों के ध्यान (Attention) को आकर्षित करने तथा पाठ में लगाए रखने के लिए अपने व्यवहारों में परिवर्तन लाता है। जैसे–वह कभी अपनी जगह से चलकर श्यामपट्ट के समीप आता है, कभी छात्रों से प्रश्न पूछता है, कभी छात्रों के प्रश्नों का उत्तर देता है, कभी चित्र या वस्तु दिखाता है और फिर उसका विवरण देता है। इस कौशल को उद्दीपन परिवर्तन कहा जाता है।

कौशल के तत्त्व

कौशल के प्रमुख तत्त्व अग्रलिखित हैं–

1. केन्द्रीकरण—इसका प्रयोग उस स्थिति में किया जाता है जब छात्रों के ध्यान करें पाठ के किसी विशिष्ट बिन्दु पर केन्द्रित करना हो। जैसे–अध्यापक कहता है, "इधर ध्यान दो" या "इस चित्र को देखो", चित्र पर निश्चित बिन्दु पर संकेत करके छात्रों का ध्यान केन्द्रित किया जाता है।

2. संचालन—शिक्षक को कक्षा में पढ़ाते समय एक स्थान पर बहुत देर तक खड़े न होकर शरीर संचालन करते रहना चाहिए। कक्षा में यदि अध्यापक आवश्यकतानुसार अपनी जगह बदलता है, हाथ-पैर हिलाता है तो छात्रों का ध्यान उसकी ओर लगा रहता है।

3. हाव-भाव—अध्यापक को अपने हाव-भाव तथा स्वर में उतार-चढ़ाव लाते रहना चाहिए। पाठ पढ़ाते समय पाठ्य-वस्तु के अनुसार हाव-भाव करने चाहिएं।

4. वाक परिवर्तन—आवाज के उतार-चढ़ाव करने या उसमे परिवर्तन करके अनेक भावों को छात्रों को समझाया जा सकता है। अध्यापक की आवाज में परिवर्तन कई तरह के हो सकते हैं। जैसे – ऊंची आवाज, तेज तीव्र गति, किसी शब्द पर दबाव डालकर बोलना आदि विभिन्न स्थितियों एवं भावों को स्पष्ट करते हैं।

5. अन्तःक्रिया में परिवर्तन—अध्यापक कक्षा में ऐसा वातावरण उत्पन्न करता है कि पाठ में सभी का सहयोग प्राप्त हो। छात्र संभागिता को अन्तःक्रिया परिवर्तन से प्रोत्साहन मिलता है। अध्यापक अन्तःक्रिया परिवर्तन का उपयोग करके अपने शिक्षण को प्रभावशाली बना सकता है।

6. विराम—विराम से तात्पर्य ऐसे मौन से है जो अध्यापक बोलते-बोलते रुक जाए ताकि छात्रों का ध्यान उसकी ओर आकर्षित हो। यदि छात्रों को कुछ कहने या पूछने का अवसर न दें और अध्यापक स्वयं ही बोलता रहे तो पाठ नीरस हो जाता है। अतः मौन-विराम का प्रयोग ध्यान आकर्षण हेतु किया जाता है।

7. मौखिक दृश्य बदलाव—अध्यापक पाठ पढ़ाते हुए मौखिक विवरण के साथ-साथ कभी चित्र दिखाकर या श्यामपट्ट पर रेखा चित्र बनाकर या लिखकर समझाता है, कभी बोलता-बोलता माडल दिखाता है, कभी चित्र दिखाते हुए वह विवरण देने लगता है। इन सभी क्रियाओं को मौखिक दृश्य बदलाव कहते हैं।

उद्दीपन-परिवर्तन कौशल की निरीक्षण अनुसूची का प्रारूप

छात्राध्यापक का विवरण :–
शिक्षण का विवरण :–
निरीक्षक का नाम :–

व्यवहार घटक	रेटिंग स्केल						
	न्यूनतम						अधिकतम
1. भाव केन्द्रीकरण की प्रक्रिया की गई।	0	1	2	3	4	5	6
2. शिक्षण में अध्यापक ने शरीर संचालन किया।	0	1	2	3	4	5	6
3. अध्यापक अपने स्वर में उतार-चढ़ाव लाया।	0	1	2	3	4	5	6
4. शिक्षण में समुचित हाव-भाव प्रयोग किया गया।	0	1	2	3	4	5	6
5. छात्र-शिक्षक अन्तःक्रिया में परिवर्तन लाया गया।	0	1	2	3	4	5	6
6. अध्यापक द्वारा मौन विराम का प्रयोग किया गया।	0	1	2	3	4	5	6
7. अध्यापक ने मौखिक दृश्य में बदलाव किया।	0	1	2	3	4	5	6

पुनर्वलन कौशल

पुनर्वलन मनोवैज्ञानिक सिद्धान्त पर आधारित है। शिक्षण-अधिगम क्रिया को प्रभावशाली तथा तीव्र करने में पुनर्वलन का विशेष महत्त्व है। शिक्षक की वह क्रियाएं जो छात्रों की अनुक्रियाओं को प्रोत्साहित करती हैं उसे पुनर्वलन कहते हैं।

पुनर्वलन के प्रकार

1. सकारात्मक पुनर्वलन—इसके द्वारा छात्रों में वांछित व्यवहार को प्रबल बनाया जाता है। जैसे–इनमें अध्यापक को 'अच्छा' 'शाबाश' 'हां-हां ठीक है' अदि कहना या उत्तर ठीक होने पर मुस्कराना, सिर हिलाना, या हाथ के संकेत आदि आते हैं। इससे छात्र उत्साहित होकर प्रश्नों का उत्तर देते हैं।

2. नकारात्मक पुनर्वलन—इससे छात्रों के गलत या अवांछित व्यवहार को दुर्बल या दूर करने की चेष्टा की जाती है। इसमें अध्यापक का वह व्यवहार आता है जिससे छात्रों को गलत व्यवहार से रोकना अभीष्ट है। जैसे–गलत उत्तर आने पर अध्यापक 'नहीं' 'ऐसा नहीं है' कहना 'उं हूं' नकारात्मक सिर हिलाना, हाथ से बैठ जाने का संकेत आदि इसी श्रेणी में आते हैं।

कौशल घटक

1. प्रशंसात्मक कथनों का प्रयोग।
2. हाव-भाव और अन्य अशाब्दिक संकेतों का प्रयोग।
3. छात्रों की भावनाओं को स्वीकार करना।
4. नकारात्मक अशाब्दिक संकेतों का प्रयोग
5. नकारात्मक शाब्दिक कथनों का प्रयोग।
6. छात्र के सही उत्तरों को श्यामपट्ट पर लिखना।
7. पुनर्बलन का अत्यधिक प्रयोग।
8. छात्र के सुझावों का समर्थन।
9. निरुत्साहित करने वाले शब्दों का प्रयोग।

निरीक्षण अनुसूचीयुक्त रेटिंग स्केल का प्रारूप

व्यवहार घटक	रेटिंग स्केल						
	न्यूनतम						अधिकतम
1. प्रशंसात्मक शब्दों का प्रयोग किया गया।	0	1	2	3	4	5	6
2. हाव-भाव व अन्य अशाब्दिक संकेतों का प्रयोग किया गया।	0	1	2	3	4	5	6
3. विद्यार्थियों की भावनाओं को स्वीकार किया गया।	0	1	2	3	4	5	6

4. नकारात्मक अशाब्दिक संकेतों का प्रयोग किया।	0	1	2	3	4	5	6
5. नकारात्मक शाब्दिक कथनों का प्रयोग किया।	0	1	2	3	4	5	6
6. विद्यार्थियों के सही उत्तरों को श्यामपट्ट पर लिखा गया।	0	1	2	3	4	5	6
7. पुनर्वलन का अत्यधिक प्रयोग किया गया।	0	1	2	3	4	5	6
8. विद्यार्थियों के सुझावों का समर्थन किया गया।	0	1	2	3	4	5	6
9. निरुत्साहित करने वाले शब्दों का प्रयोग किया गया।	0	1	2	3	4	5	6

श्यामपट्ट का प्रयोग कौशल

श्यामपट्ट शिक्षक का दाहिना हाथ कहलाता है। यह अध्यापन में दृश्य साधन के रूप में सर्वाधिक प्रयोग में आता है। इसका उचित, सही एवं विधिपूर्वक उपयोग पाठ को प्रभावशाली बनाने में बहुत सहायक होता है। शिक्षक को श्यामपट्ट कार्य में निपुण होना चाहिए।

श्यामपट्ट कार्य में तीन बातों का विशेष ध्यान रखना चाहिए–

1. लेख स्पष्ट हो व पढ़ा जा सके।
2. श्यामपट्ट कार्य स्वच्छ व विधिवत हो।
3. यह कार्य उपयुक्त एवं पाठ से सम्बन्धित हो और पाठ विकास में सहायक हो।

कौशल घटक

1. लेख की स्पष्टता।
2. श्यामपट्ट कार्य में स्वच्छता।
3. श्यामपट्ट कार्य का औचित्य।
4. अक्षरों में उपयुक्त फासला।

5. अक्षरों का उचित आकार।
6. अक्षरों की मोटाई व चौड़ाई।
7. वाक्यों को लाइन में लिखना।
8. अनावश्यक बातों को मिटाना।
9. बिन्दुओं को निरन्तरता से लिखना।
10. मुख्य शब्दों या बिन्दुओं का रेखांकन।
11. रंगीन चाकों का उपयुक्त प्रयोग।
12. साफ और स्पष्ट चित्र/रेखा चित्र बनाने।
13. दो शब्दों के बीच समुचित स्थान होना।
14. श्यामपट्ट कार्य में संक्षिप्तता व स्पष्टता।

श्यामपट्ट प्रयोग कौशल का निरीक्षण अनुसूचीयुक्त रेटिंग स्केल का प्रारूप

व्यवहार घटक	रेटिंग स्केल						
	न्यूनतम						अधिकतम
1. लेख स्पष्ट लिखा गया।	0	1	2	3	4	5	6
2. श्यामपट्ट कार्य में स्वच्छता थी।	0	1	2	3	4	5	6
3. श्यामपट्ट कार्य का कक्षा में औचित्य था।	0	1	2	3	4	5	6
4. दो अक्षरों में उपयुक्त अन्तराल था।	0	1	2	3	4	5	6
5. अक्षरों का आकार उचित था।	0	1	2	3	4	5	6
6. अक्षरों की मोटाई चौड़ाई उचित थी।	0	1	2	3	4	5	6
7. वाक्य सीधी लाईन में लिखे गए थे।	0	1	2	3	4	5	6
8. अनावश्यक बातों को मिटा दिया गया था।	0	1	2	3	4	5	6

9. सभी बिन्दुओं को निरन्तरता से लिखा गया।	0	1	2	3	4	5	6
10. मुख्य बिन्दुओं को रेखांकित किया गया।	0	1	2	3	4	5	6
11. रंगीन चाकों का ठीक प्रयोग किया गया।	0	1	2	3	4	5	6
12. चित्र/रेखा चित्र साफ और स्पष्ट बनाए गए।	0	1	2	3	4	5	6
13. दो शब्दों के बीच स्थान समुचित था।	0	1	2	3	4	5	6
14. श्यामपट्ट कार्य में संक्षिप्तता व स्पष्टता थी।	0	1	2	3	4	5	6

कक्षा प्रबन्ध कौशल

ऐसी शिक्षण तकनीक जो अध्यापक को कक्षा में अपनी गतिविधियों को नियन्त्रण में रखकर प्रभावपूर्ण कक्षा प्रबन्ध में सहायता करे और शिक्षण उद्देश्यों को प्राप्त करने में अनुशासनात्मक ढंग से कार्य चलाने में सफलता प्राप्त कराए। एक अच्छे अध्यापक को कक्षा प्रबन्ध कौशल में दक्षता अर्जित करना अति आवश्यक है।

कौशल घटक

1. अधिगम रोचक बनाना।
2. अधिगम प्रयोजन पूर्ण बनाना।
3. छात्रों को उद्देश्य प्राप्ति के लिए अभिप्रेरित करना।
4. विद्यार्थी-अध्यापक अन्तःक्रिया।
5. निर्देशों की स्पष्टता।
6. अनुशासनहीनता पर नियन्त्रण करना।
7. वांछित व्यवहार का पुनर्वलन करना।
8. सौहार्दपूर्ण वातावरण निर्माण।
9. अवधान व्यवहार को प्रोत्साहित करना।

कक्षा प्रबन्ध कौशल का निरीक्षण अनुसूचीयुक्त रेटिंग स्केल का प्रारूप

व्यवहार घटक	रेटिंग स्केल न्यूनतम						अधिकतम
1. अधिक रोचक बनाया गया।	0	1	2	3	4	5	6
2. अधिगम प्रयोजनपूर्ण बनाया गया।	0	1	2	3	4	5	6
3. छात्रों को उद्देश्य प्राप्ति के के लिए प्रोत्साहित किया गया।	0	1	2	3	4	5	6
4. विद्यार्थी अध्यापक अन्तः क्रिया को प्रोत्साहित किया गया।	0	1	2	3	4	5	6
5. निर्देश स्पष्ट रूप से दिए गए।	0	1	2	3	4	5	6
6. अध्यापक अनुशासनहीनता पर नियन्त्रण पाने में सफल था।	0	1	2	3	4	5	6
7. वांछित व्यवहारों को पुन-र्बलन दिया गया।	0	1	2	3	4	5	6
8. सौहार्दपूर्ण वातावरण का निर्माण किया गया।	0	1	2	3	4	5	6
9. अवधान व्यवहार को प्रोत्साहन दिया गया।	0	1	2	3	4	5	6

छात्र संभागिता कौशल

इस कौशल द्वारा छात्र अधिक-से-अधिक सीखने की क्रियाओं में भाग लेने के अवसरों का प्रयोग कर सकता है शिक्षण-अधिगम प्रक्रिया की सफलता छात्रों द्वारा इस क्रिया में उत्साहपूर्वक भाग लेने पर बहुत कुछ निर्भर करती है। जैसे—अध्यापक द्वारा पूछे गए प्रश्नों का उत्तर देना, जो विषय पढ़ाया जा रहा है उसके बारे में अपने विचार प्रस्तुत करना, दृश्य-श्रव्य सामग्री के प्रयोग में आवश्यक सहयोग देना आदि।

कौशल घटक

1. मानसिक तैयारी।
2. प्रश्न पूछना।

3. मौन विराम एवं अशाब्दिक संकेत।
4. अनुशीलन प्रश्न पूछना।
5. शाब्दिक पुनर्वलन का प्रयोग।
6. अशाब्दिक पुनर्वलन का प्रयोग।
7. छात्र संभागिता प्रोत्साहन।
8. छात्रों द्वारा क्रियात्मक सहयोग प्रदान करना।

कौशल का निरीक्षण अनुसूचीयुक्त रेटिंग स्केल का प्रारूप

व्यवहार घटक	रेटिंग स्केल						
	न्यूनतम						अधिकतम
1. उचित परिस्थितियों में छात्रों की मानसिक तैयारी की गई।	0	1	2	3	4	5	6
2. विद्यार्थियों से प्रश्न पूछे गए।	0	1	2	3	4	5	6
3. मौन विराम एवं अशाब्दिक संकेत किए गए।	0	1	2	3	4	5	6
4. अनुशीलन प्रश्न पूछे गए।	0	1	2	3	4	5	6
5. शाब्दिक पुनर्वलन का प्रयोग किया गया।	0	1	2	3	4	5	6
6. अशाब्दिक पुनर्वलन का प्रयोग किया गया।	0	1	2	3	4	5	6
7. छात्र संभागिता को प्रोत्साहन दिया गया।	0	1	2	3	4	5	6
8. छात्रों द्वारा क्रियात्मक सहयोग प्रदान किया गया।	0	1	2	3	4	5	6

शिक्षण कौशलों के एकीकरण का अर्थ

यह आवश्यक नहीं है कि अध्यापक किसी एक शिक्षण परिस्थिति में सभी प्रकार के कौशलों को किसी न किसी रूप में अवश्य ही प्रयोग करें, परन्तु मुख्य आवश्यकता इस बात की है कि अध्यापक अपने शिक्षण काल के दौरान प्रत्येक शिक्षा परिस्थिति में यह तय कर ले कि उसे कौन-कौन से शिक्षण कौशलों का प्रयोग करना है। अध्यापक को अपनी योग्यताओं और क्षमताओं को अवश्य ही

ध्यान में रखना चाहिए। इसलिए शिक्षण कौशलों के चयन, संगठन और प्रयोग सम्बन्धी प्रक्रिया को शिक्षण कौशलों का एकीकरण (Integration of Teaching Skills) कहा जाता है। इस प्रक्रिया के माध्यम से शिक्षण कला का एक समन्वित और प्रभावशाली प्रारूप (Model) तैयार हो जाता है और उसके द्वारा निर्धारित अनुदेशनात्मक उद्देश्यों की प्राप्ति अच्छे ढंग से की जा सकती है।

एकीकरण की आवश्यकता

सूक्ष्म शिक्षण का सैद्धान्तिक आधार शिक्षण का विश्लेषणात्मक स्वरूप है। इस सिद्धान्त के अनुसार शिक्षण कार्य को पहले बहुत सारे छोटे-छोटे शिक्षण कौशलों में बांट दिया जाता है और फिर इन कौशलों को अति सूक्ष्म शिक्षण व्यवहारों (Teaching Behaviours) में बांट दिया जाता है। इन सूक्ष्म शिक्षण व्यवहारों को अर्जित करके इन कौशलों में प्रवीणता प्राप्त की जाती है और एक सफल अध्यापक बना जा सकता है। कक्षा में भिन्न-भिन्न स्थितियों में इन शिक्षण कौशलों का उपयोग समन्वित ढंग से किया जाता है। यह आवश्यक हो जाता है कि अलग-अलग अर्जित किए हुए शिक्षण कौशलों को एकीकृत या समन्वित करके एक पूर्ण शिक्षण कला के रूप में प्रयोग कराने का अभ्यास कराया जाता है। इन कौशलों को एकीकृत करने की प्रक्रिया द्वारा यह कार्य ठीक हो सकता है।

उद्देश्य

इन कौशलों को एकीकृत करने के उद्देश्य निम्नलिखित हैं–

1. सूक्ष्म शिक्षण परिस्थितियों में किए हुए शिक्षण कौशल अभ्यास को वास्तविक शिक्षण परिस्थितियों में स्थानान्तरण (Transfer) करने में सहायता देना।

2. किसी एक शिक्षण परिस्थिति और अनुदेशनात्मक उद्देश्यों के संदर्भ में विभिन्न शिक्षण कौशलों को एकीकृत करने का अभ्यास कराना।

शिक्षण कौशलों को एकीकृत करने की विधि

शिक्षण कौशलों को एकीकृत करने में अग्रलिखित दो विधियां अपनाई गई हैं–

1. समग्र एकीकरण विधि।
2. आंशिक एकीकरण विधि।

समग्र एकीकरण विधि

इस विधि में सभी शिक्षण कौशलों को समग्र रूप में एकीकृत करने का प्रशिक्षण प्रदान किया जाता है। माना कि एक छात्राध्यापक ने यदि 10 शिक्षण

कौशलों का अलग-अलग अभ्यास करवाया है और अलग-अलग दक्षता प्राप्त की है तो सभी कौशलों को समग्र रूप से एकीकृत करने के प्रशिक्षण के एक ऐसी पाठ योजना बनानी पड़ेगी जिसमें सभी 10 शिक्षण कौशलों को प्रयोग करने के लिए अवसर सम्मिलित किए गए हों। सूक्ष्म शिक्षण चक्र के सभी सोपानों (Steps) में से गुजरते हुए इस प्रकार से शिक्षण अभ्यास कराया जाएगा कि छात्राध्यापक सभी अर्जित शिक्षण कौशलों का अपने शिक्षण कार्य में प्रयोग कर सकें और इस प्रकार के अभ्यास की तब तक पुनरावृत्ति की जाती रहेगी जब तक छात्राध्यापक पूरी दक्षता अर्जित न कर लें।

दक्षता प्राप्त करने के लिए छात्राध्यापक को अग्रलिखित बातों का ध्यान रखना चाहिए–

1. उपयुक्त परिस्थितियों और साधनों के विषय में जानकारी होनी चाहिए।
2. शिक्षण कौशलों का प्रयोग करने के अवसरों का पूर्ण अनुमान होना चाहिए।
3. शिक्षण कौशलों का प्रयोग कब और कहाँ करना है, इसके लिए उचित पाठ योजना तैयार करना और अभ्यास करना।
4. इस शिक्षण अभ्यास कार्य की पुनरावृत्ति तब तक करते रहना चाहिए जब तक कि सभी पूर्व अर्जित शिक्षण कौशलों का एकीकरण करने में दक्षता प्राप्त न हो जाए।
5. जो विषय वस्तु अभ्यास में लाई जाती है उसका पूरा ज्ञान होना चाहिए।
6. अनुदेशनात्मक उद्देश्यों का ज्ञान होना चाहिए।

आंशिक एकीकरण विधि

इस विधि में सूक्ष्म शिक्षण के अभ्यास द्वारा अर्जित सभी शिक्षण कौशलों को आंशिक रूप में इकट्ठा किया जाता है। उदाहरणार्थ छात्राध्यापक ने अपने प्रशिक्षण काल में सूक्ष्म अध्ययन तकनीक द्वारा 10 शिक्षण कौशलों में अलग-अलग रूप से दक्षता अर्जित की है और इन सभी कौशलों को एकीकृत करके प्रयोग में लाने का प्रशिक्षण प्रदान करना है तो इसके लिए पहले चरण में किन्हीं तीन या चार शिक्षण कौशलों को एकीकृत करने का प्रशिक्षण दिया जा सकता है। सामान्यतया सूक्ष्म शिक्षण में जिस एक शिक्षण कौशल का अभ्यास करना होता है उसी से सम्बन्धित पाठ योजना बनाई जाती है और कौशल का अभ्यास सूक्ष्म शिक्षण के सभी सोपानों से गुजरते हुए निर्धारित 36 मिनट के समय में किया जाता है। अब अगले तीन या चार शिक्षण कौशलों को एक साथ लेना है तो इन सभी कौशलों के प्रयोग का

अवसर देने वाली कुछ बड़ी पाठ योजना बनानी होगी, परन्तु निर्धारित समय की मात्रा उतनी ही गुनी अधिक हो जाएगी जितने कौशलों को एकीकृत करने का प्रयास हम एक साथ करना चाहेंगे। सूक्ष्म शिक्षण चक्रों की पुनरावृत्ति भी उसी तरह अब तक होती रहेगी जब तक कि तीन या चार शिक्षण कौशलों को एकीकृत कर शिक्षण कार्य के प्रयोग करने की कला में दक्षता प्राप्त न हो जाए।

द्वितीय चरण में पहले चरण में लिए गए तीन या चार शिक्षण कौशलों के अलावा किन्हीं अन्य तीन या चार शिक्षण कौशलों को एकीकृत करके प्रयोग में लाने का प्रशिक्षण प्रदान किया जाता है और इस तरह आंशिक रूप में धीरे-धीरे सभी अर्जित शिक्षण कौशलों को एकीकृत करके प्रयोग में लाने का अभ्यास कराया जा सकता है।

9

इतिहास शिक्षण में पर्यवेक्षण

शिक्षा पर्यवेक्षण का अर्थ है शिक्षा के क्षेत्र में भावी अपेक्षाओं के समान विकास। पर्यवेक्षण शब्द अंग्रेजी के शब्द सुपरविजन का हिन्दी अनुवाद है। जिसका तात्पर्य है, वह श्रेष्ठ दृष्टि जो अवस्था का सही आकलन कर सम्बन्धित क्षेत्र का भावी विकास करे।

हिन्दी शब्द पर्यवेक्षण, दो शब्दों से मिलकर बना है, परिवीक्षण शनि श्रेष्ठ निरीक्षण। अर्थात शैक्षिक पर्यवेक्षण का अर्थ होगा, शिक्षा के क्षेत्र में श्रेष्ठ सूक्ष्म निरीक्षण। इस तरह सूक्ष्म श्रेष्ठ निरीक्षण के आधार पर प्राप्त तथ्यों के विवेचन से भावी शैक्षिक गुणवत्ता का विकास करना। विद्यालयों को ज्ञान का केन्द्र स्वीकार किया जाता है। इस प्रकार इनसे उचित अध्यापन व अधिगम की अपेक्षा है। यह आश्वस्त होने के लिए कि विद्यालयों में उचित अध्ययन-अध्यापन होता है, शिक्षक अध्यापन के योग्य है, अधिगम के लिए उचित पर्यावरण है, विद्यार्थियों की प्रगति पर समुचित ध्यान दिया जाता है, से पर्यवेक्षण की आवश्यकता स्वतः स्पष्ट हो जाती है। प्रभावी पर्यवेक्षण के बिना शिक्षा के लक्ष्य को पूरा करना सम्भव नहीं है। इस प्रकार प्रभावी पर्यवेक्षण राष्ट्रीय शैक्षिक विकास के लिए अपरिहार्य जरूरत है। निरन्तर बढ़ते हुए विद्यालयों और उनमें विद्यार्थियों की बढ़ती संख्या व वैज्ञानिक एवं तकनीकी विकास ने पर्यवेक्षण कार्य को काफी जटिल बना दिया है। अतः आज के परिप्रेक्ष्य में प्रभावी पर्यवेक्षण व कुशल पर्यवेक्षण दोनों ही शैक्षिक विकास के लिए महत्वपूर्ण है।

यह निर्विवाद स्वीकार किया जाता है कि शिक्षक मानवीय विकास के कार्यक्रमों से सम्बद्ध है। उसे राष्ट्र के भाग्य का निर्माता तथा सामाजिक बदलाव का अभिकर्ता माना जाता है। अतः इतने महत्त्वपूर्ण कार्य के लिए आवश्यक है कि शिक्षण अध्यवसाय में आने से पूर्व तथा बाद में सेवारत रहने पर, कार्यों में नियमित पर्यवेक्षण द्वारा उत्तरोतर सहयोग किया जाये जिससे एक ओर खुद उसका विकास होगा दूसरी ओर भावी पीढ़ी के शैक्षिक स्तर में सुधार होगा। वर्त्तमान में पर्यवेक्षण की बेहतर तकनीकों व विधियों का विकास हुआ है: जिनके द्वारा पर्यवेक्षण, शिक्षक को उसके सशक्त गुणों का विकास कर तथा कमजोरियों को दूर कर उसकी प्रभावी भूमिका निष्पादन में योग दे सकते हैं।

वर्त्तमान में अलग-अलग क्षेत्रों, विशेषकर मेडिकल क्षेत्र में जिस प्रकार विकसित निरीक्षण उपकरणों व तकनीकों से रोगी के निरीक्षण व तत्पश्चात् दल द्वारा निरीक्षण से प्राप्त तथ्यों के आधार पर विश्लेषण के बाद रोग का उपचार किया जाता है, ठीक उसी प्रकार शिक्षा के क्षेत्र में भी शिक्षकों के शिक्षण व्यवहार के सूक्ष्म निरीक्षण के पश्चात् प्राप्त कमियों के विश्लेषण के बाद उपचार किया जाता है। तथा शक्त विशेषताओं को दूर और विकसित किया जा सकता है। इस तरह क्लिनिकल पर्यवेक्षण शैक्षिक गुणवत्ता के विकास में महत्त्वपूर्ण भूमिका निर्वाह कर सकता है।

राजस्थान राज्य शिक्षा अनुसंधान व प्रशिक्षण संस्थान, उदयपुर ने शैक्षिक कार्यक्रमों के परिवेक्षण की परिस्थिति जानने के लिए शिक्षा अधिकारियों द्वारा किए गए पर्यवेक्षण की समीक्षा की। अनुसंधान के निष्कर्ष थे कि पर्यवेक्षण संस्थितियों तथा पर्यवेक्षण दोनों ही संतोषप्रद नहीं थे। पर्यवेक्षण व उनके शैक्षिक तकनीकी सुधार की ओर भी इस अनुसंधान ने इशारा किया है। पर्यवेक्षण के संदर्भ में विडंबना यही है कि पर्यवेक्षण को शक की दृष्टि से देखते हैं। इस प्रकार इसका स्वागत नहीं होता है। वस्तुतः वे उनकी शिक्षण व शिक्षणेतर प्रवृत्तियों के परिवेक्षण को वैयक्तिक के कक्षा में आने का विरोध करते हैं। इस विरोध का मूल्य कारण यह माना जाता है कि वर्त्तमान में भी पर्यावरण छिद्रान्वेषी तथा रूढ़िवादी है जो बजाय शिक्षकों में गुणवत्ता विकास में उन्हें हतोत्साहित करता है। पर्यवेक्षण जिसका कार्य शिक्षण में सुधार लाना है, शिक्षकों को मित्रवत मदद करना है, वे प्रशासनिक अधिकारी की तरह व्यवहार करते हैं, तथा इनमें परिवेक्षण कौशल का भी अभाव है। अतः तात्कालिक दिखावे के पर्यवेक्षण का कोई प्रभाव नहीं होता। इस सम्बन्ध में कपूर (1982) ने अपने शोध में पाया कि यद्यपि शिक्षक वर्तमान प्रकार के पर्यवेक्षण का कोई फायदा नहीं देखते हैं, परन्तु वे पर्यवेक्षण की जरूरत महसूस करते हैं।

अवधारणा : विकास

19वीं सदी में शिक्षक के व्यावसायिक उन्नयन के लिए कई प्रयास किये गये। उन्हीं प्रयास के क्रमों में से एक पर्यवेक्षण में सुधार भी है। प्रारम्भ में पर्यवेक्षण के तरीके एक प्रकार से निर्देशन मात्र थे, जो निरीक्षण के तहत् ही आते थे, प्रायः त्रुटियों की ओर ही इंगित करना इनका उद्देश्य होता था। गत कुछ दशकों में निरीक्षण का स्थान पर्यवेक्षण ने ले लिया है। पर्यवेक्षण को अब एक ऐसी प्रक्रिया माना जाता है जिसमें शिक्षक और अधिकारी के मध्य सहयोग की भावना को ज्यादा महत्व दिया जाता है और छिद्रान्वेषण के दृष्टिकोण को उपुयक्त नहीं समझा जाता। वस्तुतः अब पर्यवेक्षण एक ऐसी प्रक्रिया माना जाता है, जिसमें शिक्षण का सर्वोन्मुखी विकास सन्निहित है। ऐतिहासिक दृष्टिकोण से पर्यवेक्षण का विकास निरीक्षण अनुवीक्ष्ण व प्रवर्तन कार्यों से हुआ है। इसके चिन्तन पर भी प्रभाव पड़ा है। शुरू में जहां पर्यवेक्षण की संकल्पना आधिकारिक दृष्टिकोण पर आधारित थी, वहीं अब जनतंत्रीय उपागम आधारित हो गई है। तदनुसार परस्पर सहचर्य, सहयोग, समता का व्यवहार पर्यवेक्षण में दृष्टिगत होता है। पर्यवेक्षण सम्बन्धित निरीक्षण में तकनीकी विकास का भी प्रभाव देखा जा सकता है। शुरू में पर्यवेक्षण का मुख्य आधार पारम्परिक विश्वनीय व वैध निरीक्षण की अवस्था की बार-बार पुष्टि की जा सकती है। इस क्षेत्र में भी अनेक पर्यवेक्षण कौशलों का विकास हुआ है। पर्यवेक्षण का लक्ष्य जहाँ प्रारम्भ में विद्यार्थी, संसाधन व संगठन था, वहाँ अब शिक्षक व उसका अध्यापन मुख्य केन्द्र बिन्दु है।

पर्यवेक्षण : आधुनिक संकल्पना

वर्त्तमान युग के लगभग सभी शिक्षा शास्त्री यथा-क्रासबी (1957) हैरिस (1963) कुर्टिन (1964) विल्स (1967) हैराल्ड एवं मूर (1968) इस बात को अंगीकार करते हैं कि पर्यवेक्षण का लक्ष्य शिक्षण में सुधार से सम्बन्ध रखता है। नीगेल एवं इवांस इनसे और भी एक कदम आगे चलकर अंगीकार करते हैं। उनके अनुसार पर्यवेक्षण के क्षेत्र के तहत् न केवल शिक्षक एवं विद्यार्थी वरन् प्रशासन एवं अभिभावक के शैषिक विकास को भी शामिल करते हैं। विलियम मैकाइवर भी लगभग इन्हीं के समर्थक है।

विल्स लिखते हैं कि “आधुनिक पर्यवेक्षण, अध्यापन व अधिगम के श्रेष्ठ विकास के सहायक हैं।” लगभग यही राय हैराल्ड एवं मूर की है। वे स्वीकारते हैं कि पर्यवेक्षण में ये प्रवृत्तियां आती हैं। जिनका मुख्य सम्बन्ध उन स्थितियों के अध्ययन व सुधार से होता है जो प्रत्यक्षतः अधिगम छात्र व शिक्षक के विकास से जुड़ी होती है। शैक्षिक अनुसंधान के क्षेत्र में हुए अनुसंधान इस बात के द्योतक हैं

कि पर्यवेक्षण प्रमुख रूप से अनुदेशों में सुधार से सम्बन्ध रखता है। बारबर्टन तथा ब्रूकनर ने आधुनिक पर्यवेक्षण की परिभाषा दी है जो ज्यादा विस्तृत है। उन्होंने पर्यवेक्षण में निम्न तथ्यों को शामिल किया है–

1. यह एक विशेष तकनीकी सेवा है जिसका प्रमुख उद्देश्य उन सभी तथ्यों का सामूहिक रूप से अध्ययन करना है, जिससे बालक की प्रगति व विकास हो सके।
2. पर्यवेक्षण शिक्षा के सामान्य उद्देश्यों के समान होता है।
3. पर्यवेक्षण समय अधिगम-अध्ययन प्रक्रिया को प्रभावी बनाने में योग देता है तथा इसमें समस्त शिक्षक सहयोगी की भांति अधिगम में सुधार के लिए परस्पर सहयोग करते हैं।

उक्त विवेचन से यह स्पष्ट है कि प्रशासन (पर्यवेक्षण) में सभी का विकास सन्निहित है।

अमेरिका के राष्ट्रीय शिक्षा संगठन के प्राचार्यों के संगठन के अनुसार शिक्षा पर्यवेक्षण में अग्रलिखित बातों का समावेश किया जाता है:–

1. सहायक सामग्री का निर्माण
2. शिक्षकों के शिक्षण में सुधार
3. शिक्षक की कुशलता तथा बालकों की जरूरतों का ज्ञान व सीखने की संस्थितियों का मूल्यांकन
4. बालकों की जाँच
5. शिक्षकों का व्यावसायिक नेतृत्व व सहयोग
6. पाठ्यक्रम सुधार तथा निर्माण के लिए शोध।

इस प्रकार पर्यवेक्षण, शिक्षा प्रशासन का एक महत्त्वपूर्ण अंग है। जो समग्र अध्यापन व अधिगम प्रक्रिया को प्रभावित करता है। यही वजह है राष्ट्रीय शिक्षा आयोग (1964-66) ने इसे रीढ़ की हड्डी अंगीकार किया है। इसका आशय यह है कि यदि पर्यवेक्षण पर ध्यान दिया जाये तो समग्र शिक्षण स्थितियों में सुधार हो सकता है और इसके प्रतिकूल यदि ध्यान नहीं दिया गया तो समग्र शैक्षिक ढांचा लड़खड़ा सकता है, चूँकि पर्यवेक्षण (प्रकाशक) के स्तर से लेकर बालक के स्तर तक सभी प्रक्रिया में प्रभावित होते हैं।

आधुनिक पर्यवेक्षण : विशेषताएँ तथा प्रकृति

1. इसमें परस्पर सहयोग आवश्यक है इस प्रकार प्रत्येक कार्यकर्ता को कोई न कोई पर्यवेक्षण की जिम्मेदारी स्वीकार करना आवश्यक है।

2. यह जनतंत्रीय दर्शन पर आधारित है इस प्रकार जनतंत्रीय मूल्यों यथा-समानता, सहकार, व्यक्ति का सम्मान, तथा सहभागिता का पर्यवेक्षण में ध्यान रखना जरूरी है।
3. पर्यवेक्षण में परस्पर उचित मानवीय सम्बन्ध जरूरी है।
4. यह आधुनिक प्रौद्योगिकी पर आधारित है अतः निरीक्षण आदि में आधुनिक तकनीकों एवं शैक्षिक प्रौद्योगिकी का प्रयोग आवश्यक है तथा पर्यवेक्षण के विभिन्न कौशलों का ज्ञान पर्यवेक्षण के लिए अनिवार्य है। यह समालोचना पर आधारित है।
5. यह वैज्ञानिक है अतः पर्यवेक्षण में वैधता विश्वसनीयता तथा तथ्यों में क्रमबद्धता आवश्यक है। पर्यवेक्षण निष्कर्ष का संदेह से परे होना आवश्यक है।
6. इसका क्षेत्र मात्र कक्षा कक्ष तक ही नहीं है वरन् विस्तृत है।
7. प्रभावी परिणाम के लिए उचित प्रशिक्षण व नेतृत्व आवश्यक है।
8. नियमित प्रगति के लिए क्रियात्मक अनुसंधान अनवरत आवश्यक होता है।
9. स्टाफ की नयी शिक्षक तकनीकों में अनुस्थापना आवश्यक है।

विद्यालय पर्यवेक्षण

विद्यालय पर्यवेक्षण के तहत् विद्यालय की प्रवृतियों जैसे– विद्यालय भवन, खेल-कूद, सांस्कृतिक कार्यकलाप आदि इस के साथ विद्यालय के अध्ययन-अधिशम संस्थितियों के पर्यवेक्षण से सम्बन्धि सम्पूर्ण भौतिक और शिक्षिक पर्यवेक्षण विद्यालय पर्यवेक्षण विद्यालय का ही एक अंग है।

विद्यालय पर्यवेक्षण के लक्ष्य

1. शिक्षकों व छात्रों की समस्याओं का नजदीक जाकर परिचय प्राप्त करना।
2. छात्रों की समस्याओं (आधुनिक, बाल-विकास, समायोजना आदि) के निदान व उपकरण के लिए कदम उठाना।
3. वृहत समाज की विद्यालय से अपेक्षाओं के समान विद्यालयों के उद्देश्यों से शिक्षकों को परिचित करना।
4. विद्यालय संसाधनों का प्रभावी अध्यापन व अधिगम प्रवृत्तियों में लगाना।
5. शिक्षकों को विशेष योग्यताओं के विकास का अवसर देना।
6. शिक्षकों की समस्याओं का सहानुभूति पूर्वक समाधान खोजना तथा शैक्षिक विकास में योग देना।

7. मानवीय सम्बन्धों में परस्पर विश्वास उत्पन्न करना व सहयोग को बढ़ावा देना।
8. विद्यालय विकास की योजनाओं में तथा कार्यक्रमों में शिक्षकों का नियमित सहयोग प्राप्त करना।
9. भावी अधिगम संबंधी चुनौतियों के लिए छात्रों को तत्पर करना।
10. शिक्षकों को व्यवसायिक अवसर प्रदान करना।
11. सेवारत प्रशिक्षण का नियमित आयोजन करना।
12. नवीन शिक्षण कौशलों एवं विधियों से परिचित कराना तथा उनमें अनुस्थापना करना।
13. समुदाय, विद्यालय तथा राष्ट्र के प्रति शिक्षक को खुद की भूमिका के प्रति सचेत करना।
14. विद्यालय व उसके कार्यों के प्रति निष्ठा जगाने के लिए समुचित पर्यावरण सृजित करना।

विद्यालय पर्यवेक्षण का क्षेत्र—पर्यवेक्षण के क्षेत्र को मुख्य रूप से दो भागों में बाँटा जा सकता है—

1. पर्यवेक्षण की मार्ग-दर्शन सम्बन्धी भूमिका 2. पर्यवेक्षण में निदानात्मक भूमिका।

पर्यवेक्षण में निदानात्मक भूमिका—इस भूमिका के अन्तर्गत मुख्य रूप से तीन बातें आती हैं। (1) प्रधानाध्यापक द्वारा शिक्षकों को प्रदत्त कार्य का पर्यवेक्षण (2) कक्षा शिक्षण का अवलोकन (3) शिक्षकों द्वारा कक्षा में दिए गए कार्य का पर्यवेक्षण।

कक्षा शिक्षक निरीक्षक

कक्षा-शिक्षण का निरीक्षण, अनुवेशन के पर्यवेक्षण में सबसे ज्यादा महत्व रखता है। अधिकांश शिक्षा-शास्त्री तो कक्षा निरीक्षण को पर्यवेक्षण का पर्याय ही समझते हैं। यह कहना अतिशयोक्तिपूर्ण न होगा कि कई वर्षों तक शिक्षण, निरीक्षण, पर्यवेक्षण का मुख्य कार्य रहा है। कक्षा-शिक्षक निरीक्षण के अनेक उद्देश्य हो सकते हैं। किसी शाला प्रधानाध्यापक के लिए इसका उद्देश्य कक्षा मुश्किलों का पता लगाने का साधन हो सकता है यथा शिक्षक द्वारा किस प्रकार पाठ्यक्रम का विकास किया जा रहा है। शिक्षकों को किन कठिनाइयों का सामना करना पड़ रहा है? नीगले तथा इवांस के अनुसार (1) शिक्षक को प्रगति के मूल्यांकन की दृष्टि से। (2) प्राचार्य और

शिक्षक के मध्य एक अच्छा सद्भाव बढ़ाने की दृष्टि से। (3) शिक्षक के शिक्षण के अच्छे और कमजोर पक्षों को जानने की दृष्टि से पर्यवेक्षण अत्यन्त ही महत्वपूर्ण है। (4) समग्र सीखने की प्रक्रिया पर दृष्टिपात करने की दृष्टि से इस प्रकार कक्षा शिक्षण से निम्नलिखित उद्देश्य स्पष्ट रूप से पूर्ण होते हैं–(1) कक्षा समस्याओं का ज्ञान होता है। (2) शिक्षक की कक्षा-शिक्षण सम्बन्धी कठिनाइयों का ज्ञान होता है। (3) शिक्षकों की सहायता करने अथवा उन्हें सुझाव देने का आधार मिलता है। (4) शिक्षक की प्रगति का मूल्यांकन किया जा सकता है। (5) सीखने की समग्र प्रक्रिया पर दृष्टिपात किया जा सकता है। (6) विद्यार्थियों के स्तर का ज्ञान होता है। (7) शिक्षक एवं प्रधान के मध्य परस्पर नजदीक सम्बन्ध बनाने का सुयोग मिलता है। (8) शिक्षक एवं विद्यार्थियों के परस्पर व्यवहार का ज्ञान होता है। (9) विद्यार्थियों की अधिगम सम्बन्धी कठिनाइयों का ज्ञान होता हैं।

यह तो है ही कि समग्र-शिक्षक के सुधार का आधार ही कक्षा-शिक्षण निरीक्षण है। इस प्रकार जितना अच्छा एवं विस्तृत कक्षा निरीक्षण होगा उतना ही शिक्षण का व्यावसायिक उन्नयन एवं छात्रों के अधिगम प्रक्रिया का विकास किया जा सकता है। शिक्षक प्रक्रिया के उन्नयन के इस मूलभूत पक्ष को ज्यादा वैज्ञानिक, विश्वसनीय तथा वैध बनाने के लिए दो दशकों में कई प्रयत्न किये गये हैं। आजकल दो प्रकार की विधियाँ कक्षा-निरीक्षण के लिए प्रचलित हैं जो आर.सी.एस. तथा ई.टी.सी.एस. के नाम से जानी जाती है। ये दोनों विधियाँ ही शिक्षक और प्रशासक अपने प्रशिक्षण अथवा अध्ययन के पश्चात् अपना सकते हैं। आर.सी.एस. विधि जिसका पूरा रूप आपसी श्रेणी पद्धति के नाम से जाना जाता है, फ्लैण्डर के 10 सूत्र निरीक्षण का ही सुधरा हुआ रूप है। इस विधि में 10 में ये 9 श्रेणियाँ शिक्षक और विद्यार्थी के व्यवहार को देखने के लिए है तथा एक कक्षा में शक्ति अथवा अस्पष्टता की घोतक है। शिक्षक और विद्यार्थियों की व श्रेणियों में से 7 शिक्षक के प्रत्यक्ष एवं अप्रत्यक्ष व्यवहारों के अंकन के लिए है। यह पद्धति शिक्षक और विद्यार्थियों के आपसी मौखिक अन्तर्क्रियात्मक व्यवहार का विश्लेषण करती है। इसके आधार पर शिक्षक के मौखिक व्यवहार का निरीक्षण प्रति 3 सेकण्ड में एक व्यवहार के हिसाब से किया जाता है। इस विधि में सिर्फ सामाजिक एवं भावात्मक पर्यावरण पर खास जोर दिया गया है।

कक्षा निरीक्षण की दूसरी आधुनिक विधि समान व्यवहार श्रेणी विधि के नाम से जानी जाती है, इसका विशेष बल संज्ञानात्मक आदान-प्रदान पर रहता है। इन विधियों के आधार पर जो अध्ययन किये गये हैं उनसे यह बात पूर्ण रूप से सिद्ध

होती है कि इन विधियों द्वारा प्रशिक्षक प्रशासक प्राचार्य शिक्षक के उन व्यवहारों को जिनका सीधा संबंध अधिगम प्रक्रिया से है, ज्यादा सक्रिय करता है।

अतएव इन विधियों के अच्छे नतीजा हमारे सामने आये हैं। वे शिक्षक जो कि इन विधियों में प्रशिक्षित हैं, अपने शिक्षण व्यवहार को ज्यादा संगत एवं प्रभावी बना सकते हैं।

फ्लैण्डर अन्तर्क्रिया विश्लेषण

अन्तर्क्रिया वर्ग	विवरण
प्रतिक्रिया का जवाब—	1. अनुभूति को अंगीकार करना छात्रों की अनुभूतियों को स्वीकार, पहचानना करना तथा स्पष्टीकरण करना। यह पहचान सकरात्मक तथा नकारात्मक भी हो सकती है। भवित्योक्ति अथवा प्रत्यास्यरणात्मक भावनाएँ भी इसके तहत् आती है।
प्रशंसा व प्रोत्साहन—	2. छात्रों के कार्यों एवं व्यवहारों की प्रशंसा करना तथा उन्हें प्रोत्साहित करना, तनाव को कम करने के उपाय, सिर हिलाना, हाँ, अच्छा, आगे बोले आदि इसी के अन्तर्गत आते हैं।
	3. छात्रों के विचारों को स्वीकार करना एवं प्रयोग में लाना छात्रों के विचारों को स्वीकार करने के लिए दुबारा उन्हें अपने शब्दों में दोहराना। अगर शिक्षक अपने विचारों को ज्यादा व्यक्त करने लगता है तो उक्त व्यवहार वर्ग 5 में आएगा।
शिक्षक कथन—	5. प्रश्न पूछना विषय वस्तु के बारे में प्रश्न करना।
	4. व्याख्यान-विषय वस्तु अथवा प्रक्रिया के बारे में तथ्य तथा सम्मति देना खानापूर्ति के लिए कुछ प्रश्न पूछ कर अपने विचार उद्धत करना।
स्वोंपक्रप—	6. निर्देश देनाः—आदेश देना जिनका छात्र पालन करते हैं।
दूनीशियेशन—	7. निन्दा करना तथा प्रभुत्व जमाना—छात्र के अनुचित व्यवहार को ठीक करने के लिए किये गये कथन जैसे जोर से बोलकर कहना—क्या कर रहे हो।

प्रतिक्रिया—छात्र कथन—शिक्षकों द्वारा पूछे गए प्रश्नों के छात्रों द्वारा उत्तर।		
छात्र कथन स्वोपक्रम—	**8.**	छात्र कथन-छात्रों के द्वारा किये गये प्रश्न तथा छात्रों के द्वारा अपने विचारों की अभिव्यक्ति।
मौन—	**10.**	मौन व संभ्रान्ति-यह परिस्थिति तब होती है जब अवलोकनकर्ता यह तय नहीं कर पाता कि कक्षा में कौन बोल रहा है।

अक्सर कई विद्वानों ने कक्षा-शिक्षण निरीक्षण के प्रपत्र तैयार किये हैं। शिक्षक प्रशिक्षण महाविद्यालय अक्सर अपना एक प्रपत्र काम में लेते हैं ताकि प्रशिक्षणार्थियों की शिक्षण योग्यता का पता लगा सके। एस.एन.मुखर्जी ने कक्षा पर्यवेक्षण के तहत् अग्रलिखित बिन्दुओं को समाहित किया है—

कक्षा अध्यापन का पर्यवेक्षण

पर्यवेक्षणीय बिन्दु	बिन्दुमापनी		
	उत्तम	सामान्य	निम्न
1. क्या पाठ को उचित इकाइयों तथा अध्ययन बिन्दुओं में प्रस्तुत किया गया है।			
2. क्या शिक्षक अपने उद्देश्यों के बारे में स्पष्ट है।			
3. क्या वह प्रत्येक उप इकाइयों को ठीक प्रकार से विकसित कर पाया?			
4. क्या अध्यापक के पास पर्याप्त विषय वस्तु है।			
5. क्या प्रश्नों की भाषा स्पष्ट है? तथा			
6. क्या प्रश्नों का वितरण उचित था?			
7. क्या श्रव्य-दृश्य सामग्री का उपयोग सार्थक रूप से हुआ है?			
8. क्या छात्रों के उत्तरों का अध्यापन हेतु शिक्षक सही प्रकार से उपयोग कर पाया?			
9. क्या गृह कार्य उचित था?			

10. क्या वह बालकों में अभिरुचि जागृत कर पाया?
11. क्या प्रभावी शिक्षण हेतु कक्षा का वातावरण अनुकूल था?
12. क्या वह कक्षा में अनुशासन रख पाया?

छात्रों को शिक्षकों द्वारा कक्ष में दिये गये कार्य का पर्यवेक्षण

यह कार्य भी पर्यवेक्षण की निदानात्मक भूमिका में आता है। इसके तहत् जो कार्य शिक्षक कक्षा में कराता है यथा अध्यापन के समय पाठ का सारांश देना, गृह कार्य देना, प्रायोगिक कार्य करवाना आदि का समावेश होता है। इन कार्यों के रिकार्ड से किसी भी कार्य के प्रति निष्ठा, शिक्षक की योग्यता, विषय के प्रति तैयारी, विद्यार्थियों को दिये गये कार्यों की जाँच इत्यादि का पता लग सकता है।

बड़े विद्यालयों में समयभाव के कारण प्रधानाध्यापक प्रत्येक कक्षा में नहीं जा सकता। परन्तु इन्हीं कार्यों के लेखे-जोखे से वह शिक्षक एवं उसके विद्यार्थियों के कार्य का मूल्यांकन कर सकता है। इस सम्बन्ध में नमूने के तौर पर जाँच ही संभव है। प्रधानाध्यापक चाहे तो अपने प्रथम सहायता या पारी प्रबन्धक को अधिकार देकर भी यह जाँच का काम करा सकता है।

शिक्षकों को दिये गये प्रदत्त कार्य का पर्यवेक्षण

शिक्षक का कार्य न सिर्फ बालक का मानसिक विकास करना है, वरन उसे भावात्मक, शारीरिक, सामाजिक, संवेगात्मक आदि के विकास का भी ध्यान रखना होता है। ताकि वह बालक का सर्वांगीण विकास कर सके। विकास में इन विभिन्न प्रकार के क्षेत्रों में उसे अनेक पाठ्य सहगामी या पाठ्येचर प्रवृत्तियों का संचालन करना पड़ता है। जैसे खेल-कूद, शैक्षिक, भ्रमण, साहित्यिक, सांस्कृतिक, हॉबी आदि यही नहीं, कक्षा अध्यापन के अतिरिक्त पाठ्य प्रवृत्तियों में भी विषय संगोष्ठियों, स्टडी सर्किल आदि आयोजित करने होते हैं। कभी-कभी ऐसे कार्य भी प्रदत्त किये जाते हैं जैसे—इतिहास मेला, सामाजिक कैम्प आदि। कक्षोन्नयन के भी अनेक कार्य हो सकते हैं। ये सभी कार्य वस्तुतः शैक्षिक ही हैं। जो बालक की भिन्न-भिन्न योग्यताओं का विकास करते हैं। दक्षता से इन कार्यकलापों को करने वाले शिक्षकों को उत्साहित करने के लिए तथा ठीक प्रकार से इन प्रवृत्तियों का संचालन नहीं करने वाले शिक्षकों का उचित मार्गदर्शन करने के लिए अथवा समुचित कार्यवाही करने के लिए प्रधानाध्यापक इन कार्यों का भी पर्यवेक्षण करता है। सत्य तो यह है कि जहाँ शैक्षिक कार्य कक्षा तक सीमित रहते हैं ये कार्य विद्यालय को समुदाय के साथ

जोड़ते हैं। इस प्रकार प्रधानाध्यापक का इन कार्यों में रुचि लेकर आवश्यक मूल्यांकन करना अत्यन्त आवश्यक है। इस सम्बन्ध में प्रायः प्रधानाध्यापक शिक्षकों की रुचि तथा समय कार्यभार वितरण के आधार पर कार्य बँटवारा करते हैं, ये काम बारी-बारी से शिक्षकों में बदलते रहते हैं।

ताकि अधिकाधिक क्षेत्रों में शिक्षक निपुणता प्राप्त कर सकें। अस्तु इन कार्यों का समय-समय पर पर्यवेक्षण तथा जरूरत के अनुसार मार्गदर्शन प्रत्येक प्रधानाध्यापक के लिए अति आवश्यक है।

1. मार्गदर्शन सम्बन्धी पर्यवेक्षण की भूमिका—जब प्रधानाध्यापक शिक्षकों की योग्यताओं, शैक्षिक, शिक्षेत्तर संबंधी उनकी विशेषताओं, उनकी त्रुटियों तथा सीमाओं को जान लेता है तो यह जरूरी हो जाता है कि वह उनके नीचे स्तर के कार्यों को ऊपर उठाने के लिए तथा औसत स्तर के कार्य को श्रेष्ठतर बनाने के लिए नियमित रूप से उन्हें मार्गदर्शन प्रदान करे। प्रधानाध्यापक के इन क्रियाकलापों को मुख्य रूप से तीन भागों में विभाजित किया जा सकता है।

(क) शिक्षकों के व्यक्तिगत व्यावसायिक समस्याओं के आधार पर उनके समाधान के योग देना।

(ख) प्रत्येक शिक्षक की शैक्षिक त्रुटियों एवं विशेषताओं के आधार पर त्रुटियों के परिमार्जन एवं विशेषताओं के उत्तरोत्तर विकास के लिए मार्गदर्शन देश एवं शिक्षकों की अन्य शिक्षेत्तर क्षेत्रों में त्रुटियों को दूर करते हुए उनके सर्वतोमुखी विकास में योग देना।

2. शिक्षकों की व्यवसायिक समस्याएँ तथा पर्यवेक्षण—प्रधानाध्यापक सिर्फ पर्यवेक्षण कला में निपुण होना चाहिये वरन् शिक्षकों को उनके व्यावसायिक विकास में योग देने के लिए एक योग्य सलाहकार भी होना चाहिए। सलाहकार के रूप में वह शिक्षक के विभिन्न प्रकार क्रियाकलापों के विकास में भी लगातार योग देता है। विकास में भी निरन्तर योग देता है। एन.ई.ए. के एक सर्वेक्षण के अनुसार वह शिक्षकों एवं शिक्षकों के सामूहिक प्रोजेक्ट नई विधाएं, विद्यार्थियों द्वारा पैदा की गई कठिनाइयों के हल करने में भी योग देता है।

3. शिक्षकों के गुण-दोष एवं पर्यवेक्षण—असल में आधुनिक पर्यवेक्षण दोनों प्रकार के शिक्षकों की मदद करता है। एक वे शिक्षक जो विषय में काफी कमजोर होते हैं तथा दूसरे वे जो काफी योग्य होते हैं। एक अच्छा पर्यवेक्षक शिक्षक को उनकी त्रुटियों दूर करने में मदद देता है तथा योग्य शिक्षकों को लगातार अपनी कार्यकुशलता

एवं योग्यता बढ़ाने के लिए प्रोत्साहित करता है। पर्यवेक्षण की यह भूमिका निभाने के लिए प्रत्येक शिक्षक का कमजोर पक्ष (वीक प्वाइंट्स) तथा सबल पक्ष (स्ट्रांग पोइन्ट्स) जानना परमावश्यक है। इसी आधार पर उसे एक विशद् योजना बनानी चाहिए। चूँकि शिक्षकों के विकास में ही विद्यालय का विकास सन्निहित है। यही वजह है कि नीगले तथा इवान्स ने पर्यवेक्षण की इस भूमिका को उसकी नेतृत्व सम्बन्धी भूमिका का मुख्य अंग माना है। अग्रवाल ने भी इसी कार्य को पर्यवेक्षण का एक अत्यावश्यक कार्य माना है।

3. शिक्षकों की शिक्षेत्तर सम्बन्धित दोषों को दूर करते हुए उनकी क्षमताओं का विकास करना—शिक्षकों की त्रुटियों को दूर करने के पश्चात् त्रुटियों का परिमार्जन करना। पर्यवेक्षण के लिए जरूरी है। त्रुटियां व्यक्तिगत शिक्षक को हतोत्साहित करने के लिए नहीं है। यह ध्यान जरूर रखना चाहिऐ। पर्यवेक्षणकर्ता इस क्षेत्र में काफी सहायता कर सकता है। इसी प्रकार शिक्षकों की क्षमताओं का भी उनके पूर्ण व्यावसायिक शैक्षिक एवं शिक्षेत्तर विकास के लिए योग मिलना चाहिए, ताकि विद्यालयी विकास में वे प्रतिभागी बन सकें। इसके लिए पर्यवेक्षण और स्टाफ सब मिलकर निम्नलिखित आयोजन कर सकते हैं—

(1) सेमीनार आयोजित करना। (2) शैक्षिक उपलब्धि हेतु पत्र-पत्रिकाओं एवं ग्रन्थों की व्ययस्था करना। (3) अध्ययन समूह व गोष्ठियां चलाना। (4) पाठ्य वस्तु में पुनः दीक्षित करना। (5) प्रदर्शन पाठ आयोजित करना। (6) स्टडी सर्किल चलना। (7) कार्यशालाओं का आयोजन करना। (8) विषय गोष्ठियां आयोजित करना। (9) विस्तार भाषणों का आयोजन। (10) केन्द्रीय पुस्तकालय प्रबन्ध। (11) फिल्म प्रदर्शन। (12) नवीन प्रयोगों को प्रोत्साहन देना। (13) ग्राष्मकालीन उन्नयन पाठ्यक्रमों के लिए शिक्षकों को भेजना। (14) स्थानीय उच्च शिक्षण केन्द्रों का भ्रमण (15) व्यक्तिगत समस्याओं पर व्यक्तिगत विचार। (16) स्थानीय अनुसंधान संस्थाओं के साथ निकट सम्बन्धों द्वारा आवश्यक परामर्श प्राप्त करना।

अतएव पर्यवेक्षण काफी उपयोगी हो सकते हैं, यदि ये सुनियोजित (वेल फ्लान्ड) नियमित (रेगुलर) तथा विस्तृत (काम्प्रीहेन्सिव) हैं। आवश्यकता नियमित रूप से इस प्रकार के पर्यवेक्षण की है अभी तक व्यवहार में इस तरह पर्यवेक्षण प्रचलित तो है किन्तु नियमित एवं विस्तृत नहीं हो रहे हैं।

पर्यवेक्षण का वर्गीकरण

पर्यवेक्षण के अनेक प्रकार हैं। यहां कुछ प्रकारों का उल्लेख किया जा रहा है।

1. व्यक्तिगत पर्यवेक्षण—यह पर्यवेक्षण प्राय संगठन के अधिकारी द्वारा होता है। विद्यालयों में यह कार्य प्रधानाध्यापक को खुद करना पड़ता है। प्रधानाध्यापक के अकेले पर्यवेक्षण करने के अनेक कारण हैं। उनमें से मुख्य है कि अक्सर अन्य व्यक्ति के पर्यवेक्षण करने पर शिक्षक आपत्तियां उठाते हैं।

2. विषय विशेषज्ञों द्वारा पर्यवेक्षण—यह पर्यवेक्षण वहीं सम्भव है जहाँ एक विषय के कई शिक्षक हों। यह कार्य केवल उसी को प्रदत्त किया जाता है जो विषय का अध्यक्ष भी है तथा साथ-साथ वह अकादमिक प्रवीणता भी रखता है। इस तरह के पर्यवेक्षण बड़े विद्यालयों में सम्भव हो पाते हैं।

पर्यवेक्षण की समस्याएँ—अक्सर यह देखने में आता है कि पर्यवेक्षण का काम हमारे विद्यालयों में सुचारु और नियमित रूप से नहीं चलता है। कई बार तो पर्यवेक्षण का काम विद्यालयों में औपचारिता मात्र ही रह जाता है। पर्यवेक्षण करने में क्या-क्या कठिनाइयां आती हैं, इस सम्बन्ध में मुखर्जी आयोग के अध्ययन से दो निम्नांकित तथ्य सामने आते हैं—(क) स्वयं प्रधानाध्यापक का पर्यवेक्षण के क्षेत्र में अयोग्य होना। (ख) प्रधानाध्यापक के पास अधिक प्रशासनिक कार्यों का होना।

वर्मा के शोध अध्ययन के अनुसार पर्यवेक्षण की मुख्य कठिनाइयां निम्नलिखित पाई गई—

1. जो सुझाव शिक्षकों को दिये जाते हैं वे अमल में नहीं आते हैं। इसका एक कारण यह भी है कि कार्यभार अधिक है। एक शिक्षक को आठ में से 7 क्लास प्रति दिन लेना पड़ता है।
2. प्रशासनिक कार्यों की अधिकता से पर्यवेक्षण की आवृति बहुत कम हो जाती है।
3. प्रधानाध्यापक समस्त विषयों का पर्यवेक्षण करने में अपने आप को योग्य नहीं पाता।
4. प्रधानाध्यापक के अतिरिक्त समिति, पैनल अथवा किसी भी प्रकार के अन्य पर्यवेक्षण का विरोध होता है। अतः प्रगतिशील पर्यवेक्षण की विधियां काम में नहीं आती हैं।
5. शिक्षक गण पर्यवेक्षण का स्वागत नहीं करते। उनका सहयोगात्मक रूख नहीं होता है।
6. पर्यवेक्षण अधिकारियों का रूख बजाय सहयोग के आलोचनात्मक होता है।

वर्मा एवं मुखर्जी दोनों के ही अध्ययन इस तथ्य को साबित करते हैं कि अकेला प्रधानाध्यापक प्रशासनिक कार्यों में उलझे रहने के कारण पर्यवेक्षण प्रभावशाली

ढंग से नहीं कर पाता। इसी वजह से गुजरात और महाराष्ट्र सरकारों ने कक्षाओं पर एक पर्यवेक्षक की नियुक्ति का मानदण्ड निर्धारित किया है। वास्तव में यदि हमें प्रभावपूर्ण पर्यवेक्षण करना है तो विद्यालयों में जरूरी सुविधाएं प्रदान करनी होंगी। देश के शेष राज्यों में भी गुजरात और महाराष्ट्र शिक्षा विभाग का अनुसरण करना होगा।

10

इतिहास शिक्षण का निरीक्षण

उत्पादक द्वारा दिये गये कार्य श्रमिकों द्वारा सही-सही किया गया है। या किसी भी क्षेत्र में दूसरों को सौंपे गये कार्य पूर्णतया सही हैं। निरीक्षण किसी भी कार्य की जाँच करना ही निरीक्षण है। या नहीं इसके संबंध में संकल्पना या परिकल्पना करना ही कार्य के अच्छे होने को इंगित नहीं करता अर्थात् मानसिक श्रम करने वाले चिकित्सक, वकील और अध्यापक उन्हें सौंपे गये कार्यों को सही-सही ढ़ंग से पूर्ण निष्ठा व कर्त्तव्य के साथ पूर्ण कर ही लेंगे इस संबंध में अनुमान लगाना मात्र कोरी कल्पना ही होगी। यही नहीं खेत में काम करने वाले श्रमिक द्वारा भी कृषक के मनमाफिक काम ही किया गया है जो एक विश्वास और भरोसे करने वाली ही कल्पना है। यही नहीं हमारे विद्यालयों में विद्यार्थियों को सौंपे गये कार्य पूर्ण और सही ही होंगे। इस विषय में भी अनुमान लगाना एक काल्पनिक सोच के समान ही है। एक नई-नई गृहिणी एक नये परिवार तथा परिवेश में प्रथम बार कदम रखकर पारिवारिक जीवन के कर्त्तव्यों का निर्वाह कर ही लेगी, ऐसा भी सोचना बेकार है। परन्तु जो भी जिस क्षेत्र में कार्य करता है उसकी उसके कार्य के साथ-साथ साधारणतया निगरानी मय जाँच ही की जाये तो हमें दूसरों के द्वारा किये जाने वाले कार्यों की वस्तु परिस्थिति की जानकारी एक आदर्श स्वरूप में मिल सकती है। इन्हीं महत्वपूर्ण बिन्दुओं के मद्दे नजर हम जैसे शिक्षित प्राणियों के लिये निरीक्षण के विषय

में अध्ययन करना आवश्यक हो जाता है। निरीक्षण के संबंध में साधारण अध्ययन इस तरह है—

निरीक्षण का आशय

सामान्य शब्दों में किसी भी व्यक्ति द्वारा किये गये कार्यों की जाँच करना ही निरीक्षण है। यानि एक विद्यार्थी को जो गृह काम दिया जाता है उसका विषय अध्यापक द्वारा जाँच करना 'निरीक्षण' का कार्य ही कहलाता है। इसी तरह विद्यालय की शैक्षिक गतिविधियों की उच्चाधिकारियों द्वारा जाँच करना भी 'निरीक्षण' कार्य के तहत् ही शामिल किया जाता है। दूसरे शब्दों में यह भी कहा जा सकता है कि किसी भी क्षेत्र में किसी भी श्रेणी के व्यक्ति द्वारा संपादित किये गये कार्यों का मूल्यांकन करना ही निरीक्षण है। अर्थात उनके द्वारा सम्पादित कार्य कितने विपरीत अथवा अनुकूल हैं, निश्चित लक्ष्यों की पूर्ति में सहायक सिद्ध हुये हैं अथवा नहीं और संपादित कार्यों का भावी परिणाम क्या है, इत्यादि के संबंध में मूल्यांकन करना ही 'निरीक्षण' है।

विभिन्न विद्वानों ने भी 'निरीक्षण' के संबंध में अपने-अपने विचार व्यक्त करते हुये इसके अर्थ को स्पष्ट करने का प्रयत्न किया, जिनमें से महत्त्वपूर्ण विद्वानों के विचार निम्नलिखित हैं—

वाइल्स किम्बाल के शब्दों में, निरीक्षण एक ऐसी प्रक्रिया है जिसमें निगरानी रखते हुये कार्य करने के लिये प्रेरित किया जाता है।

बर्टन के शब्दों में, शिक्षा जगत में जब शैक्षिक दृष्टि से उन्नति करना ही हमारा उद्देश्य हो तो यह निरीक्षण की श्रेणी में आता है।

इसी प्रकार वेब्सटर (Webster) शब्द कोष के अन्तर्गत भी 'निरीक्षण' के विषय में लिखा गया है कि किसी व्यक्ति की जाँच करना ही निरीक्षण है। डॉ. मुकर्जी ने भी निरीक्षण के संबंध में अपने मत व्यक्त करते हुये कहा है कि वरिष्ठ अध्यापक अथवा प्राचार्य द्वारा किये गये मूल्यांकन ही 'निरीक्षण' की परिधि में आते हैं।

उक्त परिभाषाओं के विश्लेषणात्मक अध्ययन के आधार पर निरीक्षण के संबंध में निम्नांकित तथ्यात्मक बिन्दु स्पष्ट होते हैं—

(1) किसी भी क्षेत्र में चाहे जो भी कार्य किये गये हों उनका इस तरह देख-रेख करना कि वे निश्चित मापदण्ड के अनुसार सम्पादित किये गये हैं अथवा इत्यादि को भी 'निरीक्षण' कहा जा सकता है।

(2) किसी भी व्यक्ति की जाँच करना निरीक्षण है।

(3) किसी भी व्यक्ति द्वारा संपादित कार्यों की जाँच करना भी निरीक्षण है।

(4) किसी भी व्यक्ति द्वारा किये गये कार्यों का मूल्यांकन करना ही निरीक्षण है, जो यह स्पष्ट करता है कि उस व्यक्ति या संस्था द्वारा संपादित कार्य कितने विपरीत अथवा अनुकूल हैं।

निरीक्षण का एक ऐतिहासिक अध्ययन

भारत में पहले के भाँति आज भी संपादित कार्यों की जाँच किये जाने के संकेत मिलते हैं। जिससे यह पता चलता है कि निरीक्षण का क्या-क्या तरीका है। इस संबंध में अग्रलिखित ऐतिहासिक तथ्यों का अध्ययन किया जा सकता है—

(1) इस सबके पश्चात् भारत में हन्टर कमीशन ने 1882 में शैक्षिक सुधार लाने के लिये और शिक्षा को प्रभावी बनाने के लिये यह स्पष्ट किया कि सरकार द्वारा दिये जा रहे अनुदान का उपयोग भिन्न-भिन्न संस्थाओं, व्यक्तियों द्वारा उचित रूप से किया जा रहा है अथवा नहीं और इस बाबत अनुशासन (Dicipline) संबंधी अधिकार भी निरीक्षकों को दिये गये।

(2) बंगाल में राष्ट्रीय आन्दोलनों को समाप्त करने के लिये 1908 में भी इसी संबंध में विशेष अधिकार प्रदान किए गये और 1919 में सेडलर कमीशन ने कटु निन्दा करते हुये निरीक्षण के संबंध में कहा था कि निरीक्षण का ज्यादा कार्य जल्दबाजी में होता है, जिसके अभाव में विद्यालयों में निरीक्षण संबंधी कार्य प्रभावित होते हैं।

(3) वुड घोषणा पत्र 1854 में यह स्पष्ट है कि प्रत्येक राज्य में एक 'Director of Public Instruction' की नियुक्ति हुई थी जिसका कार्य विद्यालयों और महाविद्यालयों का सामयिकी रूप से एक विवरण सरकार को भेजना पड़ता था और यह 'DPI (Director of Public Instruction) ही परीक्षाओं का आयोजन कराता था और परीक्षा संबंधी कार्यों में सहयोग भी देता था। इस तरह इसका कार्य मुख्यतः निरीक्षण जैसा ही था जो निरीक्षक (Inpector) के रूप में कार्य करता था।

(4) वूड घोषणा पत्र के पश्चात् 1858 में निरीक्षकों को स्कूलों का निरीक्षण (Inpection) का कार्य भी सौंपा गया था जिसमें अनुदान की मात्रा निश्चित किये जाने का अधिकार भी शामिल था ये सभी निदेशक की ओर से 1858 में प्रस्तुत अनुदान की शर्त्तें थीं। इस प्रकार शैक्षिक प्रशासन में निरीक्षण के कार्य का उदय हुआ और विद्यालय प्रशासन का एक तरीका सामने आया।

(5) 1928 में भारत में स्थापित साईमन कमीशन ने भी विद्यालयों में निरीक्षण के संबंध में अपना ध्यानाकर्षित किया था। 1652-53 में माध्यमिक शिक्षा आयोग

ने भी निरीक्षण के संबंध में अनेक विचार व्यक्त किये थे। फोर्ड फाउण्डेशन के एक दल ने तो भारतीय माध्यमिक विद्यालयों में जो निरीक्षण विधि अपनायी जा रही थी, उसमें कई त्रुटियाँ बताते हुये उन्हें दूर करने की बाबत निम्नांकित उपाय भी सुझाये थे–

(1) निरीक्षक को निरीक्षण कार्य शुरू करने से पूर्व उसे निरीक्षण संबंधी प्रशिक्षण दिया जाना चाहिये।

(2) निरीक्षक को मृदुभाषी होना चाहिये उसमें इस तरह के गुण भी होने चाहिये कि उसके व्यवहार से असन्तोष की भावनायें जन्म नहीं ले सकें।

(3) किसी भी संस्था के कार्य को व्यक्ति द्वारा सम्पादित कार्यों की जाँच से पहले निरीक्षक को निरीक्षण की भिन्न-भिन्न पद्धतियों या तकनीकों की जानकारी भी होनी चाहिए।

(4) यह निरीक्षक को समझना चाहिये कि वह पहले मानव है और बाद में निरीक्षक इसी आधार पर मानवीय संबंध पनप सकते हैं। इस प्रकार मानवीय संबंधों के मध्य नजर रखते हुये ही निरीक्षक को निरीक्षण संबंधी कार्य करने चाहिये।

(5) निरीक्षक को यह समझ कर कार्य करना चाहिये कि उसका कार्य से संबंधित कोई निर्णय लेना आलोचनात्मक नहीं है अपितु उसका कार्य तो सुझात्मक ही है।

निरीक्षण के प्रमुख लक्ष्य

निरीक्षण के उद्देश्यों से आश्य उन सब कार्यों से या कारणों से होता है जो निरीक्षण के कारणों को स्पष्ट करते हैं यानि निरीक्षण क्यों किया जाना चाहिए? निरीक्षण का आधार क्या होता है? निरीक्षणोपरान्त क्या-क्या लाभकारी हित पूर्ण हो सकते हैं इत्यादि। भिन्न-भिन्न कार्यों के संपादन में हालाँकि (Helpfull) होने के कारण ही इसकी आवश्यकता अथवा जरूरत होती है। उसी संबंध में निरीक्षण के निम्नांकित उद्देश्य बताये जा सकते हैं–

(1) अध्यापकों की कार्य क्षमता और कुशलता में वृद्धि करने तथा उचित मार्गदर्शनार्थ भी निरीक्षण किया जाता है।

(2) हालाँकि विद्यालय में प्रशिक्षित और योग्य अध्यापकों की नियुक्ति शैक्षिक प्रशासन द्वारा की जाती है, परन्तु उनके कार्यों की जाँच इसलिये की जाती है कि उनके कार्य और भी अच्छे बनें उनमें गुणवत्ता आये और एक अच्छे शिक्षक और सर्वश्रेष्ठ शिक्षा का विकास हो सके।

(3) सभी क्षेत्रों में किये जाने वाले कार्यों की रूपरेखा और क्रियान्वित विधि अलग-अलग होती है। ऐसी अवस्था में निरीक्षण कार्य से भिन्न-भिन्न क्षेत्रों की जानकारी मिल जाती है जिससे संबंधित व्यक्ति को भी अवगत कराया जाता है।

(4) सभी व्यक्ति कार्य करने में निपुण हों यह आवश्यक नहीं होता है। परन्तु निरीक्षण द्वारा यह परखा जा सकता है कि कौन व्यक्ति कितना प्रवीण है अर्थात् व्यक्ति या संस्था द्वारा संपादित कार्यों के मूल्यांकन की बाबत भी निरीक्षण किया जाता है।

(5) पाठ्यक्रम निश्चित करने के लिए विद्यालयों में निरीक्षण किया जाता है। अर्थात् 10 विद्यालयों में निरीक्षण किया जाए कि वहाँ का आस-पास का वातावरण प्रबन्ध, विद्यार्थियों के स्तर की बाहुल्यता और सामयिकी अभिरुचियों के आधार पर अनुकूल परिणाम वाले पाठ्यक्रम निश्चिते किये जाकर शैक्षिक प्रबन्ध की जा सकती है।

(6) औद्योगिक व व्यावसायिक जगत में भी लाभ प्रदान करने वाली इकाइयाँ क्रियाशील रह सकती हैं और अलाभकारी इकाइयों की खोज कर उन्हें बन्द भी किया जा सकता है।

(7) निरीक्षण से अन्य कर्मिकों में भी क्रियाशीलता आती है।

(8) सीखने और सिखाने की भावना जाग्रत करने के लिये भी निरीक्षण संबंधी कार्य किया जाता है।

(9) निरीक्षण के माध्यम से नियमितता, कर्त्तव्य निष्ठा, ईमानदारी और समानता का सिद्धान्त इत्यादि नैतिक मूल्यों का जन्म होता है।

(10) विद्यार्थियों को अध्यापक की योग्यतानुसार ज्ञान मिलने की संभावनायें बढ़ जाती हैं।

अतः अलग-अलग कामों को विभिन्न तरीके से संपादित करने और उनसे प्राप्त होने वाले प्रतिफलों को आवश्यक रूप से पाने के लिये ही 'निरीक्षण' का कार्य किया जाता है।

निरीक्षण की वर्तमान विचारधारा

निरीक्षण का कार्य आपसी शैक्षिक जगत् में प्रचलित है। शैक्षिक वातावरण को गुणवत्ता की दृष्टि से आज भी सब से उँचा बनाने के लिए जिला स्तरों पर कार्यालयों की स्थापना कर उसमें जिला शिक्षा अधिकारी की नियुक्ति की गई है। खण्ड स्तर

पर BEO (Block Education Officer) सर्वोच्च अधिकारी होता है, जो उस प्रखण्ड के प्राथमिक पद्धति द्वारा खुद अथवा शिक्षा प्रसार अधिकारियों (EEO) (Education Extention Officer) की रिपोर्ट के आधार पर की जाती है। वर्तमान निरीक्षण प्रबंध से जहाँ मानवीय संबंधों को जन्म मिलता है तथा शिक्षा संसार में शैक्षिक सुधार तथा नवीनतम शैक्षिक तकनीकों का भी विकास होता है। इसी के साथ वर्तमान निरीक्षण विचारधारा के संबंध में अग्रलिखित महत्वपूर्ण बातें बताई जा सकती हैं–

(1) वर्त्तमान युग इतिहास कम्प्यूटरीकृत युग है जिसमें तकनीकी ज्ञान सहित वर्तमान समाज की आवश्यकताओं के समान शिक्षा को बढ़ावा देने वाली निरीक्षण पद्धति लागू होनी चाहिये। प्राचीन ढर्रे पर चलने वाले निरीक्षकों को निरीक्षण कार्यों के लिये नियुक्त नहीं करना चाहिये।

(2) वर्त्तमान में विद्यार्थी का चातुर्य शक्ति बढ़ी है। इस प्रकार निरीक्षक को बहुत ही क्रियाशील (Active) व्यक्तित्व वाला होना चाहिये।

(3) मनोवैज्ञानिक दृष्टि से भी निरीक्षक को पूर्ण होना चाहिये जो निरीक्षण के बाद द्रुतगामी निर्णय ले सके और संरचनात्मक सुझाव देने में सफल हो सके।

(4) समानता के आधार पर निरीक्षक में आदर्श समाज की स्थापना और भारतीय सभ्यता व संस्कृति के विकास की ओर उदीयमान होना चाहिये। इस तरह वर्तमान निरीक्षण प्रबंध के संबंध में कई महत्त्वपूर्ण विचारधारायें बतायी जा सकती है।

11

इतिहास शिक्षण में मूल्यांकन

प्रत्येक विषय की तरह इतिहास के शिक्षण में भी मूल्यांकन का अत्यधिक महत्त्व है। मूल्यांकन के द्वारा ही शिक्षक को यह जानकारी प्राप्त होती है कि उसके द्वारा सिखाई जाने वाली क्रियाओं को छात्रों ने किस सीमा तक सीखा है। कौन-कौन से बिन्दु छात्र नहीं सीख पाए हैं। मूल्यांकन के न होने पर सभी क्रियाएँ निरर्थक हो जाती हैं, इसके जाने बिना सीखना भी निरर्थक होता है। मूल्यांकन के द्वारा ही हम भविष्य के मार्ग का निर्धारण करते हैं। मूल्यांकन के द्वारा केवल उपलब्धियों का मापन ही नहीं वरन् सम्पूर्ण शैक्षिक प्रक्रिया में सुधार भी होता है।

मूल्यांकन का आशय

मूल्यांकन शब्द का प्रयोग नवीन है। इसके स्थान पर मापन शब्द का प्रयोग किया जाता था। किन्तु मापन और मूल्यांकन में बहुत अन्तर है। मूल्यांकन का तात्पर्य चतुर्दिक मापन से है। मूल्यांकन के द्वारा जीवन से सम्बन्धित समस्त क्रियाओं का मापन किया जाता है। मूल्यांकन का तात्पर्य उपलब्धियों के मापन के साथ-साथ रुचियों, योग्यताओं, आदतों सामाजिक व्यवहारों, सीखने के तरीकों आदि के मापन से भी है। **जेम्स एम.ली. के अनुसार**—"मूल्यांकन का मुख्य प्रयोजन छात्रों को सीखने की प्रक्रिया को अग्रसर एवं निर्देशित करना है।" एक अन्य विद्वान

मुफात (Muffatt) के अनुसार—"मूल्यांकन निरन्तर चलने वाली प्रक्रिया है और यह छात्रों की औपचारिक शैक्षिक उपलब्धि से अधिक है।"

शिक्षा के क्षेत्र में भी शिक्षा के निर्धारित उद्देश्यों की प्राप्ति के सही पाठ्यक्रम तैयार करके सही विधियों की सहायता से विद्यार्थियों को ज्ञान उपार्जन कराया जाता है। किस अवधि में इन उद्देशों की प्राप्ति में कहाँ तक प्रगति हुई, विद्यार्थियों की योग्यता में कितनी वृद्धि हुई, इत्यादि। इन सभी बातों का ज्ञान परिश्रम और योग्यता का सही-सही मूल्य तथा उसके द्वारा होने वाले परिवर्तनों एवं लाभ की मात्रा का ज्ञान ही मूल्यांकन कहलाता है। दूसरे शब्दों में हम यह कह सकते हैं कि "मूल्यांकन शिक्षा की प्रक्रिया (Educational Process) का वह अंग है जिसके द्वारा इस बात की जाँच की जाती है कि एक निश्चित समय में शिक्षा के उद्देश्यों की प्राप्ति में कहाँ तक प्रगति हुई, विद्यार्थियों के अनुभव तथा योग्यता में कितनी वृद्धि हुई, उनके व्यवहार में कितना अन्तर आया तथा शिक्षक ने इस दिशा में कहाँ तक सहयोग दिया।"

मूल्यांकन शब्द के व्यापक अर्थ को समझाते हुए क्वीलेन तथा हन्ना ने अपनी पुस्तक "एजूकेशन फॉर सोसल कॉम्पीटेंस" में लिखा है कि—"किसी भी संस्था द्वारा छात्र के बौद्धिक परिवर्तन में आंकलन की क्रिया तथा उसकी व्याख्या को मूल्यांकन कहते हैं। "अतः हम यह कह सकते हैं कि मूल्यांकन एक क्रमिक प्रक्रिया है जो निरन्तर छात्रों के व्यवहार का मूल्यांकन करती रहती है। यह उपलब्धि मापन के साथ-साथ विकास का मार्ग भी दर्शाती है।

मूल्यांकन प्रक्रिया

वर्तमान समय में यह निश्चित हो गया है कि मूल्यांकन एक साधन न होकर प्रक्रिया के अग्रलिखित तीन सोपान बताए जाते हैं—

1. उद्देश्यों का निर्धारण,
2. उद्देश्यों की प्राप्ति के लिए सीखने या सिखाने की क्रियाओं का निर्धारण,
3. मूल्यांकन की प्रविधियों का चयन एवं निर्माण।

परीक्षा का आशय

परीक्षा भारत में एक प्रचलित पद्धित है। जिसके तहत अध्यापक वर्ष में एक बार बालकों के ज्ञान एवं शिक्षा के बारे में जानकारी प्राप्त करने के आयोजित करता है। इसके तहत अध्यापक बालकों से पाठ्य वस्तु आधारित प्रश्न लिखित या मौखिक रूप से पूछता है। उसके प्राप्त अंक के आधार पर बालक को अगली कक्षा में उन्नति

दे दिया जाता है। यह भारत की एक परम्परागत् परीक्षा विधि है। जो वर्तमान में भी प्रचलित है।

मूल्यांकन तथा परीक्षा के द्वारा समय-समय पर यह पता करने का प्रयास करते हैं कि बालक के बौद्धिक विकास में क्या एवं कितना परिवर्तन हुआ है? मूल्यांकन एक अनवरत् चलने वाली क्रिया है। जबकि परीक्षा वर्ष के अन्त में केवल एक बार ही आयोजित की जाती है। इन विधियों से यह भी ज्ञात हो जाता है कि अध्यापक द्वारा किए गए शिक्षण को बालक किस स्तर तक समझ रहे हैं? इस प्रकार के मूल्यांकन को अध्यापक की भी परीक्षा मानी जा सकती है। यदि अध्यापक अपने विषय में निपुण है तो उसके पढ़ाने का ढंग अवश्य ही रोचक होगा तथा बालक अवश्य ही परीक्षा में अच्छे अंक प्राप्त करेगा।

परीक्षा और मूल्यांकन में अन्तर

इन दोनों को प्रायः एक ही अर्थ में प्रयुक्त किया जाता है लेकिन वास्तव में उद्देश्य एक होने पर भी दोनों में बहुत अन्तर है। मूल्यांकन शिक्षण क्षेत्र में नवीन शब्द है जिसका अर्थ और क्षेत्र परीक्षा की तुलना में अधिक व्यापक है। परीक्षा से जहाँ हमारा तात्पर्य वर्ष के बाद में अथवा एक निश्चित अवधि में ली जाने वाली विषय वस्तु सम्बन्धी एक सीमित जाँच से है, वहाँ मूल्यांकन समय-समय पर किया जाता है तथा इसमें विद्यार्थी की केवल विषय सम्बन्धी योग्यता ही नहीं, उनके पूर्ण व्यक्तित्व तथा व्यवहार परिवर्तन को मापा जाता है। अतः परीक्षा की तुलना में यह अधिक उपयोगी, विश्वसनीय और प्रामाणिक है।

भारत में परीक्षा का स्वरूप

भारत में शुरू के समय परीक्षा का ढंग ब्रिटिश प्रणाली के अनुसार था। इस प्रणाली के तहत वर्ष में केवल एक परीक्षा का ही आयोजन किया जाता था। जो वार्षिक परीक्षा के नाम से जानी जाती है। यह परीक्षा सामान्य रूप से निबन्ध प्रधान होती है। इस परीक्षा का मुख्य आधार छात्र की स्मरण शक्ति का मूल्यांकन करना होता है। जिस समय भारत में यह प्रणाली चल रही थी, उस समय भारत गुलाम था। इसके साथ ही छात्रों की संख्या भी कम होती थी, तथा शिक्षा व्यवसाय में पारंगत एवं दक्षत अध्यापक आसानी से मिल जाते थे। इसलिए यह परीक्षा प्रणाली भारत में काफी समय तक बिना विशेष व्यवधान के चलती रही है। हम इस बात को हमेशा भूल जाते हैं कि भारत तथा ब्रिटिश शिक्षा प्रणाली में काफी अन्तर है। मुख्य अन्तर यह है कि ब्रिटिश परीक्षा प्रणाली में "ट्यूटोरियल" को

बहुत अधिक महत्त्व दिया जाता है, जबकि भारत में "ट्यूटोरियल" पद्धति अभी तक पनप ही नहीं पाई है।

"ट्यूटोरियल" प्रणाली के अन्तरगत अध्यापक एवं छात्र के बीच बहुत ही निकट के सम्बन्ध हो जाते हैं। जिसके कारण से निरन्तर मूल्यांकन की प्रक्रिया सदैव चलती रहती है। जिससे ब्रिटिश परीक्षा प्रणाली भारत की परीक्षा पद्धति से प्रभावी है। भारत में अभी "ट्यूटोरियल" का महत्त्व शिक्षाविद् समझ नहीं पाए हैं। अतः यह और भी आवश्यक हो गया है कि भारत की परीक्षा का रूप व्यापक तथा विश्वसनीय हो। इसके लिए भारत की परीक्षा प्रणाली में अनेक विशेषताओं का होना आवश्यक है।

मूल्यांकन प्रविधियाँ

वर्तमान शिक्षा जगत में मूल्यांकन की अनेक प्रवृत्तियाँ प्रचलित हैं। इतिहास शिक्षण में निम्न प्रविधियों का प्रयोग किया जाता है–

1. प्रश्नावली प्रविधि–मूल्यांकन की इस प्रविधि के प्रयोग की अनेक प्रवृत्तियाँ प्रचलित हैं। इतिहास शिक्षण में निम्न प्रविधियों का प्रयोग किया जाता है।

2. साक्षात्कार–इस प्रविधि द्वारा छात्रों के परिवर्तित दृष्टिकोणों तथा व्यक्तिगत विभिन्नताओं का अध्ययन किया जाता है।

3. निरीक्षण प्रवृत्ति–इस प्रविधि द्वारा स्वयं निरीक्षण करके शिक्षक छात्रों के व्यवहार, क्रियाओं, बौद्धिक स्तर आदि का मूल्यांकन करता है।

4. चेक लिस्ट–इसे पड़ताल सूची भी कहा जाता है। इसका प्रयोग प्रमुख रूप से व्यक्तिगत सूचनाएँ तथा मतों को एकत्र करने में किया जाता है।

5. अभिलेख–विद्यालय में शिक्षकों द्वारा छात्रों के बारे में तैयार किए गए अभिलेखों के द्वारा मूल्यांकन किया जाता है। संचयी अभिलेख पत्र मूल्यांकन की एक नवीन प्रविधि है।

6. क्रम निर्धारण मान या रेटिंग स्केल–यह प्रविधि उन परिस्थितियों के मूल्यांकन के लिए प्रयुक्त की जाती है, जिनमें मात्राओं की जाँच करनी होती है। इस मात्रा की जाँच 3 या 5 क्रम निर्धारण मान के आधार पर की जाती है।

7. परीक्षा प्रविधि–मूल्यांकन में इस प्रविधि का सर्वाधिक प्रयोग होता है क्योंकि यह प्रविधि बहु कुछ परम्परागत है। इस प्रविधि के सामान्यतया तीन रूप मिलते हैं। मौखिक परीक्षा, प्रायोगिक परीक्षा, लिखित परीक्षा। लिखित परीक्षा के भी दो रूप मिलते हैं–निबन्धात्मक परीक्षा व वस्तुनिष्ठ परीक्षा।

आदर्श मूल्यांकन के गुण तथा विशेषताएँ

मूल्यांकन शिक्षा का एक बहुत ही महत्त्वपूर्ण और आवश्यक अंग है। लेकिन जिस अर्थ में इसे प्रयोग में लाया जाता है, वह तभी पूरा हो सकता है जबकि इसमें निम्न बातों का ध्यान रखा जाए–

1. विषयनुकूलत–अच्छा मूल्यांकन वही माना जाता है जो विषय के अनुकूल हो अर्थात् उसके द्वारा वही मापा जाए जिसे मापने के लिए उसे प्रयोग में लाया गया हो (It should measure what it seeks to measure)/ इस तरह से इतिहास के मूल्यांकन को विषयानुकूल तभी कहेंगे जबकि उसके हम इतिहास सम्बन्धी योग्यता को ही मापें और भाषा की योग्यता, स्वच्छता एवं सामान्य बुद्धि को नहीं।

2. विश्वसनीयता–रिट्जलैण्ड के मतानुसार "विश्वसनीयता से तात्पर्य उस श्रद्धा से है, जो एक परीक्षा में स्थापित की जा सकती है।" किसी पर विश्वास उसके व्यवहार में यथार्थता और एकरूपता (Accuracy and Consistency of Behaviour) के कारण ही होता है। अगर एक घड़ी ठीक समय देती है तो कई बार उसकी जाँच करने पर उस पर अनायास ही विश्वास जम जाता है। इसी प्रकार अगर किसी परीक्षा में विद्यार्थी की योग्यता का यथार्थ रूप से मूल्यांकन करने से उसमें कोई अन्तर नहीं आता तो उसे हम विश्वसनीय कहेंगे। अगर एक बार परीक्षा देने में परीक्षक किसी भी विद्यार्थी को 100 में से 60 अंक देकर उच्च स्तर का घोषित करे तथा दूसरी बार वही परीक्षक उसी परीक्षार्थी को 100 में 40-45 अंक देकर सामान्य स्तर का घोषित करवाए तो ऐसी परीक्षा कभी भी विश्वसनीय नहीं हो सकती।

3. वस्तुनिष्ठ–इसका अर्थ यह है कि किसी भी प्रश्न का उत्तर देते समय विद्यार्थी और जाँचते समय परीक्षकगण अपनी-अपनी रुचियों, भावनाओं तथा जानकारी को ही महत्त्व देते हुए अगर अपने उत्तर को अपने रंग में न रंग सके तो वह मूल्यांकन वस्तुनिष्ठ कहलाता है। किसी भी परीक्षा की वस्तुनिष्ठता उसके प्रश्नों को देखकर आसानी से पहचानी जा सकती है। अगर प्रश्नों का उत्तर संक्षिप्त और प्रत्येक परिस्थिति में एक-सा ही हो और उस पर व्यक्तिगत दृष्टिकोण, पसन्द ना पसन्द तथा भावनाओं का कोई प्रभाव न पड़े तो वह परीक्षा वस्तुनिष्ठता कहीं जा सकती है।

4. समुचितवरण–मूल्यांकन का उद्देश्य पिछली पढ़ाई सम्बन्धी सभी बातों के बारे में यह पता लगाना होता है कि विद्यार्थी उनको ठीक प्रकार से समझ पाए हैं अथवा नहीं तथा उसमें कितनी योग्यता और ज्ञान की वृद्धि हुई है। अतः मूल्यांकन

ऐसा होना चाहिए कि इस दिशा में वह अधिक से अधिक जाँच कर सके, उसमें सभी प्रकरणों, प्रकरणों के सभी अंशों तथा अन्य उपयोगी ज्ञान की सही जाँच की क्षमता हो। ऐसा न हो कि कुछ प्रकरणों में से प्रश्न पूछ लिए जाए और कुछ बिल्कुल अछूते ही रह जाएँ। फिर एक प्रकरण में से एक प्रश्न चुन लेने से प्रकरण के सभी अंशों को सही प्रतिनिधित्व कैसे मिल सकता है? अगर जाँच करनी ही है तो प्रत्येक पढ़ाए हुए अंश को सही स्थान मिलना ही चाहिए। समुचितवरण तभी हो सकता है जबकि मूल्यांकन में प्रश्नों की संख्या अधिक हो तथा प्रश्न इस प्रकार के हों कि वे पढ़ाए हुए ज्ञान के सभी क्षेत्रों का सही प्रतिनिधित्व कर सकें।

5. निदानात्मकता—एक अच्छे मूल्यांकन में निदानात्मकता का गुण भी होना चाहिए। जिस तरह किसी भी रोगी के रोग का सही निदान उसके उपचार के लिए आवश्यक है, इसी प्रकार विद्यार्थियों की कमियों, कठिनाईयों तथा रुचियों इत्यादि का सही ज्ञान भी आवश्यक है जिससे उनकी रुकावटों को दूर किया जा सके। अच्छा मूल्यांकन वही कहा जा सकता है, जो इस दिशा में सही सहयोग दे।

6. व्यावहारिकता—मूल्यांकन के व्यावहारिक होने का अर्थ उसकी निम्न विशेषताओं में है –

(a) बनाने में आसानी—मूल्यांकन का साधन, प्रश्न-पत्र और अन्य सामग्री अधिक खर्चीला न हो तथा उसे तैयार करने में अधिक परिश्रम तथा समय नहीं लगता है।

(b) परीक्षा लेने में आसानी—जब विद्यार्थियों की जाँच की जाए तो उनकी बिना किसी प्रबन्धात्मक (Administrative) तथा अनुशासन सम्बन्धी समस्या की ठीक जाँच की जा सके। छात्र आपस में नकल तथा पूछताछ द्वारा अनुचित लाभ उठाने में समर्थ न हो सकें।

(c) अंक लगाने में आसानी—परीक्षक को विद्यार्थियों के अंक लगाने में आसानी हो। अधिक लम्बे-लम्बे प्रश्नों को ठीक प्रकार से पढ़ने और समझने के बाद सभी विद्यार्थियों के उत्तर का तुलनात्मक अध्ययन करते हुए अंक देना अध्यापक के लिए बड़ा सिर दर्द बन जाता है। इसलिए मूल्यांकन ऐसा होना चाहिए जिसमें अध्यापक को सही और न्यायपूर्ण अंक लगाने में आसानी हो।

नवीन प्रकार के प्रश्न-पत्र

किसी भी परीक्षा-प्रणाली के द्वारा सही मूल्यांकन उस परीक्षा में प्रयुक्त जाँच सामग्री पर बहुत कुछ निर्भर करता है। हमारी प्रचलित परीक्षा प्रणाली सही

जाँच सामग्री प्रयोग में न लाने पर ही अत्यन्त दोष पूर्ण और निरर्थक सिद्ध हो रही है। पुराने निबन्धात्मक ढंग के प्रश्नों का प्रयोग, जिनमें कि बच्चे प्रश्न-पत्र के लगभग सभी गुणों का अभाव है, हमारी शिक्षा व्यवस्था को डावॉडोल बनाए हुए हैं। इस प्रकार के प्रश्नों के तहत दोषों को देखकर ही अब इनके स्थान पर नवीन शैली के प्रश्न-पत्रों (Objective Type Tests) को स्थान देने की जरूरत अनुभव की जा रही है। इन प्रश्न-पत्रों में विषयानुकूलता, वस्तुनिष्ठा, समुचितवरण, विश्वसनीयता आदि गुण, जो एक आदर्श प्रश्न-पत्र में पाए जाने चाहिएँ, पाए जाते हैं। हल करने में तथा जाँचने में भी परिश्रम तथा समय का अपव्यय नहीं होता। इसकी सहायता से विद्यार्थियों की गणित सम्बन्धी योग्यता का सही मूल्यांकन किया जा सकता है।

निबन्धात्मक परीक्षा में बालकों को कुछ प्रश्नों का उत्तर देना पड़ता है। इसमें छात्रों की भाषा, शैली, अभिव्यंजना, सुलेख आदि का मूल्यांकन होता है। इस प्रणाली का प्रयोग बहुत पहले से होता चला आ रहा है। वर्तमान समय में भी इसी प्रणाली का अधिक प्रयोग होता है। यद्यपि वर्तमान युग में इस प्रणाली में अनेक दोष बताए गए हैं।

निबन्धात्मक परीक्षा प्रणाली के दोषों को दूर करने के लिए वस्तुनिष्ठ प्रणाली का प्रयोग किया गया। वस्तुनिष्ठ परीक्षा प्रणाली में ऐसे छोटे-छोटे प्रश्न होते हैं, जिन पर भाषा, अभिव्यंजना, लेखन शैली आदि का प्रभाव नहीं पड़ता है। इन प्रश्नों के द्वारा तथ्यों का सही मापन होता है। वर्तमान समय में वस्तुनिष्ठ परीक्षा प्रणाली का प्रयोग धीरे-धीरे काफी प्रचलित हो गया है।

वर्तमान परीक्षा प्रणाली के दोष

वर्तमान परीक्षा प्रणाली परम्परागत निबन्धात्मक परीक्षा प्रणाली है। अनेक अनुसंधानों द्वारा इस प्रणाली को अविश्वसनीय और अवैध बताया गया है। इस प्रणाली में निम्न दोष हैं–

1. इस प्रणाली के कारण शिक्षा का स्परूप बदल गया है। शिक्षक और छात्र केवल परीक्षा उत्तीर्ण कराने वे करने के लिए शिक्षा प्राप्त करते हैं।
2. इस परीक्षा प्रणाली में छात्रों को लम्बे-लम्बे निबन्ध याद करने पड़ते हैं जिससे उनके स्वास्थ्य पर बुरा प्रभाव पड़ता है जो छात्र सभी तथ्यों को जानते हुए भी लम्बे निबन्ध नहीं लिख पाते हैं, वे परीक्षा में अनुत्तीर्ण हो जाते हैं जिससे निराशा व आत्महत्या, गृहत्याग आदि की घटनाएँ होती हैं।
3. यह प्रणाली अमनोवैज्ञानिक है इसमें छात्रों की रुचि, योग्यता, क्षमता आदि को ध्यान में नहीं रखा जाता है।

4. इस प्रणाली में छात्रों के ज्ञान की अपेक्षा उनकी भाषा-शैली की जाँच अधिक होती है।
5. इस प्रणाली के द्वारा केवल सैद्धांतिक ज्ञान प्राप्त होता है व्यावहारिक ज्ञान की कोई जाँच नहीं होती है।
6. यह प्रणाली आत्मगत मापन पर बल देती है। अर्थात् इसमें परीक्षक एक ही प्रकार के प्रश्नों के उत्तरों की जाँच कर पृथक्-पृथक् अंक प्रदान करता है। इस प्रकार इस प्रणाली में परीक्षकों के बदलने तथा परीक्षक की परिस्थितियों के बदलने पर मूल्यांकन प्रभावित हो जाता है।

वस्तुनिष्ठ परीक्षा

वर्तमान समय में मूल्यांकन करने की प्रविधियों में सर्वाधिक प्रयोग वस्तुनिष्ठ परीक्षा प्रणाली का हो रहा है। वस्तुनिष्ठ परीक्षा में प्रश्नों के निम्न प्रारूप मिलते हैं—

1. **प्रत्यास्मरण प्रश्न**—इन प्रश्नों के द्वारा बालकों के स्मरण शक्ति की जाँच की जाती है। इनके उत्तर एक या दो शब्द के होते हैं। जैसे—भारत का संविधान कब लागू हुआ था?
2. **रिक्त स्थान पूरक**—इन प्रश्नों में वाक्यों में रिक्त स्थानों की पूर्ति करनी होती है। जैसे—भारत के वर्तमान राष्ट्रपति................हैं।
3. **सत्य-असत्य प्रश्न**—इस प्रकार के प्रश्नों में कुछ कथन दिए जाते हैं और कथनों का उत्तर सत्य या असत्य अथवा हाँ या नहीं में देना होता है। जैसे—राज्यपाल का चुनाव जनता द्वारा किया जाता है। (सत्य/असत्य)
4. **बहुविकल्पीय प्रश्न**—इसमें एक प्रश्न के कई विकल्प दिए जाते हैं। उनमें से सही विकल्प वाला उत्तर चुनना होता है। जैसे—भारत के वर्तमान राष्ट्रपति है (अ) डॉ. राधा कृष्णन (ब) श्री आर वेंकट रमन (स) श्री वी. वी. गिरी (द) डॉ. शंकर दयाल शर्मा।
5. **मिलान या तुलना वाले प्रश्न**—इस प्रकार के प्रश्नों में दो सूचियों के पदों में मिलान या तुलना करके सही क्रम लिखने को कहा जाता है। जैसे—नीचे दी गई दोनों सूचियों में से मिलान करते हुए जोड़े बनाये—

महात्मा गाँधी	भूदान यज्ञ
आचार्य विनोबा भावे	सहयोग आन्दोलन
दयानन्द सरस्वती	ब्रह्म समाज
राजाराम मोहन राय	आर्य समाज

6. **वर्गीकरण प्रश्न**—इनमें बालकों को शब्दों का एक समूह दिया जाता है जिसमें से एक उस समूह से भिन्न होता है, जिसे छाँटकर लिखना होता है। जैसे—नीचे दिए गए शब्दों में से भिन्नता रखने वाले शब्दो को रेखांक्ति करो—कांग्रेस, भारतीय जनता पार्टी, आर्य समाज, जनता दल, बहुजन समाज पार्टी।

वस्तुनिष्ठ प्रकार के प्रश्नों में वैधता और विश्वसनीयता बहुत अधिक होती है। इनके अंकन में शुद्धता एवं सरलता रहती है। यह रटने की प्रवृत्ति को कम करते हैं। किन्तु साथ ही इन प्रश्नों में कुछ दोष होते हैं। इनके निर्माण में अधिक समय व श्रम लगता है। इन प्रश्नों के उत्तर अनुमान से भी छात्र देने लगते हैं। इनमें नकल करने की सँभावनाएँ अधिक हो जाती है। इनके द्वारा छात्रों में धीरे-धीरे अभिव्यक्ति करने की शैली का ह्रास होता है। इनके द्वारा केवल तथ्यों की जाँच हो पाती है।

परन्तु उक्त कमियाँ ऐसी नहीं है, जिनका सुधार करके उनकों दूर नहीं किया जा सके। इन कमियों को दूर करके तथा पुरानी और नई दोनों परीक्षा प्रणलियों का सही समन्वय करके जाँच विधि का एक आदर्श ढंग अपनाया जा सकता है। निम्न सुझाव इस दिशा में उपयोगी सिद्ध हो सकते हैं—

(i) निबन्धात्मक (Essay Type) तथा नवीन परीक्षा प्रणाली (Objective Type) दोनों को ही मूल्यांकन में स्थान दिया जाना चाहिए। नवीन प्रकार के प्रश्नों के साथ-साथ कुछ प्रश्न निबन्धात्मक भी होने चाहिए।

(ii) लिखित परीक्षा के साथ-साथ मौखिक एवं क्रियात्मक परीक्षाओं को भी स्थान दिया जाना चाहिए।

(iii) जाँच-पत्र की विषयानुकूलता तथा विश्वसनीयता को प्रयोगों तथा अनुभवों के द्वारा परख करके प्रमाणित (Standardised) बना लेना चाहिए।

(iv) विद्यार्थियों से प्रश्नों के उत्तर अलग कागज पर लिखवा लेने चाहिएँ। इससे परीक्षा पुस्तिकाओं को बार-बार प्रयोग में लाया जा सकता है। इस प्रकार प्रश्नों को बार-बार छपवाने तथा उत्तर पुस्तिकाओं के व्यय को बचाया जा सकता है।

(v) अनुमान (Guess) पर नियन्त्रण लगाने के लिए निम्न प्रयोग में लाना चाहिए।

जबकि नीचे दिया गया है कि—M=Marks Deserved (अंक जिन्हें पाने का वह अधिकारी हो), R=Right Answers (विद्यार्थी द्वारा दिए गए शुद्ध उत्तरों की संख्या), W=Wrong Answers (विद्यार्थी द्वारा दिए गए अशुद्ध उत्तरों की

संख्या) तथा N = Total Number of Questions (कुल प्रश्न जिनके उत्तर देने हैं।)

यह नियम सत्य-असत्य के निर्णय वाले, बहुविकल्प एवं युगलीकरण जाँच-पत्रों में प्रयुक्त हो सकता है।

सुझाव

प्रचलित परीक्षा के उपर्युक्त दोषों को दूर करने के लिए अग्रलिखित सुझाव दिए जा सकते हैं–

1. निबन्धात्मक प्रश्नों के साथ-साथ वस्तुनिष्ठ प्रश्नों को भी सम्मिलित किया जाए।
2. प्रश्न अत्यन्त स्पष्ट, उपयुक्त और छोटे हों, भ्रामक न हों। परीक्षकों का चयन करते समय उनकी योग्यता, अनुभव और प्रशिक्षण को ध्यान में रखा जाए।
3. परीक्षकों को प्रश्नों के आदर्श उत्तर उपलब्ध कराए जाएँ।
4. परीक्षकों द्वारा अंकन अंकों में न कराकर ए.बी.सी. श्रेणियों में कराया जाए।
5. परीक्षा के साथ-साथ मूल्यांकन की अन्य प्रविधियों का प्रयोग किया जाए।

12

आदर्श इतिहास शिक्षक

आदर्श शिक्षक के गुण

अच्छे शिक्षक के गुणों, विशेषताओं व योग्यताओं को हम अग्रलिखित बिन्दुओं द्वारा व्यक्त कर सकते हैं–

1. नैतिक गुण
2. मानसिक गुण
3. वैयक्तिक गुण
4. शारीरिक गुण

1. नैतिक गुण–अच्छे शिक्षक में अग्रलिखित नैतिक गुण होने चाहिए–

(क) न्याय और निष्पक्षता–अच्छे शिक्षक में न्याय और निष्पक्षता के गुण होने चाहिए। अच्छा शिक्षक विभिन्न वर्गों और जातियों के छात्रों में किसी प्रकार का भेदभाव नहीं रखता है। ऐसा करने से छात्रों पर उसका प्रभाव समाप्त हो जाता है और वह उसके विश्वास तथा सम्मान का पात्र नहीं रह जाता है। इस सन्दर्भ में **रायबर्न** का मत है–"न्यायपूर्ण होने का प्रयास करने की आदत शिक्षक को अनुशासन और कार्य करने में सहायता देती है।"

(ख) आत्म-विश्वास व इच्छा-शक्ति–अच्छे शिक्षक में आत्म-विश्वास और इच्छा-शक्ति के गुण का होना परम आवश्यक है। जब भी शिक्षक किसी वर्ग के छात्रों

में सामने खड़ा होता है और उनकी आँखों को अपने ऊपर लगा हुआ देखता है, तभी वह अपने में इन गुणों की उपस्थिति की आकांक्षा करता है। इसके अभाव में वह अपना मानसिक सन्तुलन खो देता है और छात्रों के उपहास का पात्र बन जाता है।

(ग) अच्छा स्वभाव व प्रसन्नता—अच्छे शिक्षक का स्वभाव मधुर और प्रसन्नमुख होना चाहिए। शिक्षक का मधुर व प्रसन्नमुख स्वभाव छात्रों के मस्तिष्क पर इस बात को अंकित कर देता है कि कार्य का नीरस और अरुचिकर होना आवश्यक नहीं है। क्रुद्ध चेहरे, मलिन मुख और तनी हुई भौंहों वाले शिक्षक का न तो कक्षा में स्वागत होता है और न वह छात्रों के मस्तिष्क को ज्ञान से आलोकित करने में सफल होता है। इस सन्दर्भ में **गारलिक** ने लिखा है—"शिक्षक की अपेक्षा और किसी को भी इतनी उद्विग्नता से नहीं निहारा जाता है। अतः उसे अपने स्वभाव के बारे में सावधान रहना चाहिए, जिससे कि वह अपनी कक्षा के सामने सदैव प्रसन्नमुख रहे।"

(घ) दया व सहानुभूति—अच्छा शिक्षक अपने छात्रों के प्रति दया और सहानुभूति का व्यवहार करता है। इस सन्दर्भ में **पेन्टन** (Penton) ने लिखा है—"इसका अर्थ कोमलता नहीं है वरन् छात्रों के दृष्टिकोण और उनकी भावनाओं को समझने की योग्यता है।" शिक्षक में यह योग्यता जितनी ही अधिक होगी, उसका शिक्षण उतना ही अधिक सफल होगा। दया और सहानुभूति के गुणों के अभाव में छात्रों को सीखने के लिए केवल बाध्य किया जा सकता है, उसमें सीखने के प्रति रुचि पैदा नहीं की जा सकती है।

(च) धैर्य व लगन—अच्छा शिक्षक अपने धैर्य व लगन से सभी कठिनाइयों पर विजय प्राप्त करता है। कक्षा में सभी छात्र बुद्धिमान और आज्ञाकारी नहीं होते हैं। कुछ मन्द बुद्धि और शरारती भी होते हैं। ऐसे छात्रों को शिक्षक केवल धैर्य और निरन्तर चेष्टा से ही ज्ञान और सद्व्यवहार के क्षेत्रों में प्रविष्ट कर सकता है।

2. मानसिक गुण—अच्छे शिक्षक में अग्रलिखित मानसिक गुणों का समावेश होना चाहिए—

(क) विषय का ज्ञान—अच्छे शिक्षक को अपने विषय का पूर्ण ज्ञान होना चाहिए तभी वह कुशलता से बच्चों को पढ़ा सकता है। ज्ञानविहीन शिक्षक न तो छात्रों का सम्मान प्राप्त करता है और न उनके मस्तिष्क का विकास करता है। इस सन्दर्भ में **के.जी. सैयदेन** ने ठीक ही लिखा है—"यदि शिक्षक ज्ञान की दृष्टि से हीन और खोखला है तो वह अपने बालकों के मस्तिष्क को प्रखर नहीं बना सकता है।"

(ख) शिक्षण सिद्धान्तों व विधियों का ज्ञान—अच्छे शिक्षण को शिक्षण सिद्धान्तों और विधियों की पूर्ण जानकारी होनी चाहिए। इस सन्दर्भ में **रायबर्न** ने

अपना विचार प्रकट करते हुए कहा है—"अच्छा शिक्षक शिक्षण-विधियों के सम्बन्ध में अपने ज्ञान की वृद्धि करने के लिए सदैव सचेष्ट रहता है। वह अपने ज्ञान को नया और आधुनिक रखने की चेष्टा करता है।"

(ग) मनोविज्ञान का ज्ञान—अच्छे शिक्षक को मनोविज्ञान की सब शाखाओं का तो नहीं, पर उन शाखाओं का ज्ञान निश्चित रूप से होना चाहिए, जिनका शिक्षण से घनिष्ठ सम्बन्ध है। उदाहरण के लिए—शिक्षा-मनोविज्ञान, बाल-मनोविज्ञान, व्यावहारिक मनोविज्ञान, प्रयोगात्मक मनोविज्ञान आदि।

(घ) बाल-प्रकृति का ज्ञान—आधुनिक युग में शिक्षा प्रक्रिया बाल-केन्द्रित है। अतएव शिक्षक के लिए बाल-प्रकृति का ज्ञान परम आवश्यक है। कहने का तात्पर्य यह है कि उसे बालकों की रुचियों, इच्छाओं, मूलप्रवृत्तियों, अभिवृत्तियों और आवश्यकताओं से अवगत होना चाहिए, तभी वह बालकों की शारीरिक और मानसिक विशेषताओं को समझ कर उनका सही पथ-प्रदर्शन कर सकेगा। इसीलिए हिगेट (Highet) शिक्षक को परामर्श देता है—"बालकों के विचारों और संवेगों के अनोखे प्रतिमानों का ज्ञान प्राप्त कीजिए।"

(च) संस्कृति व सभ्यता का ज्ञान—बालक को उसकी संस्कृति एवं सभ्यता का ज्ञान प्रदान करना और उनमें आवश्यक परिवर्तन करके एक पीढ़ी से दूसरी को हस्तान्तरित करना शिक्षा का महत्त्वपूर्ण उद्देश्य है। अतः अच्छा शिक्षक अपने समाज की संस्कृति और सभ्यता का इतना काफी ज्ञान रखता है कि वह उनके प्रतिमानों से अपने छात्रों को पूर्णतया परिचित करा देता है।

(छ) वातावरण का ज्ञान—इस सन्दर्भ में **टामसन** (Thomson) का कथन है—"वातावरण शिक्षक है और शिक्षा का कार्य छात्र को उस वातावरण के अनुकूल बनाना है।" अतः अच्छा शिक्षक छात्रों को अपने वातावरण से अनूकूलन करने में सहायता देने के लिए जानकारी रखता है।

(ज) व्यक्ति और समाज की आवश्यकताओं—व्यक्ति और समाज एक-दूसरे के पूरक हैं। व्यक्ति समाज की और समाज व्यक्ति की आवश्यकताओं की पूर्ति करता है। शिक्षक इन आवश्यकताओं से पूर्णतया परिचित होंता है और अपने छात्रों को उनसे अवगत कराके उनकी और समाज की उन्नति में सहयोग देता है।

3. वैयक्तिक गुण—अच्छे शिक्षक में अधोलिखित वैयक्तिक गुणों का समावेश होना चाहिए—

(क) उत्साह व आशावादिता—अच्छे शिक्षक में उत्साह और आशावादिता के गुण का समावेश होना चाहिए। इन गुणों की उपयोगिता पर प्रकाश डालते हुए **रिस्क**

ने लिखा है—"शिक्षक का उत्साह और आशावादिता छात्रों में संवेगात्मक प्रतिक्रियाएँ उत्पन्न करने में महत्त्वपूर्ण कार्य करते हैं।"

(ख) पहलकदमी व साधन सम्पन्नता—अच्छे शिक्षक में पहलकदमी और साधन-सम्पन्नता के गुण होने चाहिए। पृथक्-पृथक् छात्रों में आदेश, रुचियों, पूर्व-द्वेष, आदतें और समस्यायें भिन्न-भिन्न होती हैं। यदि शिक्षक में पहलकदमी और साधन सम्पन्नता नहीं है, तो वह अपने छात्रों की आवश्यकताओं को पूर्ण नहीं कर सकता है।

(ग) अच्छी आदतें—अच्छे शिक्षक में अच्छी आदतें होनी चाहिए। अपनी अच्छी आदतों के कारण वह छात्रों के सम्मान, विश्वास और प्रशंसा का पात्र बनता है। इस सन्दर्भ में **रिस्क** (Risk) का विचार है—"जो शिक्षक अच्छे वैयक्तिक गुणों—परिश्रम, आत्म-नियन्त्रण, सन्तुलन आदि—का उदाहरण प्रस्तुत करता है, वह छात्रों को उत्तरदायित्व और आत्म-नियन्त्रण व मूल्यवान आदर्शों व निर्माण करने में महत्त्वपूर्ण योग देता है।"

(घ) नेतृत्व—अच्छे शिक्षक में नेतृत्व का गुण होना चाहिए। कक्षा में प्रायः ऐसी परिस्थितियाँ उत्पन्न हो जाती हैं, जब शिक्षक को स्वयं नेतृत्व करना पड़ता है। ऐसा करके ही छात्रों का ज्ञान के पथ पर अग्रसर कर सकता है और अपने शिक्षण को सफल बना सकता है। वास्तव में नेतृत्व और शिक्षण में पर्याप्त समानता है। इस तथ्य की पुष्टि करते हुए **पेन्टन** (Penton) ने लिखा है—"नेतृत्व और शिक्षण में पर्याप्त समानता है, जो स्वाभाविक और अर्जित गुण एक में योग देते हैं, वे दूसरे में भी पर्याप्त योग देते हैं।"

(च) विनोद प्रियता—अच्छे शिक्षक में विनोद-प्रियता का गुण होना चाहिए। कक्षा की नीरसता को दूर करने के लिए वह किसी परिस्थिति से लाभ उठाकर स्वयं हँसता है और छात्रों को हँसने का मौका देता है। नीरसता दूर हो जाने पर शिक्षण का कार्य सरल व रोचक हो जाता है और छात्रों को स्वयं ही उनमें रुचि आने लगती है। इस सम्बन्ध में **रायबर्न व फोर्ज** का कथन है—"हँसी के बिना कक्षा कक्ष बहुत नीरस स्थान होता है। सीमित हँसी शिक्षण में सहायता देती है।"

(छ) कक्षा-व्यवहार—कक्षा में अच्छे शिक्षक का व्यवहार नम्र और शिष्ट होना चाहिए। अनम्र और अशिष्ट व्यवहार छात्रों को हतोत्साहित करके उनकी कार्य-क्षमता को कम कर देता है।

(ज) कक्षा-नियन्त्रण—सफल कक्षा-शिक्षण का मुख्य आधार कक्षा-नियन्त्रण है। यदि कक्षा के छात्र नियन्त्रण में नहीं हैं तो शिक्षक का सब प्रयत्न और परिश्रम

व्यर्थ हो जाता है। इसलिए अच्छा शिक्षक इस बात को कभी नहीं भूलता है कि सफल शिक्षक का मूल मन्त्र कक्षा-नियन्त्रण है। इस सन्दर्भ में **बालकृष्ण जोशी** ने लिखा है—"शिक्षण के लिए निर्धारित यह एक नैतिक कर्त्तव्य है कि वे तरुण छात्रों को स्वस्थ नियन्त्रण में रखें।"

4. शारीरिक गुण—प्रायः सभी विद्वान् इस बात पर एक मत है कि अच्छे शिक्षक में अग्रलिखित शारीरिक गुण होने चाहिए—

(क) अच्छा स्वास्थ्य—अच्छे शिक्षक का सबसे पहला गुण उसका अच्छा स्वास्थ्य है। ऐसे स्वास्थ्य वाला शिक्षक ही अपने कार्य को सरलता, सत्यता और सफलता से सम्पन्न कर सकता है। अस्वस्थ शिक्षक के कार्य में तत्परता और तल्लीनता, नियमितता और निरन्तरता का अभाव होता है।

(ख) स्फूर्ति व उत्साह—अच्छे शिक्षक में सदैव स्फूर्ति और उत्साह होना चाहिए। जिससे छात्र उसके इन गुणों का अनुकरण करके प्रगति कर सकते हैं। उत्साहहीन शिक्षक की कक्षा उत्साहहीनता का स्पष्ट चित्र प्रस्तुत करती है। **रायबर्न** का कथन है—"निर्जीव शिक्षक का अर्थ है—निर्जीव कक्षा। सजीव शिक्षक का अर्थ है—सजीव कक्षा। सजीव और उत्साहपूर्ण शिक्षक की कला में निष्कपटता का वातावरण होता है।"

(ग) वेश-भूषा—अच्छे शिक्षक की वेश-भूषा नेत्र-प्रिय अवश्य होनी चाहिए। मैले जूते, गन्दे कपड़े, बढ़ी दाढ़ी और बिखरे हुए बालों वाला शिक्षक छात्रों को आकर्षित न कर सकने के कारण अपने शिक्षण को सफल नहीं बना सकता है।

(घ) स्वर—अच्छे शिक्षक के स्वर के सन्दर्भ में रिस्क ने अपना विचार व्यक्त करते हुए लिखा है—"स्वर एक शक्तिशाली साधन है।" अतः अच्छे शिक्षक का स्वर कोमल और स्पष्ट होना चाहिए। इसके अतिरिक्त, पाठ्य-विषय और उसमें निहित भावों के अनुसार उसमें उतार-चढ़ाव भी होना चाहिए। ऐसा स्वर आकर्षक और प्रभावोत्पादक होता है। इसके विपरीत, धीमा या कर्कश स्वर सदैव आकर्षणहीन और प्रभावहीन होता है। अतः एक अच्छे शिक्षक का स्वर शान्त व संतुलित होना चाहिए।

(च) भाषा—भाषा, विचार अभिव्यक्ति का साधन है। अतः अच्छे शिक्षक की भाषा सरल, स्पष्ट और स्वाभाविक होनी चाहिए। छात्रों को ऐसी भाषा से पाठ के प्रति रुचि उत्पन्न होती है और वे कठिन से कठिन पाठ को सरलता से समझ जाते हैं। अतः वे उसे समझने का प्रयत्न ही नहीं करते हैं।

(छ) व्यक्तित्व—एक अच्छे शिक्षक के व्यक्तित्व के सन्दर्भ में **पेन्टन** (Panton) ने अपने विचार व्यक्त करते हुए लिखा है—"व्यक्तित्व का सम्बन्ध उन प्रभावों से हैं; जो शिक्षक दूसरे व्यक्तियों पर उत्पन्न करता है।"

अच्छे शिक्षक का व्यक्तित्व प्रभावोत्पादक होता है। अच्छा व्यक्तित्व वाला शिक्षक स्वस्थ, नीरोग, विद्वान्, चरित्रवान् और कार्य-कुशल तथा अच्छी आदतों, रुचियों और व्यवहार वाला होता है। इन गुणों के अभाव में शिक्षक का व्यक्तित्व प्रभावहीन हो जाता है। परिणामस्वरूप वह छात्रों को कुछ भी नहीं सिखा पाता है।

इतिहास अध्यापक की योग्यताएँ

माध्यमिक विद्यालयों में शिक्षण कार्य को करने के लिए सरकार द्वारा प्रत्येक विषय के अध्यापक के लिए पृथक्-पृथक् स्तरों पर योग्यताएँ निर्धारित की गईं हैं। जिससे कि योग्य तथा विद्वान व्यक्ति ही इस व्यवसाय में आ सकें। इस दृष्टिकोण से इतिहास अध्यापक की योग्यताओं को दो वर्गों में रखा जा सकता है–

(1) शैक्षणिक योग्यताएँ, और

(2) व्यावसायिक-शिक्षा।

According to Ravindra Nath Tagore—"A teacher can never truly teach unless he is still learning himself. A lamp can not light another lamp unless it continues to learn its own flame."

1. शैक्षणिक योग्यता–इतिहास अध्यापक को विषय का ठोस बुनियादी ज्ञान प्राप्त होना चाहिए। हायर सेकेण्डरी या सीनियर-सेकेण्डरी स्कूल में शिक्षण करने के लिए सम्बन्धित विषय में एम.ए. (M.A.) होना चाहिए। हाईस्कूल स्तर तक अध्यापन करने के लिए हिन्दी, सामाजिक विज्ञान तथा इतिहास के साथ बी.ए. (B.A.) की शैक्षणिक योग्यता होनी चाहिए।

2. व्यावसायिक-शिक्षा–व्यावसायिक शिक्षा की योग्यता प्राप्त करने के लिए प्रत्येक अध्यापक को बी.एड. (B.Ed.) का प्रशिक्षण कोर्स करना अनिवार्य है क्योंकि नित्य प्रति नवीन शिक्षण विधियों-विकास-प्रणालियों, हस्त निर्मित विज्ञान उपकरणों तथा क्रियाओं का प्रचलन हो रहा है, जिनसे अवगत होना जरूरी है।

इतिहास अध्यापक के गुण

इतिहास अध्यापकों में शिक्षण के लिए अपेक्षित गुणों का होना अनिवार्य है। बहुत से शिक्षा शास्त्रियों ने इतिहास अध्यापकों के गुणों पर गूढ अध्ययन किया है। उनके अध्ययनों के आधार पर इतिहास अध्यापक के गुणों को दो भागों में रखा गया है–

(a) सामान्य गुण और

(b) विषयाधारित विशिष्ट आवश्यक गुण।

(क) सामान्य गुण

इतिहास शिक्षक में विशेष प्रकार के गुण होते हैं। जो शिक्षा के लिए अति आवश्यक होते हैं। ये गुण व्यावसायिक तथा शिक्षण विषय आधारित होते हैं। सामान्य गुणों की व्याख्या नीचे की गई है–

1. स्वस्थ व्यक्तित्व–व्यक्तित्व को एकांगी दृष्टिकोण से नहीं लेना चाहिए। स्वस्थ व्यक्तित्व से तात्पर्य एक ऐसे व्यक्तित्व से है जो शारीरिक, मानसिक एवं नैतिक दृष्टिकोण से समायोजित हो। स्वस्थ व्यक्तित्व का छात्रों के ऊपर प्रत्यक्ष प्रभाव पड़ता है। इतिहास अध्यापक के इस गुण को प्रत्येक छात्र प्रत्यक्ष रूप से अनुकरण में लाता है, इसलिए अध्यापक को इस ओर से सचेत रहना चाहिए।

2. आत्म-विश्वास–धर्म एवं आत्मविश्वास ऐसे गुण हैं जिनका इतिहास अध्यापक में होना अति आवश्यक है, क्योंकि कक्षा शिक्षण में कभी-कभी ऐसी स्थिति आ जाती है जिसके समाधान के लिए आत्म-विश्वास की जरूरत पड़ती है। जो परिस्थिति के साथ समायोजन में सहायक सिद्ध होती है।

3. निष्पक्ष दृष्टिकोण–इतिहास अध्यापक में परिस्थितियों के निष्पक्ष अवलोकन का गुण होना आवश्यक है। दैनिक शिक्षण में भी उसका व्यवहार पूर्णतया निष्पक्ष रहना चाहिए। किसी भी प्रकार के भेद-भाव पूर्ण व्यवहार की उससे अपेक्षा नहीं की जाती है।

4. स्पष्टवादिता–इतिहास अध्यापक में स्पष्टवादिता का गुण होना अत्यन्त आवश्यक है। इससे उसे विषय वस्तु के विशलेषण में सहायता मिलेगी। अतः उसे छात्रों के सम्मुख भी दैनिक शिक्षण में अपने इस गुण को निरन्तर बनाए रखना चाहिए।

5. सहानुभूतिपूर्ण व्यवहार–इतिहास शिक्षण का आधार जिज्ञासा है। इसलिए अध्यापक को छात्रों के लिए एक सच्चे मित्र, हितैषी एवं पथ-प्रतीक का उत्तरदायित्व सही प्रकार से निभाना चाहिए। जिससे छात्र निःसंकोच अपनी शिक्षा की समस्याओं को अध्यापक के सम्मुख समाधान हेतु रख सकें।

6. नेतृत्व एवं अध्ययनशीलता–शिक्षा एक निरन्तर चलने वाली प्रक्रिया है। इसकी निरन्तरता की उपादेयता की उपेक्षा करने पर छात्र दिशाविहीन हो जाते हैं। इसलिए छात्रों को सही दिशा एवं मार्गदर्शन देने के लिए अध्यापक में नेतृत्व के गुण का होना अत्यन्त आवश्यक है। इसके साथ ही अन्य विषयों की अपेक्षा इतिहास में ज्ञान तथा अभ्यास अत्यन्त आवश्यक होते हैं। इसके साथ ही अन्य विषयों के साथ ही साथ इतिहास में ज्ञान की मात्रा अत्यन्त तीव्रता से बढ़ रही है। अतः प्रगति एवं

नए ज्ञान की जानकारी के लिए अध्ययनशीलता के गुण की भी अनिवार्यता होती है।

(ख) विषयाधारित विशिष्ट आवश्यक गुण

इतिहास के शिक्षक में सामान्य शिक्षक के गुणों के साथ-साथ कुछ विशेष गुण होने चाहिए जिससे वह अपने छात्रों में इतिहास के प्रति रुचि पैदा कर सके। इतिहास शिक्षक के विषय आधारित विशिष्ट् गुण अग्रलिखित बताए जाते हैं–

1. विषय का ज्ञाता–अन्य शिक्षकों की तरह इतिहास के शिक्षक को भी विषय का ज्ञाता होना चाहिए। क्योंकि अपने विषय का पूर्ण ज्ञान होने पर वह छात्रों को सत्य एवं उपयुक्त ज्ञान प्रदान कर सकेगा। पूर्ण ज्ञान होने पर ही शिक्षक छात्रों को इतिहास के द्वारा वर्तमान को सफलता से समझा सकता है।

2. वैज्ञानिक एवं उदार दृष्टिकोण–इतिहास के शिक्षक में उदारता के गुण का होना आवश्यक है। समाज सेवा के लिए इतिहास के शिक्षक को उदार बनना पड़ता है। बिना उदार दृष्टिकोण अपनाए इतिहास का शिक्षक कभी भी सफल नहीं हो सकता है। उदार दृष्टिकोण होने पर ही उसमें मानव समाज के कल्याण की भावना होगी। उदार दृष्टिकोण के साथ-साथ इतिहास के शिक्षक में अन्य शिक्षकों की तरह वैज्ञानिक दृष्टिकोण का होना आवश्यक है। क्योंकि वर्तमान समय में जीवन के प्रत्येक क्षेत्र में वैज्ञानिकता का अधिक से अधिक प्रभाव है। जीवन के प्रत्येक कार्य वैज्ञानिक ढंग से होने लगे हैं। अतः शिक्षक को सफल बनने के लिए वैज्ञानिक दृष्टिकोण को अपनाना आवश्यक है।

3. प्रभावी व्यक्तित्व–इतिहास शिक्षक का व्यक्तित्व बहुत प्रभावी होना चाहिए। प्रभावी व्यक्तित्व के लिए उसमें सत्य आचरण, आर्दशवादिता, धैर्य, प्रेम, सहयोग, उत्तम स्वाध्याय, शुभ चिन्तन, आत्मनियन्त्रण, उदारता, निष्पक्षता, मौलिकता, सर्जनात्मकता, नेतृत्व शक्ति, कार्य निष्ठा, उत्साह आदि गुणों का होना आवश्यक है। इन गुणों के होने पर ही शिक्षक का व्यक्तित्व प्रभावी होगा।

4. शिक्षण कौशलों में पारंगत–एक अच्छे शिक्षक के लिए यह आवश्यक है कि विभिन्न कौशलों में कुशल व्यक्ति हो। उसमें कक्षा संचालन, विषय के स्पष्टीकरण, व्याख्यान, अभिनय, वाद विवाद, समस्या समाधान, पथ प्रदर्शक, सहायक सामग्रियों के सही प्रयोग आदि कौशलों का होना आवश्यक है। इन कौशलों में कुशलता प्राप्त करके ही कोई शिक्षक एक अच्छा शिक्षक बन सकता है।

5. नेतृत्व—इतिहास के अच्छे शिक्षक में नेतृत्व का गुण होना आवश्यक है। नेतृत्व का गुण होने पर ही शिक्षक सभी छात्रों को पथ प्रदर्शित कर सकेगा और सभी छात्रों में प्रिय होगा। नेतृत्व के लिए शिक्षक में सामाजिक गुणों का होना आवश्यक है।

6. आदर्श नागरिकता—इतिहास के शिक्षक का एक मूल कार्य छात्रों में राष्ट्रीयता की भावना को विकसित करना है। छात्रों को आदर्श नागरिक बनाने से पूर्व यह आवश्यक है कि शिक्षक स्वयं आदर्श नागरिक हो। इसके लिए शिक्षक में प्रेम, दया, सहानुभूति, सहिष्णुता, परस्पर सहयोग आदि गुणों का होना आवश्यक है। इन गुणों के माध्यम से ही वह अपने छात्रों को प्रभावित कर उनमें आदर्श नागरिकता को विकसित कर राष्ट्रीयता की भावना पैदा कर सकेगा।

7. समाजसेवक—इतिहास के शिक्षक को आदर्श नागरिक बनने के लिए उसमें समाज सेवा के गुण का होना आवश्यक है। जब वह सामाजिक उत्थान के लिए मन, वचन, कर्म से समाज सेवा का कार्य करेगा तभी वह आदर्श नागरिक कहलाएगा। अतः इतिहास शिक्षक में समाज सेवा का गुण होना आवश्यक है।

8. व्यावसायिक निष्ठा—छात्र प्रायः अपने शिक्षक का अनुकरण करते हैं। शिक्षक के जीवन दर्शन का छात्रों पर अत्यधिक प्रभाव पड़ता है। जब शिक्षक अपने व्यवसाय अर्थात् अध्यापन के प्रति निष्ठावान होगा। तन, मन, धन से वह शिक्षण में लगा रहेगा तो छात्रों में भी सीखने के प्रति निष्ठा होगी। समाज में उसी शिक्षक का अधिक सम्मान होता है जो निष्ठापूर्वक अध्यापन कार्य को करता है। जो शिक्षक इसको अन्य नौकरियों की तरह मानते हैं और अल्प वेतन होने के कारण शिक्षण कार्य में रुचि नहीं लेते हैं, उन शिक्षकों का समाज में सम्मान नहीं होता है। अतः इतिहास शिक्षक में अपने व्यावसाय के प्रति निष्ठा होनी चाहिए।

इतिहास अध्यापक का स्व-मूल्यांकन

अच्छे इतिहास अध्यापक को समय-समय पर अपना मूल्यांकन करते रहना चाहिए। अग्रलिखित प्रपत्र के माध्यम से शिक्षक अपना स्व-मूल्यांकन सरलता से कर सकता है—

1. क्या विषय में अध्यापक के कर्त्तव्यों को पूर्ण किया है?

   हाँ/नहीं

2. क्या कक्षा-शिक्षण में आज छात्रों को नवीन ज्ञान प्रदान किया है?

   हाँ/नहीं

3. क्या छात्रों ने विषय सम्बन्धित गृह कार्य को पूर्ण किया है? हाँ/नहीं
4. क्या मैं छात्रों को सैद्धान्तिक ज्ञान के साथ-साथ इतिहास का व्यहारात्मक ज्ञान सही रूप से प्रदान करता हूँ? हाँ/नहीं
5. क्या निर्धारित कालांशों में पाठ्यक्रम पूर्ण हो जाता है? हाँ/नहीं
6. क्या मैं अपनी व्यावसायिक योग्यता को बढ़ाने में प्रयत्नशील रहा हूँ? हाँ/नहीं
7. क्या छात्रों के प्रश्नों के पूर्ण उत्तर देता हूँ? हाँ/नहीं
8. क्या मेरी शिक्षण विधि छात्रों के लिए उपयुक्त है? हाँ/नहीं
9. क्या कक्षा के छात्र मेरे शिक्षण एवं व्यवहार से सन्तुष्ट हैं? हाँ/नहीं
10. छात्र के साथ अन्य अध्यापकों तथा प्रधानाचार्य का मेरे विषय के बारे में सकारात्मक मत है? हाँ/नहीं

नोट—प्रत्येक प्रश्न के लिए 10 अंक निर्धारित हैं। 50 अंक = सामान्य, 80 अंक = अच्छा तथा 100 अंक = सन्तोषजनक, शिक्षण है।)

13

इतिहास शिक्षण में कम्प्यूटर अनुप्रयोग

नई खोज एवं नये अनुसंधानों ने शिक्षा जगत् को भी प्रभावित किया है। शिक्षा जगत् में आए दिन नूतन प्रयोगों के प्रादुर्भाव से इसका प्रभाव स्पष्ट झलकता है। शिक्षा में द्रुत गति से शुद्धता के साथ किसी समस्या का हल देना एक जरूरी तकनीक है, इस लक्ष्य को कम्प्यूटर के द्वारा प्राप्त किया जा रहा है। वैसे कम्प्यूटर का उपयोग समाज के सभी क्षेत्रों जैसे—उद्योगों, रेलवे, यातायात के साधनों, विभिन्न प्रकार के प्रयोगशालाओं एवं अनुसंधानों में, चिकित्सा, बिजली, डाक सेवा आदि सभी क्षेत्रों में बढ़ता जा रहा है। अपनी उपयोगिता से इसने शिक्षा-जगत् को भी अपने आयाम में ले लिया है। शिक्षा जगत् में इसका प्रयोग अभी अपनी शुरुआती दौर में है अथवा हम ये कहें कि शिक्षा जगत में यह अपने बाल्याकाल में है। शिक्षा के क्षेत्र में कम्प्यूटर एक नवाचार के रूप में है इससे यह आशा की जाती है कि शिक्षा जगत् में इससे क्रान्तिकारी परिवर्तन होंगे।

'कम्प्यूटर' शब्द की उत्पत्ति अंग्रेजी शब्द 'कम्प्यूट' से हुई है, जिसका अर्थ 'गणना करना' है, लेकिन आज इसका कार्य गणना करना ही नहीं, वरन् सूचना देना तथा तद्नुसार संगणना करना है। सर्वप्रथम सन् 1946 में **'इनियाक'** नाम का कम्प्यूटर बना, जिसमें कालान्तर में परिवर्तन होता गया। आरंभ में इसके कार्य पद्धति कठिन थी लेकिन समय के साथ होने वाले नये-नये प्रयोगों ने इसकी कार्य पद्धति को सरल व सुलभ कर दिया है। वस्तुतः यह एक त्वरित गति से कार्य

करनेवाला, सूचनाओं एवं तथ्यों को एकत्रित करनेवाला, आदेशानुसार शीघ्रतम, समतापूर्वक, शुद्धता के साथ संशोधित करनेवाला एवं परिणामों को वापस प्रस्तुत करने वाला उपकरण है। इसकी कार्य पद्धति को अग्र क्रम में व्यक्त किया जा सकता है–

(क) आदेश प्राप्त करना।
(ख) प्राप्त आदेशों की प्रोग्रामिंग करना।
(ग) आदेश पाने के पश्चात् प्रोग्राम प्रस्तुत करना।
(घ) परिणामों को अपनी मेमोरी में संचित रखना।
(च) आदेशों और आवश्यकतानुसार परिणामों को दर्शाना।
(छ) सूचनाओं को अदल-बदल कर सही उत्तर प्राप्त करना।

कम्प्यूटर की कार्य प्रणाली

कम्प्यूटर में प्रत्येक कार्यक्रम प्रमुख पाँच इकाइयों से होकर गुजरता है–

1. अदा इकाई—जिस इकाई के अन्दर सभी सूचनाएँ और आँकड़े भरे जाते हैं, उसे अदा इकाई के रूप में जाना जाता है। इनपुट सेक्सन के माध्यम से कम्प्यूटर के (कम्प्यूटर की भाषा में जिसे वह समझता है) आँकड़े, प्रोग्राम एवं निर्देश फीड किया जाता है। फीड किया गया तत्त्व प्रमुख इनपुट टर्मिनल पंचकार्ड, टाइपराइटर, पंचटेप, मैगनेटिक इंक एवं पेपर टेप आदि से होता हुआ डिस्प्ले द्वारा दिखाई पड़ता है।

2. स्मृति भण्डारण इकाई—यह मानव मस्तिष्क का ही एक निर्जीव स्वरूप है, जिसमें जो चीज, जब तक चाहें, तब तक पड़ी रहती है तथा आवश्यकता पड़ने पर उसे पुनः स्मरण (Recall) कराया जाता है। यही वह इकाई है, जिसमें सभी आँकड़े, प्रोग्रामिंग एवं निर्देश सुरक्षित रहते हैं। यह मुख्य रूप से दो प्रकार से आन्तरिक एवं बाह्य होती है।

3. केन्द्रीय प्रोसेसिंग इकाई/परिकल्पना इकाई—इस इकाई के तहत मुख्य दो उप इकाई–(i) गणितीय अथवा तार्किक इकाई (Arthmetic or Logecoolume) (Alu) एवं (ii) नियन्त्रण इकाई (Control unit) हैं। प्रथम इकाई में गुणा, भाग, जोड़, घटाना एवं जटिल गणना की जाती है तथा इसी इकाई में सही निर्णय लेने की क्षमता होती है।

4. नियन्त्रण इकाई–यह इकाई कम्प्यूटर की सम्पूर्ण प्रोसेसिंग को नियन्त्रित करता है, अर्थात् कहाँ पर किसी आँकड़े को अथवा सूचना भेजी जाए, विभिन्न प्रकार

के सिग्नलों को देना तथा यह इकाई इस बात की गारन्टी देती है कि कम्प्यूटर की सभी इकाइयाँ सही सूचना दे रही हैं।

5. प्रदा इकाई–यह इकाई सभी सूचनाओं को स्क्रीन पर प्रदर्शित करती है, जिसमें रेखाचित्रों, चित्रों, आँकड़ों, फोटोग्राफ, शब्दों एवं आँकड़ों आदि चीजों को स्क्रीन पर प्रदर्शित करने का कार्य करता है।

कम्प्यूटरों के प्रकार

कम्प्यूटर की कार्यशैली के आधार पर इसके निम्न प्रकार हैं–

1. अंकीय कम्प्यूटर—इस प्रकार के कम्प्यूटर में परिस्थितियों की अनुरूपता अंकों से की जाती है। अंकों को गणितीय आधार पर परिवर्तित अथवा हल करके फल प्राप्त किया जाता है। उसके द्वारा अंकों अथवा नम्बरों को व्यक्त किया जाता है।

2. अनालॉग कम्प्यूटर—इसे सादृश्य कम्प्यूटर भी कहा जाता है, क्योंकि इसके द्वारा अंकों की अनुरूपता अन्य भौतिकीय परीनली (Variable) के सदृश बनाई जाती है। इस प्रकार के कम्प्यूटर का उपयोग मापन में अधिक होता है।

3. उच्चीकृत कम्प्यूटर—इस प्रकार के कम्प्यूटर में उक्त दोनों कम्प्यूटरों की (अंकीय/अनालॉग) को मिलाकर बनाया गया है। इसमें आँकड़ों का संकलन एवं निर्देशन दोनों स्वतः हो जाता है। उसमें गणना की सभी युक्तियाँ हैं।

कम्प्यूटर की विशेषताएँ

उपरोक्त विवरण के आधार पर इसकी विशेषता का अध्ययन करना जरूरी है।

1. गति—यह एक तीव्रतम गतिवाला यन्त्र है, जिसे सेकेण्ड में नहीं, वरन् माइक्रो सेकेण्ड (एक सेकेण्ड का 10 लाखवाँ भाग), नेनो-सेकेण्ड (Nano-second) (एक सेकेण्ड का हजार का 10 लाखवाँ भाग तथा पिको सेकेण्ड (Pico-second) (एक सेकेण्ड का 10 लाख का 10 लाखवाँ भाग) प्रदर्शित करता है, अर्थात् 30 लाख गणना प्रति सेकेण्ड करता है, जिसके चलते चन्द्रमा एवं अन्य ग्रहों तक मानव पहुँच सका है।

2. भण्डारण—इसमें अब तक की सबसे अधिक भण्डारण शक्ति मानी गई है। यह कार्य मानव मस्तिष्क द्वारा सम्भव नहीं है। इसमें केन्द्रीय परिकलन इकाई (Central Processing unit) (C.P.U) कहा जाता है, जिसमें सभी सूचनाएँ संग्रहित रहती हैं।

3. परिशुद्धता—यह एक ऐसा यन्त्र है, जिसके द्वारा त्रुटियाँ लगभग नगण्य होती हैं, जो त्रुटियाँ होती हैं, वह कम्प्यूटर चालक अथवा अभिक्रमक द्वारा होती हैं।

4. बहुविज्ञता—कम्प्यूटर द्वारा एक ही नहीं अनेक कार्य किए जा सकते हैं, जैसे—सूचनाओं को आदान-प्रदान करता है, अन्दर-ही-अन्दर सूचना का स्थानान्तरण, गणितीय संगठनाएँ एवं अन्य विविध कार्यों को करता है।

5. स्वचालित—एक बार फीड देने से कम्प्यूटर स्वतः ही तब तक सारा कार्य करता रहता है, जब तक कि अभिक्रम पूरा नहीं हो जाता।

6. कर्मनिष्ठता—मानव की तरह इसमें थकान अथवा कार्य का बोझा नहीं महसूस होता, वरन् यह अनवरत् बिना थके ही सब करता रहता है, साथ-साथ ध्यान भंग किए बिना।

7. उचित स्मरण शक्ति—इसमें स्मरण शक्ति ही नहीं, वरन् सही स्मरण शक्ति होती है। आवश्यकता पड़ने पर यह नेनो सेकेण्ड तक बढ़ा सकती है एवं आवश्यकता पड़ने पर उसी अनुपात में शुद्धता के साथ घटाती भी है।

कम्प्यूटर सहयुक्त अनुदेशन

चूँकि यह एक कठोर उपागम है। इसका प्रयोग शिक्षा जगत् में किया जाने लगा है। इसका प्रादुर्भाव सन् 1961 में **इलिन्वायस विश्वविद्यालय** में किया गया और इसका सुधरा हुआ रूप सन् 1966 में **स्टेन फोर्ट विश्वविद्यालय के पैट्रिक सुपेस** (Patric Suppes) ने किया, जिसमें स्कूली बच्चों के लिए वाचन करने एवं गणित पर एक प्रतिमान का निर्माण किया। इस प्रकार से कालान्तर में कम्प्यूटर सह अनुदेशन की शैली का प्रसार होता गया। इस प्रकार के कम्प्यूटर के निर्माण के पीछे शिक्षा तकनीशियनों के दो विचार थे। प्रथम यह कि शिक्षा प्रक्रिया में तकनीकी उपकरणों का प्रयोग किया जाए तथा द्वितीय विचार यह था कि शिक्षण विधियों, प्रविधियों, सिद्धान्तों को और प्रभावी ढंग से लागू करना। अतः आज के समय एवं भावी समयों में इसका प्रयोग शिक्षण के क्षेत्र में बढ़ता जाएगा।

कम्प्यूटर सहअनुदेशन की आधारभूत मान्यताएँ—उपर्युक्त विवरण के आधार पर इसकी मान्यताएँ अधोलिखित हैं–

1. इसके द्वारा हजारों छात्रों के शैक्षिक क्षेत्र गुणात्मक एवं परिणामात्मक, दोनों प्रकार की समस्याओं का समाधान किया जा सकता है।
2. इसके द्वारा व्यक्तिगत रुचि एवं रुझान के अनुसार प्रतिपुष्टि को प्राप्त किया जा सकता है।

3. इस प्रकार के कम्प्यूटर द्वारा अधिगमकर्त्ता द्वारा अधिगम एवं परीक्षण के समय उसके द्वारा किए गए व्यवहार को स्वतः रिकार्ड किया जाता है, तद्नुसार अध्यापक छात्र के लिए भावी रणनीति तैयार करता है।
4. इसकी एक मान्यता यह भी है कि विषय एवं विषय-वस्तु को विभिन्न विधियों के माध्यम से प्रस्तुत करने की क्षमता प्रस्तुत करता है।

कम्प्यूटर सह-अनुदेशन की कार्यप्रणाली

शैक्षिक तकनीकी के तहत कम्प्यूटर 'मशीन उपागम' (Hormone) तथा भीतर संचित अभिक्रम "नवनीय उपागम" (Software) की श्रेणी में आता है। इस प्रकार शिक्षण दोनों प्रकार के उपागम को उपयोग करता है। इसमें छात्र में पूर्व व्यवहार, पूर्व अनुभव एवं प्रारम्भिक व्यवहार के आधार पर कम्प्यूटर निर्णय लेता है। अतः इस प्रकार अनुदेशन-क्रिया के तहत कम्प्यूटर अधोलिखित कार्यों को करता है—

1. कार्डों एवं चुम्बकीय टेप पर सूचनाओं एवं अभिक्रमों को संग्रहीत करता है।
2. इस प्रकार से संग्रहीत सूचनाओं एवं अभिक्रमों में से प्रत्येक छात्र के लिए उपयुक्त सूचनाओं का ध्यान करता है।
3. सूचनाओं का सम्प्रेषण (Communication) विद्युत टंकण मशीन की मदद से किया जाता है।

कम्प्यूटर संयुक्त अनुदेशन के विशेषज्ञ

कम्प्यूटर संयुक्त अनुदेशन की प्रविधि के लिए किसी संस्था को अग्रलिखित विशेषज्ञों की आवश्यकता पड़ती है—

1. अभिक्रम लेखक—इसके लिए कम्प्यूटर की भाषा जाननेवाला, मनोइतिहास का ज्ञाता, अधिगम सिद्धान्तों को समझनेवाला, बालक की आयु के अनुसार प्रक्रिया को समझनेवाला आदि प्रकार के विशेषतायुक्त अभिलेखक को होना चाहिए।

2. कम्प्यूटर अभियन्ता—इसके लिए एक ऐसा व्यक्ति हो, जो कम्प्यूटर की तकनीकी भाषा, उपयोग, कार्यप्रणाली, रचना एवं सिद्धान्तों आदि से भली-भाँति अनुवाद कर सके। उसमें कम्प्यूटर भाषा का अनुवाद करने की क्षमता हो तथा तद्नुसार रूप-रेखा का निर्माण कर सके।

3. प्रणाली प्रचालक—कम्प्यूटर एवं अधिगमकर्त्ता के बीच एक कड़ी होती है, जो कम्प्यूटर के संचालन की सारी जिम्मेदारी का वहन करता है। वह डाटा बेस

का उपयोग करता है, त्रुटियों का पता लगाकर सुधारता है तथा कम्प्यूटर की सारी कार्य प्रणाली को संचालित एवं नियन्त्रित करता है।

कम्प्यूटर द्वारा प्रदत्त शिक्षण-प्रक्रिया

अद्यतन खोजों के अनुसार 30 छात्रों की वैयक्तिक भिन्नता के आधार पर 30 प्रकार के अभिक्रमों को प्रस्तुत किया जा सकता है। यह जानकारी **लारेन्स स्टूलरों** एवं **डेनियल डेविस** ने दिया। इन्होंने कम्प्यूटरों की शिक्षण-प्रक्रिया को दो पक्षों में बाँटा है–

1. पूर्वअनुवर्ग शिक्षण पक्ष—इस वर्ग के तहत विशिष्ट उद्देश्यों की प्राप्ति की जाती है तथा इसके लिए विशिष्ट छात्रों का चयन उसके पूर्व व्यवहार के आधार पर किया जाता है।

2. अनुवर्ग शिक्षण पक्ष—इस वर्ग में किसी एक छात्र का चयन किया जाता है। चुने गए अभिक्रम को कम्प्यूटर द्वारा छात्र के सम्मुख प्रस्तुत किया जाता है, जिससे वह सीखता है और अन्त में उसका कम्प्यूटर द्वारा मूल्याँकन किया जाता है।

उपरोक्त दोनों पक्षों के कार्यों को कम्प्यूटर द्वारा अग्रलिखित दो सोपानों द्वारा प्रस्तुत किया जाता है–

1. अपेक्षित जनसंख्या का चयन—सर्वप्रथम कार्ड पर छात्र की शैक्षिक योग्यता, शैक्षिक उपलब्धि तथा पूर्ण-व्यवहारों को अंकित कर कम्प्यूटर में भर दिया जाता है। कम्प्यूटर छात्र की पूर्ण-परीक्षा लेता है, ताकि उसमें पूर्ण-व्यवहारों के स्तर की जाँच हो सके। पूर्ण परीक्षा में सफलता प्राप्त होने पर कम्प्यूटर छात्र के शैक्षिक स्तर को निश्चित करता है, तद्नुसार कम्प्यूटर छात्र का पुनः परीक्षण कर उसका विश्लेषण एवं मूल्याँकन करता है। प्राप्त स्तर के अनुसार कम्प्यूटर अभिक्रम को चयनित करता है और अगर छात्र के स्तर का अभिक्रम कम्प्यूटर में संग्रहित नहीं रहता तो कम्प्यूटर छात्र को अयोग्य घोषित कर देता है।

2. अभिक्रम का प्रस्तुतीकरण तथा अधिगम नियन्त्रण—इस प्रकार के शिक्षण में कम्प्यूटर एक साथ 30 छात्रों को पाठ्यवस्तु से सम्बन्धित 30 अभिक्रमों को प्रस्तुत करता है। कम्प्यूटर के तहत विद्युत टंकण मशीन अथवा टेप द्वारा सूचनाओं को सम्प्रेषित किया जाता है। अगर छात्र किसी भी दशा में त्रुटिपूर्ण अनुक्रिया करता है, तो कम्प्यूटर अनुदेश बदल देता है। इसके द्वारा अभिक्रमित अनुदेशन ही नहीं प्रस्तुत किया जाता वरन् कम्प्यूटर छात्र के व्यवहार को भी नियंत्रित करता है।

कम्प्यूटर सहनुदेशन की सीमाएँ

उपरोक्त वर्णन के आधार पर कम्प्यूटर सहनुदेशन की सीमाएँ अग्रलिखित हैं—

1. कम्प्यूटर सह अनुदेशन वैयक्तिक भिन्नता को ध्यान में नहीं रखता, जबकि बालक के विकास में इसकी प्रमुख भूमिका होती है।
2. इसमें छात्रों में सामाजिकता की भावना का अभाव पाया जाता है, क्योंकि इस शिक्षण- प्रक्रिया में बालक अन्यवत् बैठा रहता है।
3. इस प्रकार के शिक्षण माध्यमों से बालक में संवेदनशील एवं भावनात्मक विकास का अभाव पाया जाता है।
4. कम्प्यूटर सह अनुदेशन किसी भी प्रकार से भाषा का ज्ञान देने में अक्षम साबित होता है।
5. इस प्रकार के अनुदेशनों से बालकों में मानसिक उदासीनता, उबाऊपन एवं उबाऊपन थकान जैसी स्थिति बन जाती है, जिसे वे बीच में ही छोड़ देना चाहते हैं।
6. इससे छात्रों में स्वतंत्र चिन्तन, मनन एवं सृजनात्मकता का अभाव पाया जाता है। वे एक-एक मशीन से बँधे तथा पूर्णतः नियन्त्रित पाते हैं, जो एक प्रकार से शिक्षा मनोइतिहास के विरुद्ध है।
7. छात्रों के बीच में भी सहयोग एवं साहचर्य का अभाव हो जाता है।
8. इससे अध्यापक-छात्र के बीच में भावात्मक एकता के विकास का पूर्णतः अभाव पाया जाता है।
9. यह एक खर्चीला एवं पन्ना उलटनेवाली मशीन एवं शैली है, जो सभी छात्रों/सभी विद्यालयों में सम्भव नहीं है।
10. यह छात्रों की समस्याओं का तत्काल उपचार करने में पूर्णतः सफल नहीं है।

कम्प्यूटर के अन्य शिक्षण उपयोग

वैसे तो सम्पूर्ण देश में एक प्रकार से कम्प्यूटर युग जैसा आ गया है, इसलिए शिक्षा जगत् में इसका प्रमुख प्रयोग संक्षिप्त में इस प्रकार से है—

1. इससे विभिन्न विषयों के अनुदेशन में मदद ली जा सकती है।
2. इससे प्रत्येक स्तर पर शिक्षण सामग्री उपलब्ध कराई जा सकती है।
3. इससे प्रत्येक छात्र के विकास/ह्रास का पता लगाया जा सकता है तथा उसे दूर किया जा सकता है।
4. इससे छात्रों में पुनर्बलन मिलता है।

5. कम्प्यूटर द्वारा छात्र स्वतः तथा अध्यापक स्वतः दोनों ही नियन्त्रित रहते हैं।
6. प्रोग्रामिंग अनुदेशन को कम्प्यूटर अधिक व्यवस्थित ढंग से प्रस्तुत करता है।
7. शैक्षिक सूचना को व्यवस्थित रूप से भण्डारण एवं प्रेषण करता है।
8. इसकी मदद से छात्रों को वस्तुनिष्ठ पाठ उपलब्ध कराए जा सकते हैं।
9. इसके माध्यम से अध्यापक एवं छात्र द्वारा अपने स्वतः अथवा एक-दूसरे के विषय में शैक्षिक मापन, मूल्याँकन, सम्पूर्ण, सलाह, मार्गदर्शन एवं सुझाव आदि के लिए इसका प्रयोग किया जा सकता है। इससे छात्र की योग्यता, क्षमता, दक्षता, कौशल, आवश्यकता, रोजगार एवं व्यवसाय आदि के विषय में सूचना एकत्रित कर सकते हैं। इस प्रकार से इन क्षेत्रों में इससे विधिवत् मदद ली जा सकती है।
10. इसके माध्यम से छात्र आवश्यकतानुसार किसी विषय-वस्तु का अभ्यास कर सकता है।
11. कम्प्यूटर के माध्यम से छात्र वार्तालाप कर सकता है।
12. सन् 1961 से 1970 के बीच इसकी मदद से अनुरूपन एवं शैक्षिक क्रीड़न को प्रस्तुत किया जाता है।

भारत में कम्प्यूटर शिक्षा

विश्व के आधुनिकीकरण में अगर इमें अपनी आय को विस्थापित करना है तो कम्प्यूटर एवं कम्प्यूटर टेक्नालॉजी में पूर्ण भागीदारी करनी होगी, अन्यथा देश की सामाजिक, आर्थिक एवं शैक्षिक विकास धीमी पड़ जाएगी। इन्हीं बातों को ध्यान में रखकर केन्द्र सरकार प्रत्येक स्तर पर कम्प्यूटर की व्यवस्था करने में प्रयासरत है। लगभग उससे कुछ अधिक गति निजी क्षेत्रों (Private Sector) की है। अतः ऐसी स्थिति में आवश्यकता इस बात की है कि देश के सभी स्तर के विद्यालयों में कम्प्यूटर मुहैया कराया जाए, क्योंकि विश्व स्तर पर, जहाँ पर अमेरिका में 62%, इंग्लैण्ड में तथा जापान के प्रत्येक प्राथमिक पाठशालाओं में कम-से-कम एक कम्प्यूटर लगा हुआ है, वहीं हिन्दुस्तान में इसका प्रतिशत अतिन्यून है। फिर भी 1982 से भारतवर्ष में भी इसका विस्तार बढ़ता जा रहा है। लगातार इसके विकास के लिए सेमिनार, सिम्पूजियम एवं वर्कशाप चलाए जा रहे हैं। इसीलिए नई शिक्षा नीति (1986) में भी इस पर विशेष जोर दिया गया है। सन् 1990 में इसके प्रशिक्षकों की संख्या लगभग 12000 हो गई है। इस प्रकार से मानव संसाधन मन्त्रालय ने **'कम्प्यूटर लिट्रेसी पाइलट प्रोग्राम'** चलाया गया है, जो स्कूल स्तर के लिए है। इसका लाभ लगभग

3000 प्रारम्भिक विद्यालयों को होगा। कम्प्यूटर लिट्रेसी एवं विद्यालय अध्ययन (CLASS) प्रोजेक्ट के तहत 750 उच्च एवं उच्चतर माध्यमिक विद्यालयों को माइक्रो कम्प्यूटर प्रदान किया जाएगा। वस्तुतः इस दिशा में भारतवर्ष में उत्तरोत्तर विकास हो रहा है।

कम्प्यूटर शिक्षा की आलोचना

जहाँ इस प्रकार की शिक्षा से समाज/शिक्षा के क्षेत्र में अनेक लाभ बताए गए हैं, वहीं इस शिक्षा के दोष भी हैं–

1. इससे बेरोजगारी की भयंकर समस्या दिनोंदिन बढ़ती जा रही है।
2. यह एक यन्त्र है, जो मानव द्वारा निर्देशित होता है। इसमें स्वयं के सोचने तथा निर्णय लेने की क्षमता नहीं होती।
3. इससे सामाजिक मूल्यों का विकास सम्भव नहीं है।
4. इससे बालक में चारित्रिक एवं नैतिक मूल्यों का विकास नहीं हो सकता।
5. इसमें मानवीय गुणों का अभाव होता है, जो किसी भी समाज के विकास में सहायक होता है।
6. इससे बालक में सृजनात्मक क्षमता का विकास सम्भव नहीं है।
7. इसमें वैयक्तिक भिन्नता का अभाव है।
8. कम्प्यूटर द्वारा सभी छात्रों को एक ही दिशा में शिक्षित किया जाता है।

14

इतिहास शिक्षण और शैक्षिक दूरदर्शन

दूरदर्शन जनसंपर्क तथा दूरस्थ शिक्षा का एक सशक्त माध्यम। वर्तमान समय में रोज दिन नए-नए प्रयोग हो रहे हैं। यह प्रयोग शिक्षण के क्षेत्र में ज्यादा प्रभाव डाल रहे हैं। सामान्यरूप से शिक्षण की प्रारम्भिक अवस्था में श्रव्य (Tele) पर ज्यादा जोर दिया गया, कालान्तर में दृश्य (Vision) पर भी जोर दिया जाने लगा और अन्ततः 'श्रव्य एवं दृश्य' दोनों ही समान रूप से शिक्षा एवं शिक्षण के क्षेत्र में महत्त्वपूर्ण हो गये। शिक्षण में दूरदर्शन का प्रादुर्भाव इसकी महत्ता को दर्शाता है। दूरदर्शन संप्रेषण-संचार क्रिया का एक शक्तिशाली माध्यम है जो शिक्षा प्राप्ति में छात्रों के श्रवण तथा दृष्टि सम्बन्धी इन्द्रियों के प्रयोग पर जोर देता है। दूरदर्शन का शिक्षा के क्षेत्र में प्रादुर्भाव निश्चित ही एक ऐतिहासिक घटना मानी जा सकती है। वर्तमान में यह सम्प्रेषण का एक सशक्त माध्यम बन चुका है। इसके बढ़ते प्रभाव के कारण इसे शैक्षिक नवाचार के रूप में स्वीकार कर लिया गया है।

ऐसा माना जाता है कि शिक्षा जगत् में इसका प्रयोग सर्वप्रथम सन् 1958 में अमेरिका में इतिहास विषय पढ़ाने के लिए किया गया। अमेरिकन वैज्ञानिक एस. जे. फ्लीज ने निर्देशनात्मक दूरदर्शन (Instructional Television) का प्रयोग सन् 1978 में सर्वप्रथम किया। लेकिन शिक्षा जगत् में इसका प्रयोग सन् पचास के दशक से ही आरम्भ हो चुका था। भारत में इसका प्रयोग 15 सितम्बर सन् 1959 में दिल्ली में किया गया, जबकि इसकी नियमित सेवा 1965 से आरंभ हुई तथा सन्

1972 में बम्बई, कलकत्ता, मद्रास, जालन्धर, श्रीनगर एवं लखनऊ में दूरदर्शन केन्द्रों की स्थापना की गई। उसके बाद से इसके विकास की गति अत्यन्त तीव्र हो गई और अब लगभग 75 प्रतिशत लोक इसके दर्शक हो चुके हैं। देश में लगभग 20 केन्द्र ऐसे हैं, जहाँ प्रोग्राम तैयार किए जाते हैं। भारत में दूरदर्शन 'उपग्रह तकनीक' (Satellite Technology) सन् 1975 से प्रारम्भ हुई, जो इस क्षेत्र में और अधिक अपना योगदान दिया।

शैक्षिक टी.वी. कार्यक्रम का नियमित उद्घाटन एवं प्रयोग कृषकों के 'कृषि-दर्शन' से 16 अगस्त, सन् 1965 से प्रारम्भ किया गया। 'इन्स्टीट्यूट ऑफ एग्रीकल्चरल रिसर्च' (Institute of Agricultural Research) दिल्ली प्रशासन तथा 'एटामिक रिसर्च कमीशन' (Atomic Research Commission) के सहयोग से 'कृषि-दर्शन' के कार्यक्रमों की सफलता में वृद्धि हुई, उसके पश्चात् इसका प्रयोग शिक्षा के लगभग सभी क्षेत्रों में लगातार बढ़ता जा रहा है। इसके एक नहीं, अनेक कारण हैं, उदाहरण के लिए—शिक्षण के अन्य साधनों की तुलना में यह साधन अधिक जीवन्त, रोचक एवं प्रभावोत्पादक है।

जहाँ तक इसके अर्थ का आशय है तो वह है—'दूर से देखना'। इसे अंग्रेजी में 'टेलीविजन' कहा जाता है। इसका बहुचर्चित नाम टी.वी. है। यह दर्शकों के सामने किसी भी घटना, दृश्य एवं विवरण को यथावत् प्रस्तुत करने में सफल है। इससे एक ही साथ देखा एवं सुना, दोनों जा सकता है।

शैक्षिक दूरदर्शन

शैक्षिक दूरदर्शन कार्यक्रम में शिक्षोपयोगी कार्यक्रमों का प्रसारण आता है। इस प्रकार के कार्यक्रमों का निर्माण शिक्षा केन्द्रों के द्वारा किया जाता है। प्रायोजित कार्यक्रमों के रूप में इसका प्रसारण किया जाता है। सन् 1960 में नई दिल्ली में 'यूनेस्को' (UNESCO) की बैठक में यह तय किया गया कि भारत में दूरदर्शन की शिक्षा प्रारम्भ की जाए। सन् 1961 में दिल्ली शिक्षा निदेशालय की मदद से इसे कार्यरूप दिया गया। इस क्रम में प्रत्येक मंगलवार तथा शुक्रवार को एक घण्टे का शैक्षिक कार्यक्रम दूरदर्शन द्वारा प्रसारित किया जाने लगा। इसमें शैक्षिक वार्त्ता, साक्षात्कार, परिचर्चा, नाटक, नृत्य-नाटिका, संगीत और वृत्तचित्रों के रूप में कार्यक्रम प्रसारित किए जाने लगे।

शैक्षिक दूरदर्शन पर सामान्य रूप से दो तरह के कार्यक्रम प्रसारित किए जाते हैं—(1) ज्ञानवृद्धि मूलक कार्यक्रम (Enrichment Type) और (2) पाठ्यक्रम

आधारित कार्यक्रम। इसका प्रसारण इनसेट 1-डी पर सन् 1984 में 5-11 वर्ष के बालकों के लिए किया जाता रहा तथा इसके लिए प्रतिदिन 45 मिनट का समय रखा गया था। फरवरी 1987 से दूरदर्शन ने अपने प्रातः कालीन प्रसारण में भी 60 मिनट का क्रर्यक्रम इसके लिए आरंभ किया। वर्तमान समय में प्रातः 6 बजे से 7 बजे तक तथा दोपहर में 1 बजे से 2 बजे तक शैक्षिक कार्यक्रमों का प्रसारण किया जाता है।

शैक्षिक दूरदर्शन के कार्यक्रमों के विकास की धारा सन् 1961 के तहत 'फोर्ड फाउण्डेशन' (Ford-foundation) 4 वर्षीय समझौता किया गया। इस समझौते के द्वारा दिल्ली के माध्यमिक विद्यालयों में 600 टी.वी. सेट लगाने की योजना क्रियान्वित की गई। इसमें विभिन्न विषयों जैसे—हिन्दी, अंग्रेजी, भूगोल, इतिहास, गणित और अन्य सामाजिक विषयों को दिन में दो बार प्रातः 9.25-9.45 बजे तथा 11-11.20 बजे तक प्रसारित किया जाने लगा। इस प्रसारण का मूल्याँकन 4 वर्षों के पश्चात् अमेरिकी समाजशास्त्री **'डॉ. पाल न्यूरथ'** ने किया। उह्लोंने अपने मूल्याँकन के पश्चात् परिणाम में कार्यक्रम के प्रति सन्तोष व्यक्त किया गया। उसके बाद से इस प्रकार के कार्यक्रमों की संख्या धीरे-धीरे बढ़ती गई। आज विश्वविद्यालय अनुदान आयोग (U.G.C.), इन्दिरा गांधी राष्ट्रीय खुला विश्वविद्यालय (IGNOU) और अन्य संस्थानों द्वारा लगातार ऐसे शैक्षिक कार्यक्रमों का प्रसारण किया जा रहा है। इन शैक्षिक प्रसारणों में प्राथमिक स्तर से लेकर उच्च शिक्षा तकनीकी एवं व्यावसायिक शिक्षा तकनीकी आदि मिश्रित हैं। इस प्रकार का प्रसारण ग्रामीण सुदूर क्षेत्र से लेकर शहरी क्षेत्रों तक किया जा रहा है, जो बहुत ही सुखद और लाभदायक है।

दूरदर्शन प्रयोग के प्रकार

वर्तमान में दूरदर्शन का प्रयोग लगभग सभी उम्र के बच्चों के लिए तथा सभी कक्षाओं में किया जा रहा है। ऐसी सम्भावना भी है कि इसके प्रयोग की सीमाएँ भविष्य में और तेज होंगी। इसी कारण इसके प्रयोग में भी लगातार विविधता लाई जा रही है, जैसे—

1. निर्देशात्मक दूरदर्शन
2. बन्द परिपथ दूरदर्शन
3. उपग्रह निर्देशन दूरदर्शन प्रयोग।

1. निर्देशात्मक दूरदर्शन—इस प्रकार के दूरदर्शन का आरंभ सबसे पहले स. रा. अमेरिका (U.S.A.) में इतिहास विषयों के लिए किया गया। इसमें औपचारिक तथा अनौपचारिक शैक्षिक कार्यक्रमों को प्रसारित करना आता है। इसका मुख्य

उद्देश्य ही है दूरदर्शन के माध्यम से शैक्षिक विषयों और कार्यक्रमों का प्रसारण करना, जिसमें निर्देशात्मक एवं अव्यावसायिक कार्यक्रम भी हों। इसका प्रयोग अब भारत में भी बड़े पैमाने पर होने लगा है। इसीलिए इसे दृश्य-श्रव्य साधन के रूप में माना जाता है। दूरदर्शन के प्रयोग मुख्य रूप से तीन तरह से किए जाते हैं–

(क) सम्पूर्ण दूरदर्शन शिक्षण के रूप में

(ख) दूरदर्शन-पूरक साधन का आधार के रूप में

(ग) दूरदर्शन-परिपूरक साधन के रूप में।

(क) सम्पूर्ण दूरदर्शन शिक्षण–ऐसे क्षेत्र, जहाँ पर अध्यापक, विद्यालय अथवा अन्य शैक्षिक सुविधाओं का अभाव पाया जाता है अथवा जो शिक्षण सुविधाओं की पहुँच के बाहर का क्षेत्र होता है, वहाँ के लिए सभी वय एवं स्तर के लोगों की सम्पूर्ण शिक्षण के लिए दूरदर्शन द्वारा जब शैक्षिक कार्यक्रम प्रसारित किये जाते हैं तो उसे ही सम्पूर्ण दूरदर्शन शिक्षण की संज्ञा दी जाती है।

(ख) दूरदर्शन एक पूरक साधन के रूप में–इस प्रकार के दूरदर्शन का प्रयोग उच्च वर्गों में किया जाता है, विशेष रूप से जहाँ पर अध्यापक द्वारा लिखी एवं बताई गई बातों को सभी बालक आसानी से सुन एवं देख नहीं पाते। इस प्रकार के दूरदर्शन का प्रयोग वैसे वर्गों में किया जाता है, जिसमें सभी छात्र शिक्षण की सभी चीजों को सरलता से देख, सुन एवं समझ सकते हैं।

(ग) दूरदर्शन-परिपूरक साधन का आधार–जब दूरदर्शन शिक्षा और शिक्षण के अन्य स्रोत के रूप में कार्य करता है अथवा उनके परिपूरक के रूप में कार्य करता है तो उसे दूरदर्शन-परिपूरक साधन का आधार माना जाता है। जब यह सभी शिक्षण प्रक्रियाओं के आधार के रूप में कार्य करता है तो उसे परिपूरक दूरदर्शन की संज्ञा दी जाती है।

2. बन्द परिपथ दूरदर्शन–इस प्रकार के दूरदर्शन का फायदा सबसे ज्यादा अध्यापक प्रशिक्षार्थियों को होता है, जिसमें वह जब चाहे, जिस पहलु को चाहे आसानी से देख और समझ सकता है। इतना ही नहीं, अगर छात्र चाहे तो उसे किसी बिन्दु पर रोककर उस पर वार्त्ता कर सकता है। ऐसा कर वह अपने सन्देहों का आसानी से निवारण कर सकता है। इसके तहत वीडियो टेप द्वारा सारी शिक्षण व्यवस्था को टेप किया जाता है, बाद में कैसेट के द्वारा कक्षा में उसे प्रसारित किया जाता है। इसमें जहाँ एक तरफ दूरदर्शन द्वारा शिक्षण किया जाता है, वहीं दूसरी तरफ आवश्यकतानुसार वार्त्ता, प्रतिपुष्टि, सुधार एवं सुझाव भी दिया जा सकता है और साथ-साथ अध्यापक, छात्र अपने द्वारा किए जा रहे शिक्षण को भी देख सकता है तथा पाठ को पीछे करके

(Play Back) कार्य का भी अवलोकन कर सकता है। लेकिन इसकी प्रसारण सीमा कम होती है। कभी तो सीधे कैसेट से तो, कभी केबिल के माध्यम से और कभी सूक्ष्म तरंगों (Microwaves) के माध्यम से एक संस्था से दूसरी संस्था तक पहुँचाया जाता है। इसका प्रयोग भारतवर्ष में सर्वप्रथम सन् 1955 में दिल्ली, बम्बई, मद्रास, कलकत्ता में किया गया।

3. उपग्रह निर्देशन दूरदर्शन प्रयोग—इस प्रकार के दूरदर्शन का प्रयोग सर्वप्रथम् सन् 1965 में यूनेस्को (UNESCO) ने किया जिसका लाभ पूरे विश्व को मिला। भारतवर्ष में इस प्रकार 'साइट' का प्रयोग सन् 1975 में किया गया और अगर हम आज दूरदर्शन के प्रयोग के विकास पर दृष्टिपात करें तो पता चलता है कि सारा प्रसारण ही 'साइट' से किया जा रहा है। इसमें न केवल शैक्षिक प्रसारण, वरन् मनोरंजन, कृषि, इतिहास, व्यवसाय, स्वास्थ्य, परिवार-नियोजन एवं राष्ट्रीय एकता आदि से सम्बन्धित अनेकानेक कार्यक्रम दिखाए जा रहे हैं। इससे बालक में अनेक ऐसी चीजों की भी जानकारी हो रही है, जिसे वह मात्र कक्षा अथवा किताब द्वारा नहीं समझ एवं जान सकता था, जैसे—पर्यावरण, कुपोषण, प्राकृतिक संसाधनों का दोहन एवं शोषण, वैज्ञानिक अभिवृत्ति एवं सामान्य-ज्ञान आदि सारी चीजों का प्रसार एवं विकास हो रहा है 'साइट' द्वारा प्रसारित शैक्षिक कार्यक्रम पूर्वघोषित एवं समय-सारिणीबद्ध होता है। इस प्रकार के कार्यक्रम भारतवर्ष में डी. डी. 1 पर विशेष रूप से प्रसारित किए जाते हैं। इसका प्रसारण प्रातः एवं दोपहर में होता है, जिसमें क्रमशः सभी विषयों को लिया जाता है।

शैक्षिक दूरदर्शन का उद्देश्य

ज्यों-ज्यों दूरदर्शन का कार्यक्षेत्र बढ़ता जा रहा है, त्यों-त्यों इसके उद्देश्य में भी वृद्धि होती जा रही है, जैसे—

1. औपचारिक शिक्षा के विषयों को और अधिक तकनीकी, व्यवहारपरक एवं जीवन्त बनाए रखना।
2. शैक्षिक उपलब्धता को आम लोगों तक पहुँचाना।
3. दूरदराज, साधनविहीन क्षेत्रों के निवासियों को शिक्षा एवं शैक्षिक कार्यक्रमों से परिचित कराना।
4. साक्षरता का प्रचार एवं प्रसार करना।
5. सामान्य/मध्यम/विशिष्ट बालकों को शैक्षिक कार्यक्रमों से जोड़ना।
6. प्रभावशाली सम्प्रेषण से शिक्षा के प्रति बालकों में रुचि पैदा करना।

7. समाज के सभी वर्गों में नवचेतना एवं जागरण विकसित करना।
8. अनुदेशनात्मक प्रणाली से लोगों में विशेष रूप से ग्रामीणों में शिक्षा के प्रति रुचि का विकास करना।
9. दूरदर्शन का व्यावहारिक उपयोग करना।
10. देश के सामाजिक, सांस्कृतिक एवं आर्थिक विकास के लिए दूरदर्शन योजना का उपयोग करना।
11. राष्ट्रीय/अन्तर्राष्ट्रीय एकता की भावना के विकास के लिए उपयोग करना।
12. विद्यालयी/विश्वविद्यालयी शिक्षा से वंचित लोगों को शिक्षित करना।
13. अवकाश के क्षणों का उपयोग करना।
14. औपचारिकेतर एवं दूरस्थ शिक्षा के प्रचार एवं प्रसार में मदद करना।
15. सेवाकालीन अध्यापकों को शिक्षण की नवीन तकनीकों, विधियों की जानकारी देना।
16. सतत एवं अनवरत शिक्षा की सुलभता को सुनिश्चित करना।
17. लोगों को दिन-प्रतिदिन की घटनाओं से अवगत करना।
18. व्यवसाय एवं प्रौद्योगिक चरण, प्रशिक्षण एवं नवीन जानकारी देना।

शैक्षिक दूरदर्शन के कार्य-क्षेत्र

इस प्रकार के दूरदर्शन द्वारा शैक्षिक तथा सामुदायिक कार्यक्रम प्रस्तुत किया जाता है, इसलिए इसे कुछ लोग 'सामुदायिक दूरदर्शन' (Community T.V.) के नाम से भी सम्बोधित करते हैं। अतः 'फेडरल कम्यूनिकेशन कमीशन' (Federal Communication Commission) ने शैक्षिक टी. वी. के प्रमुख छः क्षेत्र बताए हैं–

1. सार्वभौम शिक्षा एवं सांस्कृतिक सुधार।
2. प्रौढ़ों के लिए अनौपचारिकेतर अनुदेशन।
3. व्यवसाय-स्थल एवं घर पर अनुदेशन।
4. बच्चों के कार्यक्रम।
5. विद्यालयी अनुदेशन।
6. साक्षर प्रौढ़ों के लिए औपचारिक शिक्षा एवं अनुदेशन सेवाएँ उपलब्ध कराना।

शैक्षिक दूरदर्शन की विशेषताएँ

उपरोक्त अध्ययन के आधार पर यह पता चलता है कि शैक्षिक दूरदर्शन की एक नहीं, अनेक विशेषताएँ होती हैं, जो निम्नलिखित हैं–

1. दूरदर्शन एक ही साथ दो कार्य 'सुनना एवं देखना' करता है।
2. यह सम्प्रेषण का सबसे सशक्त माध्यम है।
3. शिक्षण के नवाचारों में से दूरदर्शन एक महत्त्वपूर्ण नवाचार है।
4. शिक्षण कौशल को विकसित करने का एक माध्यम है।
5. यह ध्यान केन्द्रित करने का एक साधन है।
6. इसके द्वारा कम समय में अधिक जानकारी दी जाती है।
7. यह माध्यम कम खर्चीला साधन है।
8. दूरदर्शन कम समय में बिना शारीरिक श्रम के अधिक जानकारी देता है।
9. अधिगमकर्त्ता को उत्साहित करता है।
10. यह श्रोताओं तथा अधिगमकर्त्ताओं को प्रेरित करना है।
11. इसमें सभी प्रकार की सहायक-सामग्री अथवा दृश्य-श्रव्य सामग्री का भरपूर प्रयोग किया जा सकता है।
12. इसके माध्यम से अध्यापक/छात्र दोनों अपना मूल्याँकन कर सकते हैं।
13. इस प्रकार के शिक्षण माध्यमों से अध्यापक अपनी कमियों का पता लगाकर उसे दूर कर सकता है।
14. इसके माध्यम से छात्र/अभिभावक सभी को आसानी से समझाया जा सकता है।
15. यह सभी आयु/वर्ग के लोगों के लिए समान महत्त्ववाला साधन है।
16. यह आज का सम्प्रेषण का सशक्त माध्यम है।

उपग्रह अनुदेशनात्मक दूरदर्शन एवं शैक्षिक कार्यक्रम

वर्तमान समय से दूरदर्शन के आयामों में बड़ी तेजी के साथ परिवर्तन होता जा रहा है। उसी क्रम से शैक्षिक दूरदर्शन को और अधिक प्रसारित एवं प्रस्तुति करने के लिए 'उपग्रह अनुदेशनात्मक दूरदर्शन योजना' (Site) की व्यवस्था हुई। अतः इसके कतिपय उद्देश्य निर्धारित किए गए हैं, जिसकी पूर्ति के लिए अग्रलिखित बातों का पालन किया जाता है।

1. अध्यापकों में सुधार—इसके माध्यम से अध्यापकों की शिक्षण तकनीकों/विधियों आदि की कमियों को दूर करके तथा उन्हें नवीन तकनीकों/विधियों से परिचित कराया जाता है, जिससे उनका शिक्षण रुचिकर एवं सजीव बना रहे।

2. छात्रों के स्वभाव में आवश्यकतानुसार सुधार—चूँकि आज का बालक कल सभी कार्यों का उत्तरदाई होगा। अतएव वर्तमान समय में उसे नवीन क्रिया-कलापों

से परिचित कराना भी दूरदर्शन का उद्देश्य है, इसलिए उसमें अच्छे गुणों का विकास हो, इसका भी श्रीगणेश विद्यार्थी में प्रारम्भिक अवस्था में ही किया जाना चाहिए।

3. शैक्षिक योजनाओं के प्रति सही दृष्टिकोण का विकास—इस प्रकार के शैक्षिक माध्यमों का यह भी उत्तरदायित्व बनता है कि शैक्षिक योजनाओं एवं शैक्षिक योजना बनाने वालों के प्रति लोगों का सही दृष्टिकोण होना चाहिए, अतः इस बात का भी यह ध्यान रखता है।

4. शैक्षिक कार्यक्रम का विकास एवं अपेक्षित सुधार—इसकी जहाँ अनेक भूमिकाएँ हैं वहीं पर जो शैक्षिक कार्यक्रम चलाए जा रहे हैं, उनमें आवश्यकतानुसार तथा समय की माँग के अनुसार अपेक्षित सुधार एवं परिमार्जन करना भी इसकी भूमिका के तहत आता है।

5. अनुदेशनात्मक कौशलों में सुधार एवं विकास—शिक्षण की जो भी तकनीक अथवा कौशल वर्तमान में चल रही है, उसमें अपेक्षित सुधार तथा नवीन कौशलों को विकसित करने तथा लोगों को उससे अवगत कराने का कार्य भी इसके द्वारा किया जाता है।

6. सामाजिक, सांस्कृतिक एवं वैज्ञानिक प्रगति में सही दृष्टिकोण का विकास—इस प्रकार के दूरदर्शन की, जहाँ पर अनेक प्रकार की भूमिकाएँ हैं, वहीं पर पूर्व एवं वर्तमान सामाजिक, सांस्कृतिक एवं वैज्ञानिक कमियों का पता लगाकर उसे दूर करना भी है, साथ-ही-साथ उसकी प्रगति के विषय में लोगों के सामने सही दृष्टिकोण प्रस्तुत करना भी है।

उपग्रह अनुदेशनात्मक दूरदर्शन योजना का शैक्षिक महत्त्व

भारतवर्ष जैसे विशाल आबादीवाले देश के सभी नागरिकों को सहज एवं सुलभ शिक्षा देकर साक्षर बनाना कोई आसान कार्य नहीं है, किन्तु अच्छे नागरिक बनाना देश का परम कर्त्तव्य है। ऐसी स्थिति में ऐसे उपकरणों, मशीनों, वैज्ञानिक तरीकों आदि की तलाश करना भी अत्यन्त जरूरी है, चूँकि आधुनिक मानव के रहन-सहन, खान-पान, संस्कृति एवं समाज में भयंकर परिवर्तन हुआ है, जिस पर अधिक प्रभाव आधुनिक इतिहास एवं तकनीक का पड़ा है, जिसने मानव जीवन धारा को ही एक विशिष्ट धारा की ओर मोड़ दिया है, फिर उस परिवर्तन से शिक्षा एवं शिक्षण जगत् अछूता कैसे रह सकता है। अतः उसी विकास क्रम के रास्ते में एक पड़ाव के रूप में दूरदर्शन एवं उपग्रह अनुदेशनात्मक दूरदर्शन योजना (SITE) है। इसका कतिपय शैक्षिक महत्त्व है।

एलेन हेनमोक (Allen Hanmock) के अनुसार–

1. दूरदर्शन, अध्यापक के अन्य साधनों के साथ सामंजस्य रखते हुए विभिन्न विषयों का स्तरानुकूल शिक्षण करने में सक्षम है।
2. दूरदर्शन, घर तथा कक्षा दोनों में वास्तविक वातावरण बनाता है।
3. इसके द्वारा औपचारिक तथा अनवरत् शिक्षा के कार्यक्रमों को सफलतापूर्वक क्रियान्वित किया जा सकता है।
4. इस माध्यम के द्वारा प्रौढ़ों को साक्षर बनाया जा सकता है।
5. शिक्षा से वंचित लोगों को ज्ञानार्जन कराने में मदद देता है।
6. यह छात्रों को उच्चस्तरीय विषय का ज्ञान देता है एवं नित्य हो रहे नवीन शोधों के विषय में विधिवत् जानकारी देता है।
7. सीमित संसाधनों तथा सीमित समयों की कमी को यह पूरा करता है।
8. यह सूक्ष्म एवं अतिसूक्ष्म चीजों को बड़ी आसानी से लोगों तक पहुँचाता है।
9. यह अध्यापकों, छात्रों एवं अभिभावकों में सृजनात्मक शक्ति का विकास करता है।
10. दूरदर्शन अध्यापकों, नवीन छात्रों एवं अभिभावकों को जानकारी के लिए प्रेरित करता है।
11. विभिन्न वैज्ञानिक एवं अभियांत्रिकी उपकरणों को दूरदर्शन के माध्यम से सफलतापूर्वक दर्शाया जा सकता है।
12. शिक्षण को अधिक रोचक, सजीव एवं सरस बनाने में दूरदर्शन की अहम भूमिका होती है।

अन्य महत्त्व

1. दर्शन इसमें देखने एवं सुनने दोनों का कार्य एक साथ करता है।
2. विद्यालयों में जो प्रयोग एवं अनुसंधान सामान्यतया अनुपलब्ध रहता है, उसे इसके द्वारा आसानी से दर्शाया जाता है।
3. सुदूर क्षेत्रों की घटनाओं को तत्काल सजीव रूप में प्रस्तुत करता है।
4. विषय विशेषज्ञों, जो सामान्य रूप से विद्यालय में उपलब्ध नहीं हो सकता, उनके द्वारा विषयों को यह प्रस्तुत करता है।
5. यह धीरे-धीरे शिक्षा-शिक्षण के सामूहिक माध्यम शिक्षा (Mass Media Education) का प्रयोग कर रहा है।
6. छात्र-प्रवेश की समस्या तथा नियमित उपस्थिति से बचाता है।

7. व्यावहारिक ज्ञान से बालकों के स्वास्थ्य एवं मानसिक स्वास्थ्य दोनों में विकास होता है।
8. बालकों में उचित आदतों, रुचियों तथा जीवन-मूल्यों तथा समायोजन करने की क्षमता का विकास होता है।
9. छात्र विभिन्न प्रकार के प्रदूषणों की जानकारी लेकर उससे बच सकता है।
10. विभिन्न प्रकार से किए जा रहे प्राकृतिक संसाधनों के शोषण से वर्तमान एवं भविष्य में होनेवाले नुकसान से छात्रों को परिचित कराता है तथा उससे बचने का उपाय प्रस्तुत करता है।
11. सामुदायिक विकास कार्यक्रमों के विषयों से आम आदमी को परिचित कराना।
12. संगठित बैठकों, गोष्ठियों तथा सम्मेलनों के विचार-विमर्श से लोगों को अवगत कराना।
13. छात्र विभिन्न विषयों के विषय में सामान्य एवं विशिष्ट जानकारी ले सकते हैं।
14. छात्र प्रत्यक्षीकरण के माध्यम से अधिक तीव्रता एवं रुचि लेता है।
15. छात्रों में राष्ट्रीय एवं अन्तर्राष्ट्रीय स्तर पर सद्भावना का विकास सम्भव हो सकता है।
16. छात्रों, अभिभावकों विशेष रूप से ग्रामीण क्षेत्र के लोगों में शिक्षा के प्रति रुचि विकसित करता है।

दूरदर्शन कार्यक्रम का नियोजन

दूरदर्शन के माध्यम से अनेक कार्यक्रम प्रस्तुत किए जाते हैं। इसके लिए कार्यक्रम को अच्छी तरह से सोच समझकर तथा सावधानीपूर्वक नियोजन तथा क्रियान्वित किया जाता है। इसके लिए भारत सरकार ने प्रमुख छः प्रदेशों–आन्ध्र प्रदेश, बिहार, गुजरात, महाराष्ट्र, उड़ीसा एवं उत्तर प्रदेश में एक-एक शैक्षिक टी.वी. केन्द्रों की स्थापना की है जिसका नियोजन एव नियन्त्रण 'स्टेट कौंशिल ऑफ एजूकेशनल रिसर्च एवं ट्रेनिंग' (SCERT) अथवा 'इन्स्टीट्यूट ऑफ एजूकेशन' (SIE) करता है। इसमें विषय के विशेषज्ञों को आमन्त्रित करके प्रोग्राम का नियोजन किया जाता है। अतः सम्पूर्ण नियोजन निम्न प्रमुख चरणों में किया जाता है–

1. कार्यक्रम का चयन–किसी कार्यक्रम की पृष्ठभूमि उसके कार्यक्रम का चयन है। इसके चयन के समय प्रमुख तीन बातों–(i) किस शैक्षिक स्तर के लिए

कार्यक्रम तैयार किया गया है, (ii) छात्रों के मानसिक स्तर की जानकारी करना एवं (iii) कार्यक्रम पाठ्यक्रम से सम्बन्धित हो। इसलिए कार्यक्रम के प्रसारण के पूर्व उसकी अवधि तथा सम्पूर्ण उद्देश्य का पुनरीक्षण किया जाता है, साथ-साथ यह देख लिया जाता है कि कार्यक्रम रुचिकर, आकर्षक, सहज एवं ज्ञानवर्धक होना चाहिए।

2. कार्यक्रम की तैयारी—इस सोपान में इस बात की आवश्यकता पड़ती है कि जो भी कार्यक्रम दिखाए जा रहे हैं, उसकी सूचना अध्यापकों एवं छात्रों को पूर्व में ही दे दी जानी चाहिए, जिससे वे उसके विषय में तैयार रहें तथा स्पष्ट रूप से समझ सकें। इसे बुलेटिन आदि के माध्यम से श्रोता तक पहुँचा दिया जाना चाहिए, तभी पूरा लाभ सम्भव है।

3. प्रस्तुतीकरण—दूरदर्शन द्वारा जब भी कोई शैक्षिक कार्यक्रम प्रस्तुत किया जाए तो कक्षा में अग्रलिखित बातों पर विशेष ध्यान दिया जाना चाहिए—

(*i*) कक्षा का वातावरण पूर्णतः शान्त होना चाहिए।

(*ii*) छात्र की दूरी टी.वी. सेट से 6' - 7' दूर होनी चाहिए।

(*iii*) कक्षा में सामान्य प्रकाश होना चाहिए, जिससे छात्र लिख सकें।

(*iv*) टी.वी. सेट की आवाज कक्षानुरूप होनी चाहिए।

(*v*) टी.वी. सेट की ऊँचाई 5' - 6' होनी चाहिए, जिससे कक्षा के सभी छात्र देख सकें।

(*vi*) निर्धारित समय पर T.V. सेट खोल देना चाहिए।

(*vii*) जरूरी कार्यक्रमों के विषय में हो तो अध्यापक अपनी टिप्पणी अवश्य दे दें। अगर समय हो तो।

4. अनुवर्ती कार्यक्रम—इस सोपान के तहत अध्यापक यह पता लगाता अथवा मूल्याँकन करता है कि जो कार्यक्रम बालक ने देखा एवं समझा, वह कहाँ तक अथवा कितना प्रभावशाली रहा। अगर जरूरी हुआ तो अध्यापक उस कार्यक्रम की पुनरावृत्ति करता है, वस्तुतः इसमें छात्र की बोधगम्यता का पता लगाया जाता है।

साथ-साथ अध्यापक, छात्रों के अधिगम को और अधिक सफल एवं स्पष्ट बनाने के लिए उस पर चर्चा-परिचर्चा, उदाहरण, प्रश्नोत्तर एवं व्याख्यान आदि विधियों का सहारा लेता है, जिससे छात्र की ग्राह्यता की परख कर सकें एवं छात्र को और सफल बना सकें।

शैक्षिक दूरदर्शन की सीमाएँ

दूरदर्शन के जहाँ पर एक तरफ बहुत सारे लाभ बताए गए हैं, वहीं पर इसकी कतिपय सीमाएँ भी हैं, जैसे—

1. इसमें कहीं पर भी विद्यालयी अथवा कक्षा-कक्ष का वातावरण नहीं बनता।
2. छात्र अपनी कठिनाइयों का निवारण नहीं कर सकता।
3. अध्यापक एवं छात्र में अन्तःक्रिया का कोई स्थान नहीं होता।
4. दूरदर्शन द्वारा किया गया शिक्षण एक प्रकार से एकपक्षीय संवाद है।
5. पाठ प्रस्तुतकर्त्ता (अध्यापक) को यह पता नहीं चल पाता कि छात्र इससे लाभान्वित हो रहा है अथवा नहीं और लाभान्वित है तो कहाँ तक आदि।
6. दूरदर्शन की शिक्षण प्रक्रिया की गति एवं छात्र के अधिगम के बीच तालमेल का पूर्णतः अभाव रहता है।
7. कभी-कभी इसके द्वारा प्रस्तुत कार्यक्रम अत्यन्त उबाऊ एवं बोझिल हो जाता है।
8. शिक्षा का लक्ष्य बालक के वैयक्तिक भिन्नता (रुचियों, अभिरुचियों, व्यक्तित्त्व विकास एवं मानसिक क्षमता) का विकास करना है, जो इस माध्यम से सम्भव नहीं है।
9. शिक्षण प्रक्रिया का प्रमुख आधार अध्यापक-शिक्षार्थी का परस्पर विचारों का आदान-प्रदान है, जिसका इसमें पूर्णतः अभाव रहता है।
10. दूरदर्शन, जहाँ एक तरफ इतिहास एवं तकनीक के विकास से बालकों को प्रभावित करता है, वहीं दूसरी तरफ हमारी संस्कृति, संस्कारों, मूल्यों तथा परम्पराओं पर इसका बड़ा बुरा असर पड़ता जा रहा है, जिसकी भरपाई कर पाना एक असम्भव कार्य होगा।
11. प्रोग्राम के प्रस्तुतीकरण की समय-सारिणी में छात्र की मजबूरियों तथा परेशानियों का कोई भी ध्यान नहीं रखा जाता है।
12. किस सीमा तक अन्य संसाधनों के स्रोतों का उपयोग किया जाए, की जानकारी नहीं रहती।
13. बिजली अथवा पावर सप्लाई का दूरदर्शन के इस प्रसारण से कोई तालमेल नहीं है। जिससे छात्र उसे देख सकता है अथवा नहीं। वस्तुतः इसका दिनों-दिन अभाव होता जाता है।

भारत में शैक्षिक दूरदर्शन

सन् 1936 बी.बी.सी. लन्दन से चलकर 15 सितम्बर 1959 को भारत में पहुँचा दूरदर्शन के विकास का सफर अब नेटवर्क (Net-work) 523 ट्रांस्मीटरों पर प्रसारित हो रहा है, जिसके 159 उच्च शक्तिवाले, 371 लघु शक्तिवाले तथा

75 अति लघुशक्ति वाले ट्रांसमीटर हैं तथा 18 ट्रांस्पोसर्स (Transposers) हैं। इसके अलावा लगभग 20 से अधिक ही ऐसे केन्द्र हैं, जहाँ पर कार्यक्रम तैयार किए जाते हैं।

इसी कड़ी में भारत ने दूरदर्शन में उपग्रह तकनीक (Satellite Technology) का प्रयोग सन् 1975 में प्रारम्भ किया, जिसका विस्तार दिनों-दिन होता चला जा रहा है। प्रारम्भ में 6 राज्यों में उपग्रह तकनीक द्वारा शिक्षण प्रारम्भ किया गया तथा 8वीं पंचवर्षीय योजना में लगभग 16 राज्यों की राजधानियों द्वारा इसके माध्यम से शैक्षिक कार्यक्रम प्रस्तुत किया जाएगा, ऐसा विचार था।

इसी विकास की कड़ी में इनसेट 1-A, 1-बी, 1-सी एवं 1-डी तक निर्माण करके सम्प्रेषित किया जा रहा है। सन् 1991 में इनसेट-2, इनसेट 2-ए, का प्रसारण प्रारम्भ हो गया है और भारत सरकार ने 2-सी, 2-डी, 2-ई के प्रक्षेपित करने की मंजूरी दे दी है। इन सभी इनसेटों के द्वारा शिक्षा कार्यक्रम कुछ समय के लिए अवश्य दिखाए जाते हैं। इसमें एक तरफ अनौपचारिक तथा अनौपचारिकेतर शिक्षा के विस्तार की व्यवस्था है तो दूसरी तरफ मौसम, इतिहास तथा अन्य इतिहास, सामाजिक विषयों एवं साहित्यिक विषयों की जानकारी दी जाती है। इसी विकास की कड़ी में 'मुक्त विश्वविद्यालय' (Open University) तथा 'मुक्त विद्यालय' (Open School) एक मूर्त्त रूप में आज हमारे सामने हैं। इन सभी केन्द्रों में अहमदाबाद स्थित अनुसंधान संगठन एवं इतिहास विभाग के तहत विकास एवं संचार यूनिट की स्थापना की गई, जो प्रसारण, विकास और शिक्षा से सम्बन्धित प्रयोग के तौर पर कार्यक्रम तैयार करता है तथा देश-विदेश से सम्बद्ध क्षेत्रों में प्रशिक्षण, निर्देशन मदद एवं परामर्श सेवाएँ प्रदान करता है। साथ-साथ 'भारतीय अन्तरिक्ष अनुसंधान संगठन' पूरे देश में ऐसी संस्थाओं की खोज करता है, जहाँ से इस प्रकार के कार्यक्रम तैयार एवं प्रस्तुत किए जाएँ।

15

इतिहास शिक्षण में पाठ योज्ना

आई. के. डेवीज (I. K. Davis) ने अपने प्रथम सोपान में पाठ योजना की रचना को बहुत अधिक महत्त्व दिया है। शिक्षण व्यवस्था के सभी पक्षों के व्यावहारिक रूप का आलेख ही पाठ योजना है। कक्षा शिक्षण की पूर्व अवस्था (pre-active stage) में पाठ योजना तैयार की जाती है।

एन. एल. बॉसिंग—'पाठ योजना उन उद्देश्यों के कथनों और विशिष्ट तरीकों को प्रदान किया गया शीर्षक है जिनके द्वारा क्रियाओं के परिणामस्वरूप उन्हें प्राप्त किया जाता है।'

डेविस—'कक्षा में जाने वे पहले शिक्षक को पूरी तैयारी कर लेनी चाहिए क्योंकि शिक्षक की प्रगति के लिए कोई बात इतनी बाधक नहीं है जितनी कि शिक्षक की अपूर्ण तैयारी।'

बिनिंग और बिनिंग—'दैनिक पाठ-योजना में उद्देश्यों को परिभाषित करना, पाठ्य-वस्तु का चयन, उसे क्रम में व्यवस्थित करना और विधियों तथा प्रक्रिया को निर्धारित करना शामिल है।'

रायबर्न (Ryburn) ने यह भी कहा है—'शिक्षण के लिए हमें पूर्व प्राप्त अनुभव का प्रयोग अपने कार्य को करने के लिए करना चाहिए।'

थोड़े में हम कह सकते हैं कि ध्यानपूर्वक योजना का निर्माण करना अच्छे शिक्षण के लिए आवश्यक है।

पाठ योजना का महत्त्व

अध्यापक की सफलता का रहस्य उसके पाठों की पूर्व योजनाएँ होती हैं। इसलिए अध्यापक के लिए पाठों की पूर्व योजना बहुत आवश्यक है। पूर्व योजना की सहायता से शिक्षण उद्देश्यों की प्राप्ति में आसानी होती है। पाठ योजना की आवश्यकता तथा महत्त्व निम्नलिखित हैं–

1. अनुशासनहीनता पर नियंत्रण—यदि अध्यापक तैयार होकर कक्षा में नहीं आता और उसका शिक्षण अरुचिकर रहता है तो अनुशासनहीनता फैल जाती है। इस प्रकार की समस्या के समाधान के लिए पाठ योजना का होना बहुत ही आवश्यक होता है। इससे छात्र योजनानुसार क्रिया करने में व्यस्त रहते हैं।

2. व्यक्तिगत विभिन्नताओं का उपयोग—कक्षा के छात्रों की विभिन्नताओं को ध्यान में रखकर उनके अनुसार भिन्न-भिन्न प्रकार की पाठ योजनाएँ तैयार की जा सकती हैं। इस प्रकार व्यक्तिगत विभिन्नताओं का उपयोग पाठ योजना द्वारा ठीक प्रकार से किया जा सकता है।

3. शिक्षण क्रियाओं तथा सहायक सामग्री की जानकारी—पाठ योजना की सहायता से अध्यापक पहले ही तय कर लेता है कि कक्षा में उसे कौन-कौन सी शिक्षण क्रियाएँ करनी हैं और कैसे करनी हैं। इस बात का भी निर्णय प्रारम्भ में ही कर लिया जाता है कि सहायक सामग्री कौन-कौन सी और कैसे प्रयोग में लाई जाती है।

4. विषय-वस्तु का संगठन—पाठ योजना के महत्त्व के कारण निर्धारित उद्देश्यों की प्राप्ति के लिए विषय-वस्तु का संगठन करना आवश्यक है। इस योजना में प्रस्तुतीकरण के क्रम तथा पाठ्य-वस्तु के रूप को निश्चित कर लिया जाता है।

5. उद्देश्यों को परिभाषित करना—निर्धारित उद्देश्यों को परिभाषित करने के लिए पाठ योजना को बनाना आवश्यक हो जाता है। शिक्षण उद्देश्यों तथा परीक्षण परिस्थितियों का निर्धारण होता है।

6. शिक्षण उद्देश्यों की स्पष्टता—कक्षा में पढ़ाई जाने वाली विषय-वस्तु के शिक्षण उद्देश्यों की स्पष्टता के लिए पाठ योजना का तैयार करना अति आवश्यक है। पाठ योजना के कारण अध्यापक अपने पाठ के उद्देश्यों पर ही केन्द्रित रहता है और इधर-उधर की बातों में समय नष्ट नहीं करता।

7. व्यवस्थित ज्ञान—विद्यार्थियों को क्रमबद्ध तथा व्यवस्थित रूप से ज्ञान प्रदान करना अति आवश्यक होता है। इस उद्देश्य के लिए पाठ योजना का बहुत महत्त्व होता है।

8. कक्षा क्रियाओं की व्यवस्था—छात्रों की व्यक्तिगत भिन्नता के आधार पर कक्षा की क्रियाओं की व्यवस्था करने में पाठ योजना सहायक होती है। छात्राध्यापकों को प्रशिक्षण के लिए पाठ योजना कक्षा क्रियाओं के लिए रूप-रेखा प्रदान करती है।

9. समस्याओं का समाधान—पाठ के सम्बन्ध में पैदा होने वाली सम्स्याओं तथा कठिनाईयों को पाठ योजना के माध्यम से हल किया जा सकता है।

10. पुनर्वलन—छात्रों की क्रियाओं के नियन्त्रण तथा पुनर्वलन की प्रविधियों के प्रयोग की परिस्थिति भी निर्धारित की जाती है। यह पाठ योजना द्वारा ठीक हो सकती है।

11. शिक्षण अधिगम में सम्बन्ध स्थापित करना—शिक्षा के क्षेत्र में शिक्षण और अधिगम का सम्बन्ध बहुत आवश्यक होता है। इनमें व्यावहारिक रूप से सम्बन्ध स्थापित करने के लिए पाठ योजना बहुत जरूरी है।

12. पाठों की निरन्तरता—किसी भी विषय में उपविषयों (Topics) में एक निरन्तरता बनाए रखना आवश्यक होता है। पाठ योजना के आधार पर अध्यापक ये जान सकता है कि विषय के कौन-कौन से उप-विषय पढ़ाए जा चुके हैं और कौन-कौन से उपविषय शेष रह गए हैं। छात्रों के पूर्व ज्ञान का पता लगाना भी इससे आसान होता है।

13. रूप-रेखा प्रदान करना—शिक्षकों के प्रशिक्षण के लिए पाठ योजना कक्षा की क्रियाओं के लिए रूप-रेखा प्रदान करती है।

14. पूर्व ज्ञान के आधार पर नया ज्ञान—पाठ योजना से शिक्षण में सरलता तथा नवीनता आ जाती है। पहले से ही सभी क्रियाएँ कक्षा-स्तर तथा पाठ्य-वस्तु के अनुसार चुन ली जाती हैं। इससे पूर्व ज्ञान के आधार पर नया ज्ञान मिलता है। पाठ में छात्रों की रुचि भी बढ़ती है।

ऊपरलिखित तत्त्वों को देखते हुए ये कहा जा सकता है कि पाठ योजना का कितना महत्त्व तथा आवश्यकता है। कक्षा में अध्यापक को नैतिक बल प्रदान करने के लिए पाठ योजना आवश्यक है। इसलिए अध्यापक को कक्षा में शिक्षण के लिए जाने वे पहले, चाहे वह छोटी कक्षा क्यों न हो, अपने पाठ की योजना तैयार कर लेनी चाहिए इससे अध्यापक का विश्वास बढ़ता है।

पाठ योजना के हरबर्ट उपागम

हरबर्ट उपागम (Herbartia Approach) एक प्राचीन प्रणाली है। इसका प्रयोग अतीत काल से किया जाता है और आज भी प्रयोग करते हैं। अधिकांश

प्रशिक्षण संस्थाओं में हरबर्ट की पाठ योजना ही प्रयोग में लाई जाती है और यह पाठ्य-वस्तु केन्द्रित (Subject Matter Centred) है।

इस उपागम में प्रस्तुतीकरण पर अधिक बल दिया जाता है। इसमें छात्रों की रुचियों, अभिवृत्तियों, मूल्यों तथा सम्बन्धों पर ध्यान नहीं दिया जाता। यह उपागम स्मृति स्तर (Memory Level) तक का है। अर्थात् इसमें छात्रों के रटने पर अधिक बल दिया जाता है। अधिकांश विषयों के पाठ्य-वस्तु (Subject Matter) के शिक्षण के लिए इस पाठ योजना को प्रयोग में लाया जा सकता है।

हरबर्ट उपागम के सोपान

1. प्रस्तावना
2. प्रस्तुतीकरण
3. तुलना एवं सम्बन्ध
4. सामान्यीकरण
5. प्रयोग

1. प्रस्तावना—इसमें विद्यार्थियों के पूर्व ज्ञान के आधार पर पाठ की प्रस्तावना की जाती है। प्रस्तावना का उद्देश्य पूर्व ज्ञान को पाठ से सम्बद्ध कराना तथा छात्रों को नवीन ज्ञान ग्रहण करने के लिए तैयार करना है। इसके बाद उस दिन पढ़ाए जाने वाले पाठ की घोषणा की जाती है और छात्रों को नया पाठ पढ़ने के लिए मानसिक रूप से तैयार किया जाता है।

2. प्रस्तुतीकरण—शिक्षक नवीन ज्ञान व तथ्यों को छात्र के पूर्व ज्ञान से सम्बन्ध स्थापित करने हेतु प्रस्तुत करता है कि विकासात्मक तथा बोध प्रश्नों की सहायता से अध्यापक पाठ का प्रस्तुतीकरण करता है। इसमें अध्यापक को अग्रलिखित बातों का ध्यान रखना चाहिए—

(i) छात्रों के सामने कितनी तथा किस प्रकार की अधिगम सामग्री प्रस्तुत की जानी चाहिए।

(ii) अधिगम सामग्री को कितनी इकाईयों (Units) में बाँटा जाना चाहिए।

(iii) छात्रों का सहयोग कैसे प्राप्त किया जाए तथा पाठ को प्रस्तुत करने के लिए कौन-कौन सी प्रविधियों तकनीकों तथा ब्यूह रचनाओं को प्रयोग में लाया जाए।

3. तुलना एवं सम्बन्ध—छात्रों के नवीन तथ्यों का पूर्ण ज्ञान से सम्बन्ध स्थापित कराया जाता है। नए ज्ञान को स्थायी कराना होता है। शिक्षक अर्जित ज्ञान

का पूर्व ज्ञान के साथ तुलना करता है और नए ज्ञान तथा पूर्व ज्ञान से सम्बन्ध स्थापित करने का प्रयास करता है।

4. सामान्यीकरण—इस सोपान में पाठ में सीखे हुए ज्ञान का सामान्यीकरण किया जाता है। नए सीखे हुए ज्ञान से परिणाम, सिद्धान्त और नियमों को प्रतिपादित किया जाता है। यह सामान्यीकरण अध्यापक को छात्रों से कराया जाना चाहिए, यह अधिक प्रभावशाली होता है। अध्यापक का कार्य मार्गदर्शन तक ही सीमित रहना चाहिए।

5. प्रयोग—इस सोपान में अध्यापक ऐसी परिस्थितियाँ प्रस्तुत करता है जिनमें छात्र अपने सीखे हुए ज्ञान का प्रयोग कर सकता है। जैसे किसी सूत्र की सहायता से किस प्रकार समस्याएँ हल की जाती हैं। इसमें अध्यापक छात्रों के सामने पुनरावृत्ति प्रश्न प्रस्तुत करके छात्रों को नए ज्ञान का प्रयोग करा सकता है।

हरबर्ट उपागम पर आधारित पाठ योजना की रूप-रेखा

इन पाँच सोपानों के आधार पर पाठ योजना की रूप-रेखा विकसित की गई। इसके प्रमुख पद अग्रलिखित हैं–

1. प्रस्तुतीकरण—पाठ-योजना का क्रियात्मक पक्ष प्रस्तुतीकरण से आरम्भ होता है। प्रस्तुतीकरण में शिक्षक को छात्रों की मानसिक क्रिया को निरन्तर प्रेरित तथा उत्तेजित करते रहना चाहिए। प्रस्तुतीकरण में विकासात्मक प्रश्न पूछकर पाठ को आगे बढ़ाया जाता है। पाठ को प्रस्तुतीकरण के लिए आवश्यक इकाइयों में बाँट लिया जाता है लेकिन इन इकाइयों में क्रमबद्धता अवश्य होनी चाहिए।

2. स्पष्टीकरण—विकासात्मक प्रश्नों के उत्तर न मिलने पर शिक्षक स्वयं उन प्रश्नों का स्पष्टीकरण दे ताकि छात्रों के मन में किसी किस्म का द्वन्द्व न शुरू हो पाए।

3. श्यामपट्ट कार्य—शिक्षक अपने शिक्षण बिन्दुओं को श्यामपट्ट पर लिखता है। श्यामपट्ट शिक्षक का अभिन्न मित्र होता है। इसके बिना शिक्षक सफल नहीं हो सकता। श्यामपट्ट सार या तो शिक्षण के साथ-साथ लिखा जाना चाहिए, या अध्यापक के कथनों की समाप्ति पर। श्यामपट्ट सार का विकास छात्रों से प्रश्न पूछ-पूछ कर उनके सहयोग से किया जाना चाहिए। श्यामपट्ट पर लिखाई आकर्षक हो।

4. पुनरावृत्ति—पढ़ाए गए पाठ को दोहराना ही पुनरावृत्ति कहलाता है। इससे शिक्षण की सफलता का साथ-साथ ही ज्ञान होता रहता है। पुनरावृत्ति के समय शिक्षक छात्रों की कापियाँ बन्द करवा दे। श्यामपट्ट सार को भी मिटा देना चाहिए।

पुनरावृत्ति में पूछे गए प्रश्नों के सही उत्तर प्राप्त करने से ही शिक्षक की सफलता का अनुमान लगाया जा सकता है। यदि पाठ को छोटी-छोटी इकाईयों में बाँट रखा है तो प्रत्येक ख़ंड या भाग या इकाई पढ़ाने के बाद पुनरावृत्ति की जानी चाहिए। इसे खंड-पुनरावृत्ति (Sectional Recapitulation) कहते हैं। पाठ पूरा होने पर पूरे पाठ की पुनरावृत्ति की जानी चाहिए।

5. गृह-कार्य—शिक्षण में गृह-कार्य का महत्त्व किसी भी सोपान से कम महत्त्वपूर्ण नहीं है। अतः गृह-कार्य अवश्य दिया जाना चाहिए। गृह-कार्य में विभिन्न प्रकार के प्रश्न दिए जा सकते हैं जैसे, रिक्त स्थानों की पूर्ति, संक्षिप्त उत्तर वाले प्रश्न, लम्बे उत्तरों वाले प्रश्न तथा वस्तुनिष्ठ (Objective Type) प्रश्न आदि।

6. विषय, प्रकरण या उप-विषय, कक्षा, विभाग, कालांश तथा दिनांक—पाठ-योजना की तैयारी इन तथ्यों के निर्धारण से होती है। विषय के अनुसार उपविषय या प्रकरण तथा कक्षा का चयन किया जाता है। शिक्षण के लिए समय आदि भी निर्धारित किया जाता है।

7. सामान्य उद्देश्य—प्रत्येक विषय के शिक्षण के पीछे कुछ सामान्य उद्देश्य का निर्धारण आवश्यक होता है। इन उद्देश्यों की प्राप्ति ही शिक्षण की सफलता होती है। शिक्षक के शिक्षण का व्यापक मूल्याँकन भी इन सामान्य उद्देश्यों के सन्दर्भ में किया जाता है। सामान्य उद्देश्य कक्षा-स्तर तथा आयु-वर्ग के अनुसार होने आवश्यक हैं। ये पाठ-योजना के शुरू में ही लिखे जाने चाहिए।

8. विशिष्ट उद्देश्य—इन विशिष्ट उद्देश्यों का सम्बन्ध प्रत्यक्ष रूप से पढ़ाए जाने वाले पाठ से होता है। इनका निर्धारण विषय-वस्तु के आधार पर किया जाता है। विशिष्ट उद्देश्य प्रत्येक प्रकरण के साथ बदलते रहते हैं। इनके निर्धारण के लिए शिक्षक को विषय-वस्तु का व्यापक ज्ञान होना चाहिए।

9. सहायक सामग्री—शिक्षक को पाठ-योजना में ही सहायक सामग्री को तय करना पड़ता है। जैसे श्यामपट्ट, माडल चार्ट, रेडियो, टेप-रिकार्डर, प्रोजेक्टर, टेलीविजन आदि। किस चरण में इनका प्रयोग किया जाना है–यह भी पाठ-योजना में तय कर लिया जाता है।

10. पूर्व ज्ञान—शिक्षण में नए ज्ञान को शुरू करने के लिए पूर्व ज्ञान के बारे में सोचना अति आवश्यक है। नवीन ज्ञान प्राप्त करने में पूर्व-ज्ञान आधार का कार्य करता है। इन दोनों में सम्बन्ध स्थापित करना आवश्यक होता है। इससे पाठ रोचक और स्पष्ट बन जाता है।

11. प्रस्तावना—पाठ की प्रस्तावना छात्रों के पूर्व ज्ञान पर आधारित होती है। प्रस्तावना के माध्यम से नए पाठ तक पहुँचा जाता है। प्रस्तावना का पद पाठ-योजना

में बहुत महत्त्वपूर्ण माना जाता है। प्रस्तावना के लिए प्रकरण (Topics) से सम्बन्धित पूर्व-ज्ञान के बारे में प्रश्न पूछकर उसे पढ़ाए जाने वाले प्रकरण के साथ जोड़ा जाता है। इसके लिए शिक्षक 3 या 4 प्रश्न पूछता है ताकि पूर्व ज्ञान के साथ प्रस्तावित पाठ का सम्बन्ध जोड़ा जा सके।

12. उद्देश्य कथन—प्रस्तावना को आधार मानकर शिक्षक अपने शिक्षण के उद्देश्य का कथन करता है। शिक्षण पाठ से सम्बन्धित घोषणा करता है कि आज हम इस प्रकरण के बारे में अध्ययन करेंगे।

हरबर्ट उपागम की विशेषताएँ

हरबर्ट उपागम की प्रमुख विशेषताएँ अग्रलिखित हैं–

1. इसमें छात्रों को सोचने का मौका मिलता है और वे सक्रिय रहते हैं।
2. इसमें पूर्व ज्ञान के आधार पर नए ज्ञान को प्रस्तुत किया जाता है।
3. नया अर्जित ज्ञान नई परिस्थितियों में कैसे प्रयोग किया जाए इस उपागम द्वारा छात्रों को सिखाया जाता है।
4. इससे सारा ज्ञान दूसरे विषयों से भी समन्वित करके दिया जाता है।
5. ये उपागम शिक्षण के मनोवैज्ञानिक सिद्धान्तों पर आधारित हैं।
6. यह शिक्षा को एक सुनियोजित, सुव्यवस्थित तथा सुनियन्त्रित क्रिया के रूप में सामने लाता है।
7. इस उपागम द्वारा सभी विषयों तथा उप-विषयों की शिक्षा दी जा सकती है।
8. इससे पाठ योजना का कार्य विधिवत और सरल हो जाता है।

हरबर्ट उपागम के अवगुण

हरबर्ट उपागम के प्रमुख अवगुण अग्रलिखित हैं–

1. शिक्षण की क्रियाओं की सार्थकता और व्यावहारिकता को ध्यान में नहीं रखा जाता।
2. शिक्षण क्रियाओं तथा सार्थकता और व्यावहारिकता को ध्यान में नहीं रखा जाता।
3. पाठ योजना कम लचीली होती है।
4. छात्रों की रुचियों तथा अभिवृत्तियों पर ध्यान नहीं दिया जाता।
5. शिक्षण स्मृति स्तर तक सीमित रहता है।
6. इसमें प्रस्तुतीकरण पर अधिक बल दिया जाता है।

7. शिक्षण उद्देश्यों और अधिगम परिस्थितियों को ध्यान में नहीं रखा जाता।
8. पाठ योजना में शिक्षण अधिगम परिस्थितियों को ध्यान में नहीं रखा जाता।

इकाई उपागम के सोपान

1. अन्वेषण
2. प्रस्तुतीकरण
3. आत्मीकरण
4. व्यवस्थापन
5. आवृत्ति

1. अन्वेषण—यह सोपान हरबर्ट उपागम के प्रस्तावना और तैयारी सम्बन्धी पद से मिलता-जुलता है। अन्वेषण का अर्थ होता है पता लगाना। छात्रों में पूर्व ज्ञान का पता लगाना ही अन्वेषण (Exploration) कहलाता है। अध्यापक को निम्न बातों का अन्वेषण करना चाहिए–

(i) छात्रों की रुचियों तथा अभिरुचियों का अन्वेषण।
(ii) पाठ की इकाई से सम्बन्धित पूर्व ज्ञान का अन्वेषण।
(iii) उपलब्ध वातावरण और शिक्षण स्रोतों का अन्वेषण।
(iv) इकाई को प्रस्तुत करने के लिए आवश्यक विधियों और प्रविधियों का अन्वेषण।

2. प्रस्तुतीकरण—इसमें पाठ्य-वस्तु की व्याख्या की जाती है। अध्यापक समस्त इकाई के स्वरूप को छात्रों के सामने प्रस्तुत करता है। उद्देश्यों से भी छात्रों को परिचित कराया जाता है। यह पद हरबर्ट उपागम के प्रस्तुतीकरण से मिलता-जुलता है। अध्यापक अगली इकाई तब तक प्रस्तुत नहीं करता जब तक पहली इकाई की सामग्री विद्यार्थी पूरी तरह से सीख न लें। इस सोपान के अन्तर्गत शिक्षक छात्रों से अधिक सक्रिय रहता है और लगभग सभी क्रियाएँ या तो वह करता है या उन पर उसका नियन्त्रण रहता है।

3. आत्मीकरण—यह सोपान अर्जित किए गए ज्ञान को स्थाई करने से सम्बन्धित होता है। छात्र ज्ञान अर्जित करने के लिए पुस्तकालय तथा प्रयोगशालाओं का प्रयोग करते हैं। छात्र इस सोपान में निरीक्षण (Observation), शंकाओं का समाधान, तर्क-वितर्क आदि प्रविधियों का प्रयोग करके आत्मीकरण करते हैं। कठिनाइयों को नोट करने के लिए छात्रों को निर्देशन पत्र (Guide sheets) भी दे दिए जाते हैं। विद्यार्थी कठिनाइयों का समाधान या तो स्वयं करने का प्रयत्न करते हैं या शिक्षक से सहायता लेते हैं।

4. व्यवस्थापन—इस सोपान में छात्र पढ़ी हुई विषय-वस्तु का संगठन करते हैं। अध्यापक यह देखता है कि छात्र पुस्तक या नोट्स की सहायता से विषय-वस्तु को लिखकर अभिव्यक्त करने में कितने समर्थ हो गए हैं। संगठन में छात्र सीखे हुए पाठ को लिखित रूप में प्रस्तुत करते हैं। मोरीसन ने इसे व्यवस्थापन या संगठन का नाम दिया है। इस पद की उपयोगिता विस्तृत विषय के लिए ही अधिक हो सकती है।

5. आवृत्ति—इस उपागम के अन्तिम पद में छात्र इकाई से सम्बन्धित अर्जित की गई सामग्री को शिक्षक या सहपाठियों के सामने मौखिक रूप से प्रस्तुत करते हैं। लेकिन इसमें छात्रों की रुचि का भी ध्यान रखना चाहिए। इससे छात्रों में विश्वास बढ़ जाता है। इस सोपान में लिखित अभिव्यक्ति, श्यामपट्ट पर कार्य, प्रयोगशाला में कार्य कराना आदि सम्मिलित हैं। कुछ परिस्थितियों में ऐसा भी हो सकता है कि प्रस्तुतीकरण सोपान से अन्तिम सोपान पर सीधे ही पहुँचा जाए। इस अवस्था में आत्मीकरण व व्यवस्थापन सोपान की आवश्यकता नहीं पड़ती है।

इकाई उपागम के गुण

इकाई उपागम के प्रमुख गुण अग्रलिखित हैं–

1. इस उपागम से विद्यार्थियों में स्वयं सीखने की आदत विकसित होती है।
2. यह उपागम मौखिक व लिखित दोनों प्रकार की अभिव्यक्ति को प्रोत्साहन देता है।
3. छात्रों में अपने विचारों को अभिव्यक्त करने की योग्यता आ जाती है।
4. इस उपागम से शिक्षण अधिगम प्रक्रिया को पारस्परिक सहयोग से चलाना होता है। अतः अन्तःक्रिया स्वस्थ रूप में विकसित होती है।
5. इस उपागम से छात्र एक इकाई से दूसरी इकाई को सीखता हुआ सारी शिक्षण सामग्री को आसानी से सीख लेता है।
6. किसी इकाई से सम्बन्धित पाठ्य-वस्तु को विद्यार्थी आसानी से आत्मसात् कर सकते हैं।
7. यह उपागम छात्र-प्रधान है।
8. पाठ्य-वस्तु को छोटी-छोटी इकाइयों व उप-इकाइयों में बाँट दिया जाता है। इससे शिक्षण व अधिगम सरल हो जाता है।
9. इसमें विद्यार्थी जो कुछ सीखतें हैं, पूरी तरह समझ कर सीखते हैं।

इकाई उपागम के अवगुण

इकाई उपागम के अवगुण अग्रलिखित हैं–

1. प्रत्येक इकाई को सार्थक बनाना व्यावहारिक रूप से असुविधाजनक होता है।
2. इस प्रणाली में शिक्षण धीमी गति से होता है जिसके परिणामस्वरूप पाठ समय पर समाप्त नहीं हो पाता।
3. इस उपागम के कई सोपान क्रिया और व्यवहार में एक-दूसरे से काफी मिलते-जुलते हैं। इसलिए इनमें आपस में अन्तर न होने के कारण काफी अस्पष्टता रहती है।
4. इसमें समय अधिक खर्च होता है। मन्द गति से सीखने वाले बच्चों के कारण सामान्य व प्रतिभाशाली बच्चों का काफी समय व्यर्थ चला जाता है।
5. शिक्षण की इस मन्दगति के कारण पाठ्यक्रम ठीक समय पर पूरा करने में कठिनाई होती है।
6. जो विद्यार्थी पहली इकाई में अनुत्तीण हो जाते हैं उन्हें पुनः वही इकाई पढ़नी पड़ती है। यह विचार व कार्य व्यावहारिक दृष्टि से ठीक नहीं है।

शिक्षण उद्देश्यों का निर्धारण

किसी क्रिया द्वारा व्यवस्थित रूप से जो परिवर्तन होते हैं वह उद्देश्य का ही रूप होता है। शैक्षिक उद्देश्य से तात्पर्य (i) ज्ञानात्मक (ii) भावात्मक तथा (iii) क्रियात्मक पक्षों में परिवर्तन लाना है। इन उद्देश्यों के निर्धारण में अग्र बातों को ध्यान में रखना आवश्यक है–

(i) प्रत्येक विषय की प्रकृति (Nature) भिन्न होती है जिससे विभिन्न उद्देश्यों की प्राप्ति होती है।

(ii) समाज की आर्थिक, राजजीतिक तथा सांस्कृतिक आवश्यकताओं का निर्धारण करते हैं जो उद्देश्य के लिए महत्त्वपूर्ण होते हैं।

(iii) एक ही पाठ्य-वस्तु को विभिन्न स्तरों पर पढ़ाया जा सकता है लेकिन शिक्षण के उद्देश्य भिन्न होते हैं। उद्देश्यों के निर्धारण में स्तर को महत्त्व दिया जाता है।

(iv) छात्र के विकास क्रम को ध्यान में रखने से भिन्न-भिन्न स्तर के छात्रों के लिए उचित उद्देश्यों का निर्धारण किया जाता है।

अधिगम के अनुभव

ये वे साधन हैं जिनकी सहायता से शिक्षण उद्देश्यों की प्राप्ति की जाती है। विद्यार्थी को अनेकों अनुभव होते हैं लेकिन सबको 'अधिगम के अनुभव' नहीं कह

सकते। केवल स्कूल तथा उसके बाहर प्राप्त अनुभवों को ही 'अधिगम के अनुभव' कहा जा सकता है। ये अनुभव शिक्षण उद्देश्यों को प्राप्त करने में सहायक होते हैं।

कक्षा में अध्यापक भिन्न-भिन्न प्रकार की क्रियाएँ करके छात्रों को अधिगम अनुभव प्रदान करता है। अतः शिक्षक उन सभी युक्तियों को शामिल करता है जो उद्देश्यों की प्राप्ति में सहायक होती हैं। इनमें शिक्षण की विधि, प्रविधि, सहायक सामग्री तथ अनुदेशन (Instruction) को शामिल कर सकते हैं।

अधिगम के अनुभवों के साधनों के उदाहरण निम्नलिखित हैं—

शिक्षण उद्देश्य	अधिगम के अनुभवों के साधन
1. ज्ञान उद्देश्य	व्याख्यान, चार्ट, प्रदर्शन, पाठ्य पुस्तकें, फिल्म तथा गृह-कार्य।
2. बोध उद्देश्य	वाद-विवाद, प्रश्नोत्तर विधि, प्रदर्शन, रेखाचित्र, मानचित्र, माडल, पाठ्य-पुस्तकें तथा गृह-कार्य।
3. प्रयोग उद्देश्य	समस्या समाधान, प्रयोगात्मक विधि, अन्तः प्रक्रिया विधि, अनुवर्ग शिक्षण।
4. सर्जनात्मक उद्देश्य	समस्या समाधान, व्यक्तिगत प्रयोग।

व्यवहार परिवर्तन का मूल्यांकन

अधिगम के अनुभवों की सहायता से विद्यार्थियों के व्यवहार में वांछित परिवर्तन लाए जा सकते हैं। व्यवहार परिवर्तन तीन प्रकार के होते हैं—

(i) ज्ञानात्मक

(ii) भावात्मक

(iii) क्रियात्मक

इन तीनों प्रकार के व्यवहार परिवर्तन के मापने की व्यवस्था की जाती है। इनमें आपस में समन्वय एवं सामंजस्य होता है। उद्देश्यों की प्राप्ति किस सीमा तक हुई है इसकी जानकारी छात्रों में व्यवहार परिवर्तन से की जाती है।

मूल्यांकन उपागम के गुण

मूल्यांकन उपागम के प्रमुख गुण निम्नलिखित हैं—

1. इसमें निर्धारित उद्देश्यों की प्राप्ति के लिए अपनाई जाने वाली विधियों, प्रविधियों, ब्यूह रचनाओं और सहायक साधनों का स्पष्ट उल्लेख किया जाता है।
2. इस उपागम में वाँछित व्यवहार परिवर्तनों के मूल्याँकन पर बल दिया जाता है।
3. इस उपागम में शैक्षिक उद्देश्यों, अधिगम अनुभवों और व्यवहार परिवर्तन में निकट का सम्बन्ध स्थापित किया जाता है।
4. यह उपागम मनोइतिहास के सिद्धान्तों पर आधारित है।
5. इसमें शिक्षक और छात्रों की क्रियाओं को अलग-अलग स्पष्ट किया जाता है।
6. इस उपागम में शैक्षिक उद्देश्यों को व्यावहारिक शब्दावली (Behavioural Terms) में प्रस्तुत किया जाता है।
7. शिक्षण बिन्दुओं के माध्यम से विषय-वस्तु और अधिगम अनुभवों को संक्षिप्त रूप में प्रस्तुत किया जा सकता है।

मूल्यांकन उपागम के अवगुण

मूल्यांकन उपागम के प्रमुख अवगुण निम्नलिखित हैं–

1. इसमें छात्रों की अपेक्षा अध्यापक का अधिक नियन्त्रण रहता है जिससे छात्रों को स्वयं आगे बढ़ने के उतने अवसर नहीं मिलते।
2. इस उपागम के उद्देश्यों, अधिगम अनुभवों और मूल्याँकन तकनीकों में समन्वय व्यावहारिक रूप से कठिन लगता है।
3. इसमें शैक्षिक उद्देश्यों को लिखने के लिए मानसिक योग्यताओं का ध्यान नहीं रखा जाता।
4. छात्र व अध्यापक की स्वतन्त्रता छिन सकती है क्योंकि इसमें उनकी क्रियाओं को पहले से ही सीमाबद्ध कर दिया जाता है।

हरबर्ट उपागम और मूल्यांकन उपागम में अन्तर

हरबर्ट उपागम और मूल्यांकन उपागम में निम्नलिखित अन्तर हैं–

1. हरबर्ट उपागम में शिक्षण के विभिन्न पक्षों को पृष्ठ-पोषण (Feedback) नहीं मिलता है, लेकिन मूल्यांकन उपागम में इसकी व्यवस्था सम्भव है।
2. हरबर्ट उपागम पाठ्य-वस्तु केन्द्रित है, लेकिन मूल्यांकन उपागम शिक्षण-बिन्दु केन्द्रित है।

3. हरबर्ट उपागम में शैक्षिक उद्देश्यों को व्यावहारिक शब्दावली में बदलने की व्यवस्था नहीं है, लेकिन मूल्याँकन उपागम में शैक्षिक उद्देश्यों को व्यावहारिक शब्दावली में बदलकर प्रयोग में लाया जा सकता है।
4. हरबर्ट उपागम में पाठ्य-वस्तु के प्रस्तुतीकरण पर अधिक बल दिया जाता है, लेकिन मूल्यांकन उपागम में अपेक्षित व्यवहार परिवर्तनों के मूल्यांकन पर बल दिया जाता है।
5. हरबर्ट उपागम में इन पदों का प्रयोग किया जाता है—(i) तैयारी, (ii) प्रस्तुतीकरण, (iii) तुलना और सम्बन्ध, (iv) सामान्यीकरण, (v) प्रयोग। लेकिन, मूल्यांकन उपागम में इन पदों का प्रयोग होता है—(i) शैक्षिक उद्देश्यों को निर्धारित करना, (ii) अधिगम के अनुभव प्रदान करने, (iii) व्यवहार-परिवर्तन का मूल्याँकन करना।
6. हरबर्ट उपागम में शिक्षण उद्देश्यों और अधिगम परिस्थितियों को ध्यान में नहीं रखा जाता है, लेकिन मूल्यांकन उपागम में शिक्षण-उद्देश्यों और अधिगम-परिस्थितियों पर विशेष बल दिया जाता है।
7. हरबर्ट उपागम में शिक्षण—अधिगम उद्देश्यों का विशिष्टीकरण नहीं किया जाता है, लेकिन मूल्यांकन उपागम में शिक्षण-अधिगम उद्देश्यों का विशिष्टीकरण करना सम्भव है।

अध्यापक के लिए पाठ योजना का महत्त्व

पाठ योजना सम्बन्धी यह उपागम क्षेत्रीय शिक्षा महाविद्यालय मैसूर ने विकसित किया है। इसलिए इस उपागम को क्षेत्रीय शिक्षा महाविद्यालय मैसूर उपागम या आर.सी.ई.एम. उपागम के नाम से जाना जाता है। ये पाठ योजना अन्य पद्धतियों से श्रेष्ठ मानी गई है। इसमें मानसिक प्रक्रियाओं को महत्त्व दिया जाता है। उद्देश्यों के निर्धारण में ब्लूम के वर्गीकरण (Bloom's Taxonomy) का प्रयोग किया गया है। इस उपागम में 17 मानसिक योग्यताओं का उपयोग किया गया है। शिक्षक की अपनी पाठ योजनाओं के निर्माण में इन्हीं मानसिक योग्यताओं के विकास की व्यवस्था करनी पड़ती है।

मुख्य विशेषताएँ

1. यह उपागम प्रणाली उपागम (System Approach) के उपयोग पर आधारित है।

2. इस उपागम में प्रणाली उपागम के तीनों पदों—अदा (Input), प्रक्रिया (Process) और प्रदा (Output) के प्रयोग में लाया जाता है। ये पद अग्रलिखित हैं—

(i) **अदा**—आर. सी. ई. एम. उपागम में अदा (Input) को अपेक्षित व्यवहार परिणाम (Expected Behaviour Outcomes or E B O S) का नाम दिया गया है। इस पद में पाठ के शैक्षिक उद्देश्यों का ठीक प्रकार से निर्धारण व स्पष्टीकरण किया जाता है।

अदा के अन्तर्गत शिक्षण के अपेक्षित व्यवहारों का निर्धारण करना तथा उन्हें व्यावहारिक रूप में लिखना है। ब्लूम के 6 वर्गों को 4 वर्गों में बाँट लिया गया है। इन चार वर्गों—ज्ञान, बोध, प्रयोग तथा सर्जनात्मक, को 17 मानसिक योग्यताओं में बाँटा गया है। इनकी सहायता से शिक्षण उद्देश्यों को व्यावहारिक रूप में लिखा जाता है।

(ii) **प्रक्रिया**—इस उपागम में प्रक्रिया को संप्रेषण ब्यूह रचना (Communication Strategies) का नाम भी दिया गया है। इस पद को हरबर्ट उपागम के 'प्रस्तुतीकरण' और ब्लूम के 'मूल्यांकन उपागम' के 'अधिगम अनुभव' (Learning Experience) पदों जैसा ही माना जाता है। उद्देश्यों की प्राप्ति के लिए शिक्षण की विभिन्न विधियों, ब्यूह रचनाओं तथा सहायक सामग्री की व्यवस्था की जाती है। इस पद में छात्र और शिक्षक दोनों की क्रियाएँ शामिल हैं और कक्षा में अन्तःक्रिया होती है।

(iii) **प्रदा**—इस उपागम से इस पद को 'वास्तविक अधिगम परिणाम' (Real Learning Outcomes-RLO) का नाम भी दिया गया है। छात्रों के पद का सीधा सम्बन्ध पाठ के मूल्यांकन (Evaluation) से होता है। छात्रों के व्यवहार में परिवर्तन होना ही 'वास्तविक अधिगम परिणाम (RLO) कहलाता है। इसके लिए शिक्षक विभिन्न प्रकार की मापन विधियों का प्रयोग करता है। ये मापन विधियाँ 'अपेक्षित व्यवहार परिवर्तन' (EBOS) पर आधारित होती हैं। इसमें अध्यापक मौखिक तथा लिखित परीक्षाओं को प्रयोग में लाता है और शिक्षण के साथ-साथ वह अपने उद्देश्यों की प्राप्ति की जानकारी भी लेता रहता है।

भारतीय परिस्थितियों में यह उपागम अधिक उपयोगी सिद्ध हो सकता है। इस उपागम में ब्लूम के वर्गीकरण का उपयोग किया जाता है और ब्लूम के 6 वर्गों को

घटाकर केवल 4 वर्गों का प्रयोग किया है। दूसरे उपागमों में मानसिक क्रियाओं का कोई उल्लेख नहीं है जबकि इसमें 17 मानसिक योग्यताओं का उल्लेख है। हरबर्ट उपागम में शैक्षिक उद्देश्यों के वर्गीकरण का प्रयोग नहीं किया जाता और न ही इन उद्देश्यों का प्रयोग मूल्याँकन उपागम में किया जाता है। हरबर्ट उपागम में केवल ज्ञान पक्ष से सम्बन्धित उद्देश्यों की पूर्ति हो सकती है। आर. सी. ई. एम. उपागम स्मृति स्तर तक सीमित है तथा बोध और चिन्तन भी इसमें सम्मिलित है। मानसिक योग्यताओं का उल्लेख मूल्याँकन उपागम में नहीं पाया जाता। जबकि आर. सी. ई. एम. उपागम में छात्रों की योग्यताओं, रुचियों, अभिरुचियों और प्रविष्टि व्यवहारों (Entering Behaviours) का पूरा ध्यान रखा जाता है। दूसरे उपागमों में ऐसी व्यवस्था नहीं मिलती। अतः आर. सी. सी. ई. एम. उपागम दूसरे उपागमों से कई दृष्टिकोणों में उत्तम माना जाता है।

हरबर्ट पंचपद प्रणाली के अनुरूप पाठ योजना का प्रतिरूप

दिनांक–7.04.06	**विद्यालय**–छात्रधारी उच्च विद्यालय
कक्षा–सप्तम	**औसत आयु**–13 वर्ष
विषय–इतिहास	**समय चक्र**–चतुर्थ
प्रकरण–पानीपत का प्रथम युद्ध	**अवधि**–50 मिनट

सामान्य उद्देश्य–

(1) अतीत का चित्रण करके वर्तमान को आलोकित करना।

(2) विगत की महान घटनाओं के आधार पर वर्तमान का सृजन करना।

(3) छात्रों में राष्ट्रीयता, देश-प्रेम तथा जागरण की भावना भरकर चारित्रिक विकास करना।

(4) छात्रों की विवेचनात्मक बुद्धि का विकास करना।

मुख्य उद्देश्य–

छात्रों को सन् 1526 ई. में हुए "पानीपन के प्रथम युद्ध" के कारण घटनाएँ तथा परिणाम से अवतग करना।

सहायक सामग्री–

(1) भारत वर्ष का तत्कालीन राजनीतिक मानचित्र।

(2) इब्राहिम की सेना का युद्ध में जाते वक्त का चित्र।

(3) युद्ध स्थल का एक मॉडल।

पूर्व ज्ञान–

छात्र बाबर द्वारा किए गए प्रथम चार अभियानों से परिचित हैं, इसके अलावा उसको 16वीं शताब्दी के आरम्भ की उत्तरी भारत की राजनीतिक दशा का ज्ञान है।

प्रस्तावना–

पाठ्‌पयुक्त वातावरण पैदा करने के लिए छात्राध्यापक निम्नलिखित प्रश्न करेगा–

1. सिकन्दर लोदी के उपरान्त दिल्ली का सुल्तान कौन-सा व्यक्ति हुआ?
2. इब्राहीम लोदी का अफगान सरदारों के प्रति किस तरह का व्यवहार था?
3. सुल्तान के इस कड़े व्यवहार से प्रमुख रूप से कौन-कौन से सरदार असन्तुष्ट हो गए थे?

उद्देश्य कथन–

आज हम पढ़ेंगे कि किस तरह राजा के प्रति प्रजा असन्तोष एवं आपसी फूट के कारण भारत के भाग्य का पाँसा फिर उलटा और "पानीपत के प्रथम युद्ध के माध्यम से सन् 1526 ई. में उत्तरी भारत में मुगल साम्राज्य की स्थापना हुई।"

पाठ विकास–

प्रश्न–1. भारत पर आमतौर से आक्रमण किस दिशा से हुआ करते थे?

2. सन् 1519 ई. में किस विदेशी ने उत्तर-पश्चिम की दिशा से भारत पर आक्रमण करने आरंभ कर दिए थे?

अध्यापक कथन–बाबर को भारत पर विजय प्राप्त करने की प्रेरणा अपने एक अमीर दोस्त से बड़े जोशीले शब्दों में मिली थी।

प्रश्न–1–इस कथन के अनुरूप बाबर के भारत पर आक्रमण करने के क्या कारण थे?

स्पष्टीकरण–(चित्र की मदद से) उक्त कारणों के परिणामस्वरूप बाबर ने भारत पर सन् 1519 ई. से सन् 1524 ई. तक चार बार आक्रमण किए।

प्रश्न–1–इस वक्त बाबर को भारत पर आक्रमण करने हेतु पंजाब के किस सूबेदार ने बुलाया था?

2. दौलत खाँ लोदी के इस मिन्त्रण से देश की क्या स्थिति मालूम पड़ती है?

अध्यापक कथन–बाबर भारतीय शासकों की आपसी फूट से लाभ उठाने हेतु अब पाँचवीं बार नवम्बर सन् 1525 ई. में काबुल से हमारे देश पर आक्रमण करने

हेतु एक युद्ध कला में कुशल सेना लेकर चल दिया। सबसे पहले उसने पंजाब के सरदार दौलत खाँ लोदी तथा आलम खाँ को हराकर पंजाब पर अपना अधिकार कर लिया। (मानचित्र में बाबर का मार्ग दिखाया जाएगा।)

प्रश्न–1–पंजाब के उपरान्त बाबर उत्तरी भारत पर आक्रमण करने हेतु किस ओर बढ़ा?

2. अफगान राज्य में दिल्ली का क्या महत्त्व था?

स्पष्टीकरण–उत्तरी भारत पर अधिकार करने हेतु बाबर पहले दिल्ली की ओर बढ़ा क्योंकि दिल्ली अफगान राज्य की राजधानी थी। (मानचित्र के माध्यम से दिल्ली की स्थिति स्पष्ट की जाएगी।)

प्रश्न–1–बाबर को राजधानी की ओर बढ़ता देखकर इब्राहीम लोदी ने क्या किया?

(इब्राहीम लोदी की सेना का युद्ध-क्षेत्र की ओर हुए का चित्र, उसके आधार पर छात्रअध्यापक निम्नलिखित प्रश्न करेगा।)

2. यह चित्र फौज की कौन-सी स्थिति बता रहा है?

3. सैनिकों के पास युद्ध के कौन-कौन से साधन हैं?

स्पष्टीकरण–बाबर के आक्रमण को रोकने हेतु इब्राहिम लोदी भी एक बड़ी सेना इकट्ठी करके बाबर से युद्ध करने हेतु चल दिया।

(छात्रों से मानचित्र में पानीपत पूछा जाएगा।)

अध्यापक कथन–बाबर ने 12 अप्रैल सन् 1526 ई. को अपनी सेना को पानीपत के मैदान में खड़ा कर दिया। उसने सेना का दाहिना भाग पानीपत के गाँव से सुरक्षित किया। सेना का बाँया भाग खाई तथा कटे हुए पेड़ों से सुरक्षित किया। मध्य भाग के आगे तोपखाना रखकर उसको उल्टी गाड़ियों की कतार से जिनकों की भीगे चमड़े की रस्सी से बाँधकर रखा था, सुरक्षित किया। शेष सेना को अनुभवी सैनिकों की अध्यक्षता में बड़ी कुशलता से खड़ा किया।

(छात्रअध्यापक इस कथन के साथ ही श्यामपट पर युद्ध योजना भी बनाएगा।)

अध्यापक कथन–इब्राहीम लोदी भी एक विशाल सेना लेकर पानीपत के मैदान में आ पहुँचा। बाबर के कथनानुसार इब्राहिम लोदी की सेना में एक लाख सैनिक तथा एक हजार हाथी थे। दोनों ओर की सेनाएँ एक-दूसरे के आमने-सामने आठ दिन तक पड़ी रहीं। अन्त में 20 अप्रैल सन् 1526 ई. की रात्रि को बाबर ने लगभग अपने 5000 सैनिकों को छल से आक्रमण करने भेजा।

इस तरह युद्ध आरंभ हुआ।

❑❑❑